Mental
Health

大学生心理健康教育
（第2版）

DAXUESHENG XINLI JIANKANG JIAOYU

主　编◎李宝山　刘卡静　刘　洁
副主编◎贺小瑞　杨亦松　赵卫平
　　　　谢宇格　方　明　李云芳
　　　　黄　琳　李　毅　马　健

重庆大学出版社

图书在版编目(CIP)数据

大学生心理健康教育 / 李宝山, 刘卡静, 刘洁主编.
2 版. -- 重庆 : 重庆大学出版社, 2024.8(2024.12重印). -- ISBN
978-7-5689-4703-9

Ⅰ. G444
中国国家版本馆 CIP 数据核字第 2024TN1632 号

大学生心理健康教育
(第 2 版)

主　编　李宝山　刘卡静　刘　洁
副主编　贺小瑞　杨亦松　赵卫平
　　　　谢宇格　方　明　李云芳
　　　　黄　琳　李　毅　马　健

责任编辑:顾丽萍　　版式设计:顾丽萍
责任校对:邹　忌　　责任印制:张　策

*

重庆大学出版社出版发行
出版人:陈晓阳
社址:重庆市沙坪坝区大学城西路 21 号
邮编:401331
电话:(023)88617190　88617185(中小学)
传真:(023)88617186　88617166
网址:http://www.cqup.com.cn
邮箱:fxk@cqup.com.cn(营销中心)
全国新华书店经销
重庆华林天美印务有限公司印刷

*

开本:787mm×1092mm　1/16　印张:16　字数:333 千
2024 年 8 月第 2 版　　2024 年 12 月第 20 次印刷
ISBN 978-7-5689-4703-9　定价:49.00 元

第2版前言
PREFACE

　　本书第2版让我们有机会重新回顾和更新这部7年前完成的教材。在第1版中,我们从"大学生心理健康概述""大学生心理困惑及心理异常""大学生心理咨询与心理求助""了解自我　发展自我""大学生的人格发展与心理健康""职业生涯规划""大学生学习心理""大学生情绪管理""大学生人际交往""大学生恋爱及性心理""大学生压力管理与挫折应对""大学生生命教育与心理危机应对"12个方面,向大学生介绍了心理健康的相关内容。为了让大家更好地理解这些知识,我们还在每章专门加入了相关案例和生活知识的链接。因为心理是知情意行的合一,每章也专门安排了活动体验让学生对自己的情绪有所体验和觉察。为了帮助大家更好地学以致用,保持身心健康,每章结束还有专门的小结和讨论。

　　自第1版以来,我们的时代发生了巨大的变化,尤其是三年疫情结束的后疫情时代,人工智能AI的普及、互联网技术的飞速发展、就业压力的增加以及少子化、老龄化时代的到来,众多变化的叠加都让我们处在一个更加充满不确定性的时代。大家对心理健康的关注和个体的心理健康服务需求都在不断增加。

　　促进学生身心健康、全面发展,是党中央关心、人民群众关切、社会关注的重大课题。为认真贯彻党的二十大精神,贯彻落实《中国教育现代化2035》《国务院关于实施健康中国行动的意见》,全面加强和改进新时代学生心理健康工作,提升学生心理健康素养,制定了《全面加强和改进新时代学生心理健康工作专项行动计划(2023—2025年)》。该计划指出坚持健康第一,把健康作为学生全面发展的前提和基础,遵循学生成长成才规律,把解决学生心理问题与解决学生成才发展的实际问题相结合,把心理健康工作质量作为衡量教育发展水平、办学治校能力和人才培养质量的重要指标,促进学生身心健康。提出学校必须开设心理健康相关课程,普通高校要开设心理健康必修课,原则上应设置2个学分(32~36学时),有条件的高校可开设更多样、更有针对性的心理健康选修课。同时要发挥课堂教学作用。结合学生发展需要,分层分类开展心理健康教学,关注学生个体差异,帮助学生掌握心理健康知识和技能,树立自助、求助意识,学会理性面对困难和挫折,增强心理健康素质。

　　提升大学生的心理健康水平,不仅能预防心理问题的发生,更能不断提升心理资本。少年强则国强,身心健康的大学生是未来的国之栋梁。为了更好地与时俱进,更好地通过大学生心理健康课程增强大学生心理素质,我们在维持原书的结构和逻辑的基础上对教材做了如下修订:首先,增加了最近7年心理健康领域相关的最新研究,删除了部分距离现在较远的个案,增加了部分更有时代背景和代表性的个案;其次,补充了部分互动体验活动和自陈量表,帮助广大学生和读者了解自己;最后,每一章增加了推荐阅读资料,方便老师和同学查阅。

此次修订由武汉工程科技学院罗新兰、刘洁、潘杨璐、李毅、杨梅,成都文理学院刘卡静、杨亦松、黄琳、朱海鸣,以及重庆城市科技学院马健共同完成。全书由刘卡静统稿,最后完成定稿。具体编写分工如下:第一章由罗新兰修订;第二章和第三章由刘卡静和马健修订;第四章由潘杨璐修订;第五章由李毅修订;第六章、第七章和第八章由杨亦松、黄琳和朱海鸣修订;第九章由黄琳和杨亦松修订;第十章由杨梅修订;第十一章由朱海鸣和马健修订;第十二章由刘洁修订。

由于编者水平有限,书中难免有疏漏和不足之处,敬请广大师生在使用过程中不吝赐教,批评指正。

编　者
2024年5月

第1版前言

PREFACE

随着人类社会的飞速发展,科学技术的不断进步,同时社会生活各领域也不断迎来新的竞争和挑战,社会对人才的要求标准在不断提升。在巨大的生理压力和沉重的心理负荷下,心理素质的提高显得尤为重要。经过紧张的高考进入大学,不少学生来到高校后受到陌生环境、学业压力、情感寄托等因素的影响,从而产生各种心理问题。此外,大学生还在如何发展良好的人际关系、如何健康地使用网络、如何提高学习效率、如何应对情绪情感问题、如何进行职业生涯规划、如何培养健康的心理和健全的人格等方面存在不少困惑。大学生心理健康教育已经成为大学教育中刻不容缓、不可或缺的重要部分。

近年来,党和国家十分重视大学生的心理健康教育工作。2004年10月,中共中央、国务院下发了《关于进一步加强和改进大学生思想政治教育的意见》。为贯彻落实文件精神,2005年教育部、卫生部、共青团中央又联合下发了《关于进一步加强和改进大学生心理健康教育的意见》。为推进大学生心理健康教育工作科学化建设,2011年教育部出台了《普通高等学校学生心理健康教育工作基本建设标准(试行)》,对高校心理健康教育体制机制建设、师资队伍建设、教育教学体系建设、活动体系建设、心理危机预防与干预体系建设和工作条件建设提出硬性要求;为了发挥课堂教学在大学生心理健康教育工作中的主渠道作用,同时配套发布了《普通高等学校学生心理健康教育课程教学基本要求》,对课程性质与目标进行了界定。在全国高校思想政治工作会议上,习近平强调:要求各高等院校把大学生心理健康教育工作和心理健康教育课程建设作为加强和改进学生思想政治教育的一项重要任务来抓,并且对高校心理健康教育和心理咨询工作提出了新的要求。2016年12月,国家卫生和计划生育委员会等22个部门共同印发了《关于加强心理健康服务的指导意见》,明确提出高等院校要积极开设心理健康教育课程,开展心理健康教育活动;重视提升大学生的心理调适能力,保持良好的适应能力,重视自杀预防,开展心理危机干预。

为了贯彻落实中共中央、教育部和上级有关部门关于加强高等院校大学生心理健康教育的文件精神,根据教育部相关要求与规定,参考多年来开设心理健康教育公选课和开展学生心理咨询积累的相关经验,武汉工程科技学院组织相关青年教师编写了这本《大学生心理健康教育》教材。

本书共有12章,第一、二、三章由罗新兰、贺小瑞编写,第四章由潘杨璐、罗新兰编写,第五章至第十二章由李毅、易祁、隆芳敏、夏露、周艳、杨梅、夏静、刘洁、赵卫平、谢宇格、方明、李云芳编写。全书由李宝山统稿,最后由罗新兰修改定稿。

在本书编写过程中,感谢杨秋泓老师的支持与帮助,在此一并表示衷心的感谢。

尽管编者在编写过程中始终秉持严谨、认真的态度,但由于水平有限,书中难免有错漏之处,请各位读者对本书存在的不足予以谅解。若广大师生在本书的使用过程中发现问题,敬请及时反馈、批评指正。感谢大家选用本书。

编　者
2017年6月

目 录

CONTENTS

第一章　大学生心理健康概述

一切的财富和成就，都源于杰出的智慧与健康的心理。

——荣格

☆本章导读

人类自从诞生以来，就开始追求健康。不同时代对健康有不同的理解，但是，随着科学技术与社会文化的发展，现代人对健康概念的认识逐步走向全面，不仅是没有疾病，而且包括心理健康、社会适应良好和道德健康。大学生涯对每一位大学生来说，都是一次无法割舍的人生体验。在这里，不管愿意与否，他们都要开始独立地面对真实的生活，都要自主地解决自己的人生难题。正处青春期的大学生群体，具有共性的心理特点，因为要面临一系列重大现实问题，所以心理冲突比较普遍，心理问题在学习、人际交往、环境适应、发展等方面集中反映出来。大学生的心理发展是否健康，可以依据一定的评判标准来衡量，但是，人的心理是不断变化的，因此对心理健康的标准需要正确理解。在大学阶段，树立良好的心理健康观关系着每一位学子的成长。

第一节　健康与心理健康

现代校园，涌动着一批批年轻的追梦人，也流动着一个个追求自我发展与自我完善的大学生部落。正如一位大学生所说：大学是一片蕴藏无限潜力与无穷魅力的海洋。人生的路有许多，但关键的只有几步。进入青年中期的大学生，由于经历相对简单，生活阅历相对较少，基本上是从校门到校门的生存背景，有人称之为"门内人"。另外，当代大学生面临升学压力、生存压力、经济压力、就业压力与社会竞争压力，因此，他们的成长与发展、他们的身心健康受外界环境的影响越来越大。大学也是人生非常重要的时期，将是奠定人一生发展的基础，之所以危机四伏，是因为大学生身心都处于剧烈变化与压力期。近朱者赤，近墨者黑。如果自我控制不力，则易引发问题行为甚至步入偏差，出现自伤、自杀甚至违法犯罪行为。

然而对于更多的大学生而言，他们面临成长与成才中的种种心理困惑，需要了解自身的身体、心理与社会发展及需求，做出适当的调整，使自己处于良好的心理状态之中。

正如学生所言，"心理健康教育课程如一缕阳光，洒在我们探索人生、了解自我与社会的路上，也让心灵始终充满阳光，使我们看清了自己的前方，特别是自己的囿限，懂得了如何调节自己，成为一个健康的社会人"。

一、21世纪健康新概念

健康是人类永恒的话题,人们对健康概念的认识是随着社会的发展以及人类对自身认识的深化而不断丰富的。在生产力十分低下的时期,人类只关注如何适应自然和征服自然,维护自身的生存,对健康的理解处于懵懂状态。随着生产力水平的提高、医疗技术的进步,人们开始关注身体健康,防病治病的科学也应运而生,但人们基本上将健康与疾病视为非此即彼的两个极端,没有疾病和不适就是健康,健康就是无病。

实际上,早在1948年,联合国世界卫生组织(WHO)在成立宪章中明确指出:"健康乃是一种在身体上、精神上和社会上的完满状态,不仅仅是没有疾病和虚弱的现象,而且有完整的生理、心理状态和社会适应能力。"这种认识是现代社会人们对健康要领的全面总结与更新,健康不再仅仅是身体的反映,同时还必须是心理活动正常、社会适应完整的综合体现。健康的新概念指:一是有充沛的精力,能从容不迫地担负日常工作和生活,而不感到疲劳和紧张;二是积极乐观,勇于承担责任,心胸开阔;三是精神饱满,情绪稳定,善于休息,睡眠良好;四是自我控制能力强,善于排除干扰;五是应变能力强,能适应外界环境的各种变化;六是体重适当,身材匀称;七是牙齿清洁,无空洞,无痛感,无出血现象;八是头发有光泽,无头屑;九是反应敏锐,眼睛明亮,眼睑不发炎;十是肌肉和皮肤富有弹性,步伐轻松自如。因此,健康是生理健康与心理健康的统一,两者是相互联系、密不可分的。当人的生理产生疾病时,其心理也必然受到影响,会情绪低落、烦躁不安、容易发怒,从而导致心理不适;同样,长期心情抑郁、精神负担重、焦虑的人也易产生身体不适。因此,健全的心理与健康的身体是相互依赖、相互促进的。

二、心理健康的含义

什么是心理健康呢? 站在不同的角度,对这一概念的解释存在一定的差异。1946年第三届国际心理卫生大会就将心理健康定义为:"在身体、智能及情感上与他人的心理健康不相矛盾的范围内,将个人的心境发展成最佳的状态。"世界心理卫生联合会则将心理健康定义为:"身体、智力、情绪十分调和;适应环境;人际关系中彼此能谦让;有幸福感;在工作和职业中,能充分发挥自己的能力,过着有效率的生活。"精神病学家梅尼格尔(K.Menninger)认为:"心理健康是指人们对于环境及相互间具有最高效率及快乐的适应情况。不仅要有效率,也不只是要有满足感,或是愉快地接受生活的规范,而是需要三者兼备。"心理学家英格里斯(H.B.English)对心理健康的定义是:"心理健康是指一种持续发展的心理状况,在这种状况下主体能做出良好的适应,具有生命的活力,能充分发挥其身心潜能,并不仅仅是没有疾病。"

从广义上讲,心理健康是一种持续高效而满意的心理状态;从狭义上讲,心理健康是知、情、意、行的统一,是人格完善协调,社会适应良好。迄今为止,关于心理健康还没有一个统一的概念,国内外学者一般认同心理健康标准的复杂性,既有文化差异,也有个体差异。一般而言,判断个体心理健康与否,主要源于以下四个方面。

①经验标准。当事人按照自己的主观感受来判断自己的健康,研究者凭借自己的经验对当事人的心理健康进行判定;重在关注当事人的主观心理感受,由于个体先天的遗传及后天的环境不同,经验标准更强调其个别差异。同样的生活事件,当事双方由于自我认知不同,自我体验不同,自我评价也不尽相同。

②社会适应标准。以社会中大多数人的常态为参照标准,观察当事人是否适应常态而进行其心理是否健康的判断。例如,大学生根据生理、心理与社会发展应当具有独立生活与处理生活中面临的事务的能力,而如果有的大学生生活能力低下,不能打理自己的日常生活,便需要引起重视。

③统计学标准。依据对大量正常心理特征的测量取得一个常模,把当事人的心理与常模进行比较。这个标准更多地应用于心理学研究之中。一般而言,人们都要将个体的心理测验结果与常模对照,来判断其心理健康状况。

④自身行为标准。每个人在以往的生活中形成的稳定的行为模式,就是正常标准。事实上,心理健康与否,其界限是相对的,企图找到绝对标准是不现实的,大学生心理健康标准的掌握也同样存在这样的问题。如何把握标准?通常认为应掌握三个标准,即相对性、整体协调性和发展性。在研究大学生整体心理健康时,应将目光投向发展的健康观,即大多的大学生在发展中面临的许多人生课题、心理危机与心理困难也都是在发展的大背景下产生的。有的心理困惑属于某一群体所特有的,比如多重压力之于大学生,他们的人生期望、职业抱负、学业期待引发的学业压力、就业压力、情感压力等都需要应对。有些心理问题具有阶段性,当个体心理成熟后会自愈。

人的心理健康是指一种持续的、积极的心理状态。个体在这种状态下能够与环境有良好的适应,其生命具有活力,能充分发挥其身心潜能,就可被视为心理健康。据此,人的心理健康水平大体可分为三个等级:一是一般常态心理,表现为心情经常愉快,适应能力强,善于与别人相处,能较好地完成与同龄人发展水平相适应的活动,具有调节情绪的能力;二是轻度失调心理,表现出不具有同龄人所应有的愉快,与他人相处略感困难,生活自理能力较差,经主动调节或通过专业人员帮助后可恢复常态;三是严重病态心理,表现为严重的适应失调,不能维持正常的生活和工作,如不及时治疗可能恶化成为精神病。

【知识链接】　　　　　　世界上第一个心理卫生组织的诞生

　　美国有一位大学生叫比尔斯(C.W.Beers),1876年出生于康涅狄格州,18岁考入耶鲁大学商科就读。比尔斯与他的哥哥住在一起,他哥哥患有癫痫,发作时四肢抽搐、口吐白沫、声似羊鸣,痛苦万分,使他非常害怕。他听说此病有遗传,总担心自己也会像哥哥一样,终日生活在恐惧、担忧、焦虑的情绪之中。1900年,比尔斯因精神失常,自杀未遂被送进了精神病院。住院期间,他目睹了精神病人所受到的种种粗暴残酷的待遇与非人的生活,不胜悲愤。同时有感于社会对精神病人的歧视、偏见、冷漠,3年后比尔斯病愈出院,立志把自己的余生献给精神病患者。他向政府及社会的各有关方面呼吁,要求改善精神病患者的待遇,并开展预防精神病的活动,但响应者甚少。于是,他根据自己的亲身经历和体会,用生动的文字写成了《自觉之心》(*A Mind That Found Itself*),于1908年3月出版。当时美国著名心理学家、哈佛大学教授威廉·詹姆斯(W. James)给此书以高度评价,并为此书作序。《自觉之心》问世后,在美国引起轰动。康奈尔大学校长列文斯通·法兰(L.Farrand)等名人都被此书所感动,纷纷支持比尔斯。于是,1908年5月,世界上第一个心理卫生组织——康涅狄格州心理卫生协会诞生了。

第二节　大学生的心理健康

一、大学生心理健康的意义

(一)心理健康是大学生成才的基础

　　健康的心理是大学生学习文化知识的重要前提,也是大学生成长成才的重要保证。在当今社会,越来越多的人都追逐于生活上的满足与享受,而忽略了重要的心理健康,尤其是大学生。殊不知一个人的心理健康与他的成就是密不可分的。

　　①心理健康可以促进大学生全面发展健康的心理品质,是大学生发展的基本要求,也是将来走向社会,在工作岗位上发挥才智、积极从事社会活动和不断向更高层次发展的重要条件。德、智、体、美、劳等方面的和谐发展,是以健康的心理品质作为基础的,一个人的心理健康状态直接影响和制约着全面发展的实现。

　　②心理健康可以使大学生克服依赖心理,增强独立性。大学生经过努力的拼搏和激烈的竞争,告别了中学时代,跨入了大学,进入了一个全新的生活天地。大学生必须从靠父母转向靠自己。上大学前,在他们想象中的大学犹如"天堂"一般,浪漫奇特,美妙无比。上大学后,学习及生活环境的巨大变化使他们难以适应。因此,大学生必须注重心理健康,尽快

克服依赖性,增强独立性,积极主动地适应大学生活,度过充实而有意义的大学时期。

③心理健康是大学生取得事业成功的坚实心理基础。目前我国大学毕业生的分配工作已发生了很大变化,现已实行供需见面、双向选择、择优录用等方式,择业的竞争必然会使大学生心理上产生困惑和不安定感,惊叹"皇帝的女儿亦愁嫁"。因此,面对新形势,大学生要注意保持心理健康,培养自立、自强、自律的良好心理素质,锻炼自己的社会交往能力,使自己在变幻复杂的社会环境中做出适合自己角色的正确抉择,敢于面对困难、挫折与挑战,追求更完美的人格,为事业成功奠定坚实的心理基础。

④心理健康有利于大学生培养健康的个性心理。大学生的个性心理特征,是指他们在心理上和行为上经常、稳定地表现出来的各种特征,通常表现为气质和性格两个主要方面。气质主要是指情绪反映的特征。性格除了气质所包含的特征外,还包括意志反映的特征。当代大学生的心理特征普遍表现为思想活跃、善于独立思考、参与意识较强、朝气蓬勃的精神状态等,这些有利于大学生健康个性的培养。

(二)心理健康是时代发展的需要

良好的心理素质是大学生时代发展的需要。1996年,国际21世纪教育委员会提出了21世纪创新型人才的七条标准:第一,积极进取的开拓精神;第二,崇高的道德品质和对人类的责任感;第三,在急剧变化的竞争中,有较强的适应能力和创造能力;第四,有宽厚扎实的基础知识,有广泛联系实际解决实际问题的能力;第五,有终身学习的本领,适应科学技术综合化的发展趋势;第六,有丰富多彩的健康个性;第七,具有和他人协调和进行国际交往的能力。

二、大学生心理健康的标准

大学阶段是学生世界观、人生观、价值观形成的重要阶段,随着我国信息技术的飞速发展,大学生获取信息的途径也越来越多,其在日常的学习和生活中很容易受到社会信息的各种影响。大学生的年龄一般在18~25岁,从心理学的观点来看,正处于青年中期。大学生的心理具有青年中期的许多特点,但作为一个特殊群体,大学生又不能完全等同于社会上的青年。心理是否健康一般采用量表测量,其标准不是固定不变的。心理健康标准随着时代变迁、文化背景变化而变化。根据我国大学生的实际情况,评判大学生的心理健康水平应着重从以下八个标准给予考虑。

(一)智力正常

智力,是人的观察力、注意力、记忆力、想象力、思维力、创造力及实践活动能力等的综合,包括在经验中学习或理解的能力,获得和保持知识的能力,迅速而成功地对新情境做出反应的能力,运用推理有效地解决问题的能力等。智力正常是大学生学习、生活与工作的基本心理条件,也是适应周围环境变化所必需的心理保证。因此,衡量大学生的智力是否正常,关键在于其是否正常地、充分地发挥了自我效能,即有强烈的求知欲,乐于学习,能够积极参与学习活动。

(二)情绪健康

情绪健康的标志是情绪稳定和心情愉快。内容包括:愉快情绪多于负性情绪,乐观开朗,富有朝气,对生活充满希望;情绪较稳定,善于控制与调节自己的情绪,既能克制又能合理宣泄自己的情绪,情绪的表达既符合社会的要求又符合自身的需要,在不同的时间和场合有恰如其分的情绪表达;情绪反应与环境相适应,反应的强度与引起这种情境相符合。

(三)意志健全

意志是人在完成一种有目的的活动时进行的选择、决定与执行的心理过程。意志健全者在行动的自觉性、果断性、顽强性和自制力等方面都表现出较高的水平。意志健全的大学生参加各种活动时都有明确的目的性,能适时地做出决定并运用事先准备的方案解决所遇到的问题,在困难和挫折面前,能采取合理的反应方式,能在行动中控制情绪,而不是行动盲目、畏惧困难、顽固执拗。

(四)人格完整

人格是个体比较稳定的心理特征的总和。人格完整就是指有健全统一的人格,个人的所想、所说、所做都是协调一致的。人格完整包括人格结构的各要素完整统一;具有正确的自我意识,不产生自我同一性混乱,以积极进取的人生观作为人格的核心,并以此为中心把自己的需要、目标和行动统一起来。

(五)自我评价正确

正确的自我评价是大学生心理健康的重要条件,大学生在进行自我观察、自我认定、自我判断和自我评价时,能做到自知,恰如其分地认识自己,摆正自己的位置,既不以自己在某些方面高于别人而自傲,也不以某些方面低于别人而自卑,面对挫折与困境,能够自我悦纳,喜欢自己,接受自己,自尊、自强、自制、自爱适度,正视现实,积极进取。

(六)人际关系和谐

良好而深厚的人际关系,是事业成功与生活幸福的前提。其表现为:乐于与人交往,既有广泛而深厚的人际关系,又有知心朋友;在交往中保持独立而完整的人格,有自知之明,不卑不亢;能客观评价别人和自己,善取人之长补己之短,宽以待人,乐于助人,积极的交往态度多于消极态度,交往动机端正。

(七)社会适应良好

个体应与客观现实环境保持良好的秩序,既要进行客观观察以取得正确认识,以有效的办法应对环境中的各种困难,不退缩,又要根据环境的特点和自我意识的情况努力进行协调,或改变环境适应个体需要,或改造自我适应环境。

(八)心理行为符合大学生的年龄特征

大学生是处于特定年龄阶段的特殊群体,大学生应具有与年龄及角色相适应的心理行为特征。

三、正确理解大学生心理健康的标准

正确理解大学生心理健康的标准应重视以下三个方面。

(一)标准的相对性

事实上,大学生心理健康与不健康也并无明显界限,而是一个连续化的过程,如将正常比作白色,将不正常比作黑色,那么在白色与黑色之间存在着一个巨大的缓冲区域——灰色区,世间大多数人都散落在这一区域内。这说明,对多数大学生而言,在人生的发展过程中面临心理问题是正常的,不必大惊小怪,应积极加以矫正。与此同时,个体灰色区域也是存在的,大学生应提高自我保健意识,及时进行自我调整。人的健康状态是一个发展的过程,当一个人产生了某种心理障碍,并不意味着这种状况将永远保持或行将加重,在心理上形成心理冲突是非常正常的,而且是可以自行解决的。

(二)整体协调性

把握心理健康的标准,应以心理活动为本考察其内外关系的整体协调性。从心理过程看,健康的人的心理活动是一个完整统一的协调体,这种整体协调保证了个体在反映客观世界的过程中的高度准确性和有效性。事实表明,认识是健康心理结构的起点,意志行为是人格面貌的归宿,情感是认识与意志之间的中介因素。从心理结构的几个方面看,一旦它们不能符合规律地进行协调运作时,就可能产生一系列的心理困扰或问题。从个性角度看,每个人都有自己长期形成的稳定的个性心理,一个人的个性在没有明显的剧烈的外部因素影响下是不会轻易发生变化的。从个体与群体的关系看,每个人在其现实性上可划分为不同的群体,不同群体间的心理健康标准是有差异的。

(三)发展性

事实上,不健康的心理可能是人的发展中不可避免的发展性问题,随着个体的心理成长而逐渐调整并趋于健康。心理健康的标准是一种理想尺度,它一方面为人们提供了衡量心理是否健康的标准,同时也为人们指出了提高心理健康水平的努力方向。如果每个人在自己现有的基础上能够做出不同程度的努力,都可追求自身心理发展的更高层次,从而不断发挥自身的潜能。大学生心理健康的基本标准,是他们能够进行有效的学习和生活,如果正常的学习和生活都难以维持,应该及时予以调整。

【互动练习】   健康自测——"五快三良"

世界卫生组织针对"什么是健康"提出了通俗易懂的"五快"(吃得快、便得快、睡得快、说得快、走得快)、"三良"(良好的个性、良好的处世能力、良好的人际关系)八标准。

我们可以对照这些标准,看看自己的健康状况。

①吃得快:胃口好,吃东西津津有味,不挑食,不偏食,说明内脏功能良好。

②便得快:排泄快速通畅,感觉轻松自如,说明胃肠功能良好。

③睡得快:入睡快,睡得沉,一觉睡到大天亮,醒后头脑清醒,精神饱满,说明中枢神经系统功能良好。

④说得快:说话流利,头脑清醒,思维敏捷,声音洪亮,说明心肺功能良好。

⑤走得快:步履轻松有力,行动自如,反应快速,说明精力充沛旺盛,躯体、四肢状态良好。

⑥良好的个性:性格温顺随和,豁达大度,意志坚强。

⑦良好的处世能力:看问题、办事情能以客观现实和自我为基础,与人交往能被大多数人所接纳。

⑧良好的人际关系:与人相处自然融洽,朋友多。

第三节   大学生心理健康的影响因素与自我维护

一、影响大学生心理健康的因素

心理健康是大学生成长成才的首要前提,也是制约大学生发展潜力的重要因素。从当前我国高校的普遍情况来看,多数大学生的心理是健康的,但也有相当一部分大学生的心理健康状况不容乐观。尽管如此,只有极少数大学生接受了心理咨询方面的专业性帮助,而绝大部分并没有真正认识到这一问题,一定程度说明了心理健康教育的紧迫性、必要性和艰巨性。科学研究表明,导致心理疾病的因素是十分复杂的,是心理、社会诸因素共同作用于个体的结果。大学生心理障碍与心理疾病的产生是大学生所处的特殊年龄阶段与特殊学习环境以及社会诸因素相互作用的结果。就当前大学生的具体现状而言,影响其心理健康的因素主要体现在以下三个方面。

(一)大学生个体心理因素的影响

大学生一般年龄在18~25岁,正处于青年中期。青年期是人的一生中心理发展变化最激烈的时期,面临着一系列生理、心理、社会方面的适应问题。处在这一特定发展阶段的大学生,由于心理发展不成熟,情绪不稳定,心理冲突、矛盾时有发生,极易适应不良,出现心理障碍。影响大学生心理健康的个体心理因素可以概括如下。

1.自我同一性的危机

在大学阶段,青年学生不断反省自我,探索自我,思考人生,确定"自我同一性",经历着种种内心自我评价与认知的矛盾和迷惘,情绪起伏大,容易诱发心理障碍。

2.个性的缺陷

同样的环境、同样的挫折,不同的个体会有不同的反应。这与人的个性有直接关系。性格过于内向、心胸狭窄、斤斤计较、孤僻封闭、自卑忧郁、急躁冲动、多疑、爱慕虚荣、娇生惯养、感情脆弱的人,比个性开朗大度、乐观的人更易患心理疾病。

3.心理素质的不完备

大学生的心理素质不完备不仅影响他们的成长发展,也影响他们的健康。从现实看,随着社会性刺激增多而带来的应激和压力增加,大学生的心理素质已跟不上时代的要求。不少学生自制能力差,对挫折缺乏必要的承受能力,惧怕失败,一遇到矛盾就自责自怨或一味埋怨社会和他人,灰心失望,精神不振,由此造成恶性循环,而陷入消极的心理状态,久而久之,就形成了心理疾病。

4.情绪发展的不稳定性

大学生的情绪处在最富动荡和最复杂的时期,鲜明的特征是情绪的两极性。大学生情绪起伏过大,左右不定,缺乏对事物的客观判断,强烈的情感需求与内心的闭锁,情绪激荡而缺乏冷静的思考,使他们极易走向极端,常常体验着人生各种苦恼,由此产生内心矛盾冲突而诱发各种心理障碍。

5.性的生物性和社会性的冲突

大学阶段,人的生理发育基本成熟,性机能的发展产生了性欲望与性冲动,但由于社会道德习俗、法律和理智的约束,这种欲望常被限制和压抑。大多数大学生可以通过学习、娱乐、社交等途径使生理能量得到正当释放、升华或补偿。有一部分大学生不能正确处理调节,存在性压抑,而出现焦虑不安感,甚至以某种变态的形式表现出来。

(二)大学特殊环境和任务对心理健康的影响

大学生主要的任务是学习,有限的时间内要完成繁重的学习任务,心理压力很大。同时,他们所生活的环境(即校园)和条件不理想,也会影响他们的心理健康。因此近年来,校园文化建设这一课题受到多方重视。

1.学习负担过重

对学生学习时间的调查发现,有相当多的学生每天的学习时间达10小时以上,睡眠时间严重不足。学习是一项艰苦的脑力劳动,长期学习负担过重使大脑过度疲劳,大脑皮层活动机能减弱,注意力、记忆力、思维力、想象力受到限制而影响学习效率。学习负担过重与课程设置不合理、学生学习贪多求全、自我期望过高、家长及外界压力过大、学校引导不力等因素有关。

2.专业选择不当

学生高考选择专业时具有一定的盲目性。因对大学专业设置不太了解,所以每年都有一些学生出于种种原因对所学专业不满意,认为其专业不符合个人的兴趣和爱好,从而产生调换专业的要求。一旦解决不了,他们就会闹情绪,表现出对学习无兴趣,情绪低落,消极悲观,随意缺课,长此下去,会使心理矛盾加深。

3.不适应大学生活

从中学到大学,环境改变很大,无论是学习方面还是生活方面,乃至人际关系,都需要重新适应。比如学习方面,中学老师讲得多,而大学要培养自学能力;生活方面,中学时父母照顾得多,而大学要培养自理能力;心理适应方面,中学的学习尖子周围充满着赞扬声,优越感强,但到大学,尖子荟萃,自己原来的优势不明显,学习上遇到一点挫折就会产生消极的自我评价而使情绪低落。

4.业余生活单调

大学生活仍然可以用"三点一线"来概括,学生的生活环境主要是课堂、食堂、宿舍,生活相对比较单调,缺乏足够的娱乐场所。而青年人处在长知识、长身体的阶段,好奇心强,精力充沛,对业余生活的多样化要求迫切,但在大学常常不能得到满足,因而缺乏生活的乐趣,感到枯燥无味。

(三)社会环境对大学生心理健康的影响

美国精神分析学家哈内认为,许多心理变态是由于对环境的不良适应而引起的。改革开放以来,中国社会发生了巨大变化。随着市场经济体制的确立、竞争机制的导入,人们的生活方式、价值观念发生了重大变化,人们的心理活动较之以前更复杂,大量新的社会刺激对人们的心理健康威胁越来越大,从而导致心理障碍发生率逐年增加。

1.社会文化背景

当代大学生处在东西方交叉、多种价值观冲突的时代。随着改革开放的深化,西方文化大量涌入,东西方文化发生着前所未有的碰撞与冲突。东方重义,西方重利;东方尚礼,西方尚法;东方重和谐,西方重竞争;东方讲群体利益,西方重个人利益等。当下社会快速发展,新技术、新方法不断涌现,面对急速变化和不确定的未来,大学生的心理状态往往会出现负面变化。面对不同的文化背景和多种价值选择,学生常常会感到茫然、疑虑、混乱。诸如对个人利益与个人主义、个性发展与个性放纵、自我意识与自我中心等,没有明确的认识。求新求异的心理使青年盲目追求西方的文化,而这些东西与中国现实社会在许多方面格格不入,使青年学生陷入空虚、混乱、压抑、紧张的状态,在人生道路的选择上处于两难或多难的境地。长时间的心理失调必然带来心理上的冲突,出现适应不良的种种反应。

2.大众传播媒介的影响

随着科学技术的发展,大众传播手段越来越丰富。随着电视机的普及、广播电视节目播放时间的延长、报纸杂志的增多、信息高速公路的建设、互联网的普遍应用,大众传播媒介对人们的心理健康影响越来越大。新媒体时代,大学生的角色更加多样化,可以以各种虚拟身份参与网络空间。大学生一般求知欲强但辨别力弱,崇尚科学但欠缺辩证思维。当前一些格调低下的杂志作品及观念错误的书籍、报纸泛滥,给青年学生的思想及行为带来了消极的影响,长此以往,一些学生的负面情绪就会越来越严重,阻碍了他们的健康成长。

3.家庭环境的影响

现代心理学研究证明,家庭环境对人一生的发展会产生重大的影响,特别是早年形成的人格结构会在以后的心理发展中打下深深的烙印。家庭环境包括家庭人际关系、父母教育方式、父母人格特征等因素。国外学者对恐怖症、强迫症、焦虑症和抑郁症四种神经症患者的早期经历与家庭关系的调查表明,这四种神经症患者的父母与正常个体的父母相比,表现出较少的情感温暖、较多的拒绝态度或者较多的过分保护。儿童早期的信任感和安全感的缺乏随着心理发展逐渐产生一种孤独、无助的性格,难以与人相处,因而容易产生心理异常。值得强调的是家庭教养方式是孩子心理健康的重要因素,有人这样说:

在敌意中长大的孩子,他学会了争斗;

在虐待中长大的孩子,他学会了伤害别人;

在支配中长大的孩子,他学会了依赖;

在干涉中长大的孩子,他学会了被动;

在娇宠中长大的孩子,他学会了任性;

在否决中长大的孩子,他反对社会;

在忽视中长大的孩子,他性格孤僻;

在专制中长大的孩子,他喜欢反抗;

在淫乱中长大的孩子,他会心理变态;

在民主中长大的孩子,他领导能力强;

在鼓励中长大的孩子,他学会了自信;

在公平中长大的孩子,他抱有正义感;

在宽容中长大的孩子,他学会了耐心;

在赞赏中长大的孩子,他学会喜欢自己;

在爱之中长大的孩子,他会爱人如己。

总之,大学生心理问题产生的原因是多方面的,生物因素、心理因素、社会因素常常交织在一起,互相联系、互相作用、互相制约,某些先天因素的不健全,加上不良社会文化环境的影响所造成的心理发展过程中出现的异常状态,容易导致心理疾患。因此,保持和维护心理健康也应该从多种渠道入手。

二、大学生心理健康的维护

(一)大学生关注个体心理健康

1.坚持健康、文明的生活方式

生活方式是指人们在日常生活中遵循的行为规范,即习惯化了的生活方式。健康的心理与健康的身体密不可分。确立积极的生活目标,并付诸实践。对大学生而言,健康的生活方式包括:一是合理作息,起居有常,早睡早起,充足睡眠;二是平衡膳食,坚持吃早餐,体重保持正常水平;三是科学用脑,实行时间管理,提高学习效率,劳逸结合,有张有弛,避免用脑过度;四是积极休闲,选择文明高雅的休闲娱乐方式,愉悦身心;五是适量运动,积极参加体育锻炼,不吸烟,不喝酒。大学生不文明的生活方式有沉溺网络、暴饮暴食、节食瘦身、晚睡晚起、饮食不规律、不从事体育运动、抽烟酗酒、做危险动作等。

2.培养和完善人格

人格的健全是心理健康的重要组成部分,大学生应当正确评价客观事物,正确对待自己与他人;善于管理情绪,情绪反应适度正常,体验正常的情绪情感,主动有效地适应社会环境与学校生活。

3.投身社会实践,扩大人际交往,建立广泛的社会支持系统

大学生应当积极主动地参加各类社会实践活动,并在活动中全面提高自身素质,真正弄懂交往应遵循社会的伦理要求和道德规范,理解人与人之间的关系,体验友谊与沟通的快乐,开阔视野,并寻找广泛的社会支持。当面临挫折与压力时,广泛宽厚的社会支持会帮助大学生走出沼泽地,走向开满鲜花的岁月。

(二)学校开展心理健康教育,提高学生心理素质

①学校教育中,存在重道德灌输,轻道德践约;重成才教育,轻成人教育;重知识传授,轻养成教育的倾向。学校要培养的是"社会人"与"文化人",归根到底要遵循以人为本的原则,对学生的培养要精心、精细、精益求精,尊重学生的主体地位。社会人必然是具有健康心理的人。教会学生适应环境,能够妥善处理自身事务,学会遵守社会规范,成为一个适应社会需要的社会人是前提;学会关心,关心国家大事,关心国际局势,关心我们生存的社会,关心朋友,体谅父母,珍惜友谊,善待爱情,以热情、积极、主动的态度介入社会生活;学会学习就是不仅学习书本知识,还要学习观察问题、解决问题的方法与途径,学习将书本知识转化为社会实践的能力。人的发展是永恒的课题,可以说,自我塑造、自我发展、自我完善是人生中非常重要的内容。

②逐步形成学校、社会、自身共同关心大学生心理健康的良好氛围。心理健康教育的成功需要学校、家庭和社会的协同努力。目前,高校普遍认识到心理素质在人才培养中的重要作用,建立了相应的机构,加大了心理健康教育的力度,部分高校将心理健康教育纳入

课堂教学中,使心理健康教育逐步走上科学化、规范化的轨道。大学生也逐步认识到心理健康的重要性,开始注重自身心理素质的培养与提高,以主动的姿态调整自身的状态,以适应社会的需要。家庭教育中也在逐步重视学生的心理健康教育。在大学校园中营造宽松的心理环境,建立良好的班风、学风、校风,消除不良文化的影响,逐步形成积极向上的校园文化,人人重视自身心理健康的良好氛围。

③建立以发展咨询为核心的大咨询观念。很长一段时间内,人们对心理咨询的认识停留在心理疾病的治疗上,事实上,有严重心理障碍的学生毕竟是少数,更多的学生面临成长与成才、情感与事业、日常生活事件的处理等问题,而这些问题并不构成心理疾病的主要方面,但又直接影响着学生的心理健康与大学生的健康成长。发展咨询应当成为教师教书育人职责中的重要组成部分,要建立健全的心理健康档案管理系统,及时记录学生的心理健康问题和变化情况,以便进行个性化的心理辅导和干预。引导学生正确处理生活中的一些事件,将发展咨询贯穿于学生成才的始终,是一项非常繁重的任务,值得引起重视。

【知识链接】 　　　　　　　国外学者关于心理健康的标准

美国学者坎布斯认为,一个心理健康、人格健全的人应有4种特质:①积极的自我观;②恰当地认同他人;③面对和接受现实;④主观经验丰富,可供取用。

马斯洛和心理学家密特尔曼提出心理健康的10条标准:①是否有充分的安全感;②是否对自己有较充分的了解,并能恰当地评价自己的能力;③自己的生活和理想是否切合实际;④能否与周围环境保持良好的接触;⑤能否保持自身人格的完整与和谐;⑥是否具备从经验中学习的能力;⑦能否保持适当和良好的人际关系;⑧能否适度地表达与控制自己的情绪;⑨能否在集体允许的前提下,有限度地发挥自己的个性;⑩能否在社会规范的范围内,适度地满足个人的基本需求。

美国人格心理学家奥尔波特认为,心理健康包括7个方面:①自我意识广延;②良好的人际关系;③情绪上的安全性;④知觉客观;⑤具有各种技能,并专注于工作;⑥现实的自我形象;⑦内在统一的人生观。

哈威哥斯特综合许多心理学家的意见,认为个体具有以下9个有价值的心理特质即为心理健康:①幸福感,这是最有价值的特质;②和谐,包括内在和谐及与环境的和谐;③自尊感;④个人的成长,即潜能的发挥;⑤个人的成熟;⑥人格的统整;⑦与环境保持良好接触;⑧在环境中保持有效的适应;⑨在环境中保持相对独立。

斯柯特提出多达10类共75条心理健康标准。①一般的适应能力:灵活性,把握环境的能力,适应和对付变化多端的世界的能力,阐明目的并完成目的的能力,成功的行为,顺利地改变行为的能力;②自我满足的能力:生殖欲(获得性高潮的能力),适度满足个人需要,对日常生活感到快乐,行为的自然性,放松片刻的感觉;③人与人之间各种角色的扮演:完成个人社会角色,行为与角色一致,社会关系适应,行为受社会的赞同,与他人相处的能力,参与社会活动,利用切合实际的帮助,稳定的职业,工作和爱的能力;④智慧能力:知觉的准确性,心理功能的有效性,认知的适当,机智,合理性,接触现实,解决问题的能力,对人类经验的广泛了解和深刻理解;⑤对他人的积极态度:利他主义,关心他人,信任,喜欢他人,待人热情,与人亲密的能力,情感移入;⑥创造性:对社会的贡献,主动精神;⑦自主性:情感的独立性、同一性,自力更生;⑧完全成熟:自我实现,个人成长,人生哲学的形成,在相反力量之间得以平衡,成熟而不自相矛盾的动机,自我利用,具有把握冲动、能量和冲突的综合能力,保持一致性,完整的复杂层次,成熟;⑨对自己有利的态度:控制感,任务完成的满足,自我接受,自我认可,自尊,面对困难有充满解决问题的信心,积极的自我形象,自由和自决感,摆脱了自卑感,幸福感;⑩情绪与动机的控制:对挫折的耐受性,把握焦虑的能力,道德,勇气,自制力,对紧张的抵抗,道义,良心,自我的力量,诚实,率真。

国内许多学者都提出了心理健康的标准。

严和锓提出6条心理健康的标准:①有积极向上、面对现实和环境的能力;②能避免由于过度紧张或焦虑而产生病态症状;③与人相处时,能保持发展融洽互助的能力;④能将其精力转化为创造性和建设性活动的能力;⑤有能力进行工作;⑥能正常恋爱。

王效道提出,正常心理应具备下列8项标准:①智力水平在正常范围以内,并能正确反映事物;②心理行为特点与生理年龄基本相符;③情绪稳定,积极与情境适应;④心理与行为协调一致;⑤社会适应,主要是人际关系的心理适应协调;⑥行为反应适度,不过敏,不迟钝,与刺激情景相应;⑦不背离社会规范,在一定程度上能实现个人动机,并结合生理要求得到满足;⑧自我要求与自我实际基本相符。他还认为心理水平可从适应能力、耐受力、控制力、意识水平、社会交往能力、康复力、道德愉快甚至道德痛苦等7个方面加以评量。

王极盛等认为,人的心理健康标准应包括5个方面。①智力正常;②情绪健康:情绪稳定与心情愉快是情绪健康的重要标志;③意志健康:行动的自觉性和果断性是意志健康的重要标志;④统一协调的行为:一个心理健康的人,他的行为是一致的、统一的,思想与行动是统一的、协调的,他的行为有条不紊,做起事来按部就班;⑤人际关系的适应。

樊富珉提出大学生心理健康的7个标准:①能保持对学习较浓厚的兴趣和求知欲望;②能保持正确的自我意识,接纳自我;③能协调与控制情绪,保持良好的心境;④能保持和谐的人际关系,乐于交往;⑤能保持完整统一的人格品质;⑥能保持良好的环境适应能力;⑦心理行为符合年龄特征。

王希永等认为,心理健康的标准可以概括为:①智力正常,思维方式正确,能唯物辩证地看待社会,看待自己,看待一切事物;②具有高尚的情感体验,能控制自己的情绪;③正确对待困难和挫折,不苛求环境,不推卸责任,有战胜困难的信心、勇气、毅力,有创新意识和开拓精神,顺利时不骄傲自满;④需要是合理的,动机是可行的,有理想、有追求、有社会责任感,精神生活充实;⑤具有自觉的社会公德,具有社会所赞许的道德品质,能恰当地处理好人际关系;⑥经常处于内心平衡的满足状态,出现心理不平衡时,自己可以及时地、成功地进行调整。

李百珍提出7条标准:①心理健康者了解自我、接纳自我,能体验自我存在的价值;②心理健康者正视现实、接纳他人;③心理健康者能协调、控制情绪,心境良好;④心理健康者有积极向上的、现实的人生目标;⑤心理健康者对社会有责任心;⑥心理健康者心地善良,对他人有爱心;⑦心理健康者有独立、自主的意识。

黄珉珉认为,心理健康的标准有:①能进行正常的学习、生活和工作;②能与他人和睦相处,保持良好的人际关系;③具有健全的人格;④具有良好的情绪体验;⑤具有正常的行为;⑥有正常的心理意向;⑦有良好的适应能力及对紧急事件的处理能力;⑧有一定的安全感,有信心和自立性。

郑日昌认为,心理健康包括:①正视现实;②了解自己;③善与人处;④情绪乐观;⑤自尊自制;⑥乐于工作。

【活动体验】

1.练习回答下列问题

A.失眠很可怕(为什么)

(1)_____　　　(2)_____

B.失眠并不可怕(为什么)

(1)_____　　　(2)_____

2.保持睡眠的策略

①养成有规律的睡眠习惯。这样会形成条件反射,容易入睡。不要一忙就开夜车,不忙时早早躺下,这样会打破睡眠规律,容易造成失眠。

②放松法。舒舒服服地深吸一口气,然后轻轻地呼气。第一次吸气时数"1",呼气时默说"放松",说"1"和"放松"时,设想用手把这些字比画出来;下次吸气时数"2",呼气时说"放松",一直数到20。这样做的目的是让一串单调的词、字及形象反复出现,以至占据你的大脑,降低对大脑的刺激。

③临睡前可用与体温相当的水洗脚,用热一点的水洗脸,有条件可洗个温水澡。白天不做过于剧烈的运动,但可做一些如骑车、散步这样的活动。生理学研究表明,腿部活动有利于睡眠。

④不喝浓茶、咖啡等兴奋性饮料,可喝牛奶、酸奶等。

⑤实在睡不着时,也不要硬躺在床上,可起床看一些平时不愿看的书,听听音乐,想一想平时令你愉快的事情,情绪稳定后,心平气和地躺下,自然会进入梦乡。

本章小结

健康是人类永恒的话题,人们对健康概念的认识是随着社会的发展以及人类对自身认识的深化而不断丰富的。心理健康使个体能够适应当前和发展着的环境,具有完善的个性特征。从广义上讲,心理健康是一种持续高效而满意的心理状态;从狭义上讲,心理健康是知、情、意、行的统一,是人格完善协调,社会适应良好。心理健康并不是一种固定的状态,而是一个不断发展的过程。心理健康对大学生来说至关重要,因为心理健康是大学生成才的基础,是时代发展的需要。大学生心理健康表现在:一是智力正常;二是情绪健康;三是意志健全;四是人格完整;五是自我评价正确;六是人际关系和谐;七是社会适应正常;八是心理行为符合大学生的年龄特征。大学生心理健康是生理、心理、社会文化诸方面因素共同作用于个体的结果。大学生群体的特殊性使他们的心理健康面临着更多的挑战。因此,大学生应对其自身的心理成长给予更多的关注。

本章讨论

1.你的心理健康吗? 学习了本章内容,你希望在哪些方面有所改进?

2.影响大学生心理健康的因素有哪些? 就你自身的成长而言有什么感触?

3.请完成下面的陈述句:

(1)我所具有的良好心理素质有:＿＿＿＿＿＿＿＿＿＿＿＿＿＿＿(不少于五组)

(2)别人所具有的良好心理素质有:＿＿＿＿＿＿＿＿＿＿＿＿＿(不少于五组)

(3)我不具有的良好心理素质有:＿＿＿＿＿＿＿＿＿＿＿＿＿＿(不少于五组)

(4)如何培养自己良好的心理素质:＿＿＿＿＿＿＿＿＿＿＿＿(不少于五组)

(5)当你完成上面的练习时,你的感想是:＿＿＿＿＿＿＿＿＿＿＿＿＿

推荐阅读

宁欣,李开宇.积极心理学视阈下大学生心理健康教育探赜[J].辽宁经济职业技术学院.辽宁经济管理干部学院学报,2018(1):76-78.

郦炜.高校对当代大学生心理健康教育的重要性[J].当代教育实践与教学研究,2019(16):194-195.

安娜.高校大学生心理健康教育优化路径[J].国家通用语言文字教学与研究,2023(12):40-42.

杨佳茜.新媒体时代大学生心理健康教育课程改革与实践探究[J].新闻研究导刊,2023,14(21):179-181.

孙喜杰,毛浩宇.新时代高校学生心理健康现状调查报告:以武汉市大学生为例[J].中国教育技术装备,2024(7):120-125.

雷永汉,刘佳.个人社会化理论融入大学生心理健康教育课程建设探索[J].黑龙江教育(高教研究与评估),2020(12):32-34.

第二章　大学生心理困惑及心理异常

当一切毫无希望时,我看着切石工人在他的石头上,敲击了上百次,而不见任何裂痕出现。但在第一百零一次时,石头被劈成两半。我体会到,并非那一击,而是前面的敲打使它裂开。

——贾柯·瑞斯

☆**本章导读**

大学生由于受生活环境、学习、人际关系等诸多因素的影响,他们会产生心理困惑,甚至出现心理异常或心理疾病等问题,严重影响了他们的生活和学习。因此,正确识别大学生常见的心理困惑和异常的心理,并进行有效的自助、疏导和调整,对其今后的学习和人生都将产生重要的作用。

【案例导入】

小杨在高中时就已经幻想上大学后的美好生活,可是当他进入大学后发现大学并不如想象的那么美好,于是产生了失落感,进而转变成麻木,出现许多摆烂行为,表现为对大学的一切都不感兴趣,最后产生过一天算一天的心理。可是到了大四上学期时,在找工作和写论文的双重压力下,小杨开始后悔和焦虑,躺也躺不平,动又动不起来,不知道该怎么办才好。

第一节　心理问题的判断标准

大学生在遇到突发事件或心理应激事件时如果拥有良好的个性和意志、合理的认知评价和应对方式,就可以避免心理问题的发生。心理问题从健康状态到心理疾病状态一般可分为四个等级:健康状态、心理困惑、心理障碍、心理疾病。当我们遇到心理问题时,不妨给自己诊断一下,多了解一些这方面的知识,会让自己遇到问题时从容应对,不至于焦虑过度,造成其他不必要的精神压力。

一、心理健康状态

心理健康状态与非健康状态的区分标准一直是心理学界讨论的话题,不少国内外心理学学者根据自己调查研究的结果提出了多种心理健康标准。研究人员在临床心理学实践工作中,总结了前人的理论与经验,提出了一种简洁的评价方法,即从本人评价、他人评价和社会功能状况三方面分析。

①本人不觉得痛苦,即在一个时间段内(如一周、一月、一季或一年)快乐的感觉大于痛苦的感觉。

②他人不感觉到异常,即心理活动与周围环境相协调,不出现与周围环境格格不入的现象。

③社会功能良好,即能胜任家庭和社会角色,能在一般社会环境下充分发挥自身能力利用现有条件(或创造条件)实现自我价值。

二、心理困惑

心理困惑又称第三状态,是介于健康状态与疾病状态之间的状态,是正常人群组中常见的一种亚健康状态,它是个人心理素质(如过于好胜、孤僻、敏感等)、生活事件(如工作压力大、晋升失败、被上司批评、婚恋挫折等)、身体不良状况(如长时间加班劳累、身体疾病)等因素引起的。它具有以下特点。

①时间短暂。此状态持续时间较短,一般在一周以内能得到缓解。

②损害轻微。此状态对人的社会功能影响比较小。处于此类状态的人一般都能完成日常工作、学习和生活,只是感觉到的愉快感小于痛苦感,"很累""没劲""不高兴""应付"是他们常说的词汇。

③能自我调整。此状态者大部分通过自我调整,如休息、聊天、运动、钓鱼、旅游、娱乐等放松方式使自己的心理状态得到改善。小部分人若长时间得不到缓解可能形成一种相对固定的状态。这小部分人应该去寻求心理医生的帮助,以尽快得到调整。

三、心理障碍

心理障碍是因为个人及外界因素造成心理状态的某一方面(或几方面)发展的超前、停滞、延迟、退缩或偏离。它具有以下特点。

①不协调性,即其心理活动的外在表现与其生理年龄不相称或反应方式与常人不同。如成人表现出幼稚状态(停滞、延迟、退缩),儿童出现成人行为(不均衡的超前发展),对外界刺激的反应方式异常(偏离)等。

②针对性,即处于此类状态的人往往对障碍对象(如敏感的事、物及环境等)有强烈的心理反应(包括思维、情感、动作行为、意志),而对非障碍对象可能表现很正常。

③损害较大,即此状态对其社会功能影响较大。它可能使当事人不能按常人的标准完成其某项(或某几项)社会功能。如社交焦虑(又名社交恐惧)者不能完成社交活动,锐器恐惧者不敢使用刀、剪,性心理障碍者难以与异性正常交往。

④需求助于心理医生,即此状态者大部分不能通过自我调整和非专业人员的帮助来解决根本问题。心理医生的指导是必需的。

心理困惑和心理障碍的区别见表2.1。

表2.1　心理困惑和心理障碍的区别

项目	一般心理问题	严重心理问题
情绪反应强度	由现实生活、工作压力等因素而产生内心冲突引起的不良情绪反应,有现实意义且带有明显的道德色彩	由较强烈的、对个体威胁较大的现实刺激引起心理障碍,体验着痛苦情绪
情绪体验持续时间	求助者的情绪体验时间不间断地持续一个月或者间断地持续两个月	情绪体验超过两个月,未超过半年,不能自行化解
行为受理智控制程度	不良情绪反应在理智控制下,不失常态,基本维持正常生活、社会交往,但效率下降,没有对社会功能造成影响	遭受的刺激越大,反应越强烈,多数情况下,会短暂失去理智控制,难以解脱,对生活、工作和社会交往有一定程度影响
泛化程度	情绪反应的内容对象没有泛化	情绪反应的内容对象被泛化

一般心理困惑是可以通过向朋友倾诉、转移注意力、运动、音乐、美食或是从事自己感兴趣的活动得到调适,但如果是严重的心理问题一般就要寻求专业的帮助了。亚里士多德说了,心理问题往往是从独来独往开始的,我们的心理问题也是从注意力、记忆力下降给出信号的,同时会伴随人际冲突或是人际退缩。随时关注自己的社交需求和社交感受也是一个很好的关注自己是心理困惑还是心理障碍的切入点。下面这个社交回避及苦恼量表可以帮助你对此有一些觉察,见表2.2。

表2.2 社交回避及苦恼量表(SAD)

请认真阅读下面28道题,根据你的实际情况,在下面的每个条目上选择"是"或"否"。	
1.即使在不熟悉的社交场合里我仍然感到轻松。	□ 是 □ 否
2.我尽量避免迫使我参加交际应酬的情形。	□ 是 □ 否
3.我同陌生人在一起时很容易放松。	□ 是 □ 否
4.我并不特别想去回避人们。	□ 是 □ 否
5.我通常发现社交场合令人心烦意乱。	□ 是 □ 否
6.在社交场合我通常感觉平静及舒适。	□ 是 □ 否
7.在同异性交谈时,我通常感觉放松。	□ 是 □ 否
8.我尽量避免与人家讲话,除非特别熟。	□ 是 □ 否
9.如果有同新人相处的机会,我会抓住的。	□ 是 □ 否
10.在非正式的聚会上如有异性参加,我通常觉得焦虑和紧张。	□ 是 □ 否
11.我通常与人们在一起时感到焦虑,除非与他们特别熟。	□ 是 □ 否
12.我与一群人在一起时通常感到放松。	□ 是 □ 否
13.我经常想离开人群。	□ 是 □ 否
14.在置身于不认识的人群中时,我通常感到不自在。	□ 是 □ 否

续表

15.在初次遇见某些人时,我通常是放松的。	☐ 是 ☐ 否
16.被介绍给别人使我感到紧张和焦虑。	☐ 是 ☐ 否
17.尽管满房间都是生人,我可能还是会进去的。	☐ 是 ☐ 否
18.我会避免走上前去加入到一大群人中间。	☐ 是 ☐ 否
19.当上司想同我谈话时,我很高兴与他谈话。	☐ 是 ☐ 否
20.当与一群人在一起时,我通常感到忐忑不安。	☐ 是 ☐ 否
21.我喜欢躲开人群。	☐ 是 ☐ 否
22.在晚上或社交聚会上与人们交谈对我不成问题。	☐ 是 ☐ 否
23.在一大群人中间,我极少能感到自在。	☐ 是 ☐ 否
24.我经常想出一些借口以回避社交活动。	☐ 是 ☐ 否
25.我有时充当为人们相互介绍的角色。	☐ 是 ☐ 否
26.我尽量避开正式的社交场合。	☐ 是 ☐ 否
27.我通常参加我所能参加的各种社会交往。不管是什么社交活动,我一般是能去就去。	☐ 是 ☐ 否
28.我发现同他人在一起时放松很容易。	☐ 是 ☐ 否

是代表1,否代表0;得分范围为0~28分,分数越高说明社交回避及苦恼程度越高。

四、心理疾病

心理疾病是由于个人及外界因素引起个体强烈的心理反应(思维、情感、动作行为、意志)并伴有明显的躯体不适感,是大脑功能失调的外在表现。心理疾病具有以下特点。

①强烈的心理反应。此状态的患者可出现思维判断上的失误,思维敏捷性的下降,记忆力下降,头脑黏滞感、空白感,强烈自卑感及痛苦感,缺乏精力,情绪低落,紧张焦虑,行为失常(如重复动作、动作减少、退缩行为),意志减退等。

②明显的躯体不适感。中枢控制系统功能失调可引起所控制人体各个系统功能失调,如影响消化系统则可出现食欲不振、腹部胀满、便秘或腹泻(或便秘—腹泻交替)等症状;影响心血管系统则可出现心慌、胸闷、头晕等症状;影响内分泌系统可出现女性月经周期改变、男性性功能障碍……

③损害大。此状态的患者不能或勉强完成其社会功能,缺乏轻松、愉快的体验,痛苦感极为强烈,"哪里都不舒服""活着不如死了好"是他们真实的内心体验。

④需心理医生的治疗。此状态的患者一般不能通过自身调整和非心理科专业医生的治疗而康复。心理医生对此类患者的治疗一般采用心理治疗和药物治疗相结合的综合治疗手段。在治疗早期通过情绪调节、药物快速调整情绪,中后期结合心理治疗解除心理障碍并通过心理训练达到社会功能的恢复并提高其心理健康水平。

在严重心理问题上还需要区分心理疾病和精神病,其中若是属于精神病范畴,需要由具有处方权的心理医生或精神病医生提供专门的治疗,特别是药物治疗。在心理学界与精神病学界有普遍公认的判断病与非病的三原则,即:

第一,是否出现了幻觉,如幻听、幻视等。

第二,自我认知是否出现问题,能否或是否愿意接受心理或精神治疗。

第三,情感与认知是否倒错混乱,知、情、意是否统一,社会功能是否受到严重损害。

重点在于对幻觉与情感是否倒错混乱两个方面,是否有自我认知的判断应是在这两个重要判断基础之上。

【知识链接】　　　　　　　如何判断心理医生与精神科医生

心理医生与精神科医生,很多人容易混淆两者的概念和工作内容,根据资料收集整理,我们主要从以下三个方面对两者进行区分。

1.专业背景。精神科医生是获得了医学学位,并在医院内完成规培的医生,他们具有处方权,是执业医生的一种。而心理医生则主要通过了心理学专业的考试,并获得了心理咨询师、治疗师的证书,他们不具备处方权。

2.工作范围。精神科医生主要接诊有精神类疾病的患者,如精神分裂症、抑郁症、躁狂症等。而心理医生则主要接诊存在心理问题但不构成精神疾病的人群,这些问题可能源自工作压力、家庭关系、婚姻不幸等方面。

3.治疗手段。精神科医生主要依赖药物治疗、电刺激治疗等手段来控制精神疾病。而心理医生则主要通过咨询、认知疗法、催眠疗法等非药物和仪器的治疗手段来帮助患者缓解压力,改善心理状态。

第二节 大学生常见的心理问题

事实上,大学生中有心理障碍或精神病的极少,多数大学生遇到的都是一般性心理困扰。但是,即使一般性心理困扰也会在很大程度上影响大学生的发展,而且对一般性心理困扰若不及时调节和疏导,持续发展下去就可能导致心理障碍或心理疾病。

一、大学生常见的心理问题

大学阶段是一个向成熟过渡的阶段,在此阶段,大学生的心理状态尚未稳定,心理表现比成人更为敏感复杂,受环境、情绪和社会因素等的影响,引发许多心理问题。归纳起来,主要有如下10种。

(一)生活适应问题

这在刚进大学的新生中较为常见。新生以往的家庭环境、受教育环境、成长经历和学习基础等相差很大,来到大学后,在自我认知、同学交往、自然环境等方面都面临着全面的调整适应。由于大学生目前的自理能力、适应能力和调整能力普遍较弱,因此,在大学生中生活适应问题广泛存在。例如,一名大学生刚入学不到一星期就申请退学,原因是从未住过集体宿舍,睡上铺担心掉下来,整晚睡不着,白天没精神,食堂的饭菜吃不下,精神紧张,心烦意乱,不能坚持下去。

(二)学习问题

大学生的主要任务是学习,学习上的困难和挫折对大学生的影响是最为显著的。虽然大学生在学业方面是同龄人中的佼佼者,但由于大学学习与中学学习存在很大的不同,因此,很多同学存在学习问题,包括学习方法、学习态度、学习兴趣、考试焦虑等。例如,一位大学生因不满意自己所学的专业,学习无兴趣,经常想着转专业或退学回家复读,就这样在矛盾中度过了大学生活的第一学期,期末考试出现了多门不及格。

(三)人际关系问题

受应试教育和独生子女的影响,多数学生在人际关系方面较为封闭,交往能力较差。进入大学后,如何与周围的同学友好相处,建立和谐的人际关系,是大学生面临的一个重要课题。由于每个人待人接物的态度不同,个性特征不同,再加上青春期固有的闭锁、羞怯、敏感和冲动,都使大学生在人际交往过程中不可避免地遇到各种困难,从而产生困惑、焦虑等心理问题,这些问题甚至会严重影响他们的健康成长。例如,有一位大二的女生,因来自农村,觉得室友瞧不起她,心理不平衡,提出换宿舍。

(四)恋爱与性心理问题

大学生处于青年中期,性发育成熟是重要特征,恋爱与性问题是不可回避的。总的来说,大学生接受青春期教育不足,对性发育成熟缺乏心理准备,对异性的神秘感、恐惧感和渴望交织在一起,由此产生了各种心理问题,严重的还导致心理障碍,如失恋、单相思、恋物癖、窥阴癖等。

(五)情绪不稳定问题

大学生生长发育基本趋于成熟,但由于阅历较浅,社会经验不足,对人生和社会问题的看法往往飘忽不定,容易出现各式各样的心理矛盾,很容易受外界各种因素的干扰和影响,会因一点小的胜利而沾沾自喜,也易为一次小考失利而一蹶不振,自我控制和调整能力较差,导致心理和行为偏差。不过大多数大学生通过各种方式成功化解了自己的低落情绪,迅速呈现出积极的精神面貌,但是一部分大学生却"在泥潭里越陷越深",甚至走向极端。

(六)求职择业的心理问题

高校扩大招生圆了很多青年学子的大学梦,然而随之而来的却是就业的困难。就业的压力使很多大学生看不到现实的出路,找不到理想的方向,对前途深感迷茫。而如今社会竞争激烈,用人单位的要求也越来越高,加之很多大学生在校时一心只读书,与社会接触少,对社会缺乏真正的了解,这些情况导致大学生择业时出现一些心理障碍,主要表现为自卑、恐惧、自傲、怀疑等。

(七)经济的负担

对于一些从偏远农村考入城市的大学生来说,经济上的负担远比其他负担更为沉重。一些大学生在校期间为了缓解生活压力,找家教、打短工、做生意维持学业。沉重的经济负担使很多大学生承受很大的心理压力,产生自卑心理、焦虑心理、狭隘心理、文饰心理等。

(八)手机或网络依赖

大学生中因网络成瘾而引发的心理障碍或社会适应障碍等案例正逐渐增多。网络成瘾导致大学生学习成绩下降,行为异常,心理错位。在极端情况下,有些网络成瘾者不再清楚虚拟和现实世界的区别,使他们的人际关系和社会生活受到严重影响,从而阻碍学习、生活的正常进行。

(九)家长意志引发的心理问题

家长望子成龙心切,想方设法阻止学生的一切业余爱好。上大学后,大学生活丰富多彩,多才多艺的同学在活动中脱颖而出,而受家长压制的大学生,除学习外,没有一技之长,很自卑。有的家长强迫孩子念自己不喜欢的学校或专业,以至于大学生上学后,对大学没感情,对学习没兴趣,有的甚至想退学。

(十)生涯规划、发展性问题

自我发展是伴随一生的事。人一生的发展都充满着情绪和冲突,人的自我就是在矛盾的斗争和解决中向前发展的。如果现在不知道自我反省、自我救赎,自我没有得到成长的话,那么之后产生的痛苦将不断放大,甚至会影响未来的生活质量。例如,我是谁? 我的性格如何? 我有什么优点? 我有什么缺点? 我今后想做什么? 我要怎么去做?

以上这些只是大学生中常见的问题,因为大学生虽然在思想上、行为上都较为成熟,但毕竟还没有完全成熟。他们遇到问题还不能像成年人那样客观、冷静、理智地对待,他们或者表现出过激的思想和行为,或者封闭于自我心灵深处,久而久之,容易导致不良后果。因此,研究和解决好大学生常见的此类问题有着很现实的意义。

二、大学生心理问题的解决方法

大学生出现上述心理问题,主要是由中小学健康教育缺失,家庭健康教育缺失,以德育教育简单代替心理健康教育,校园生活及走向社会的压力和竞争加剧,大学生自身人格障碍等方面原因造成的。如果大学生们遇到了这些问题,又该采取哪些措施来解决呢?

(一)自我调整

在遭遇的心理问题不太严重时,自我调整就能摆脱困境。要对自己有较为全面、深刻的重新认识,可以通过反思,和知心朋友聊天,和老师交流,或者采取现在比较流行的一些心理测试来加深对自我的认识。通过自我调节逐渐实现情绪转移,分散注意力,稳定情绪,将不为社会所认可的情绪反应方式和欲望需求导向正常的人生轨道之上。

(二)寻求心理咨询专业人士的帮助

当所有自身的努力都不能取得实效时,一定要有勇气去寻求心理咨询专业人士的帮助,通过与专业人士的交流,按照专业人士的指导,有效地促进个人身心健康,不回避问题,不拖延时间,勇敢地正视自己面对的困难,以积极的心态摆脱心理问题的困扰。

(三)面对全体大学生,开展心理健康教育

大学生良好的心理素质的培养、各种心理问题的预防与减少无不得益于成功的心理健康教育。开展心理健康教育是保证其科学性、经济性和有效性的最好办法。根据大学生中出现的突出心理问题及不同年级学生的具体情况,还应设计举办大学生心理健康系列讲座,对大学生进行适应性指导。

(四)建立心理健康档案,开展经常性的定期心理检查

利用国外标准的测试工具——大学生健康调查表、卡氏16PF的测验问卷等,为在校大学生建立心理档案,可以较为全面地调查不同院系、不同专业、不同年级学生的心理健康状况,了解他们中存在的或迫切需要解决的心理问题。

(五)开展心理咨询与行为指导

高校开展心理咨询工作是增进学生心理健康、疏导心理障碍、防治心理疾病、优化心理素质的重要途径。心理咨询人员通过个体心理治疗、集体心理治疗及开展各种形式的心理训练,可以给来访者提供心理保健知识,帮助他们克服不合理的信念,树立积极的人生态度,正确评价自己,建立自信心,指导学生学会积极的应对方式,找到可行的排忧解难的方法,看到自己的发展方向。

(六)优化大学生成长的心理氛围

大学生的心理问题是由多种因素引发的,大学生心理问题的预防、消除或减轻需要社会、学校、家庭及学生本人的共同努力。良好的社会风气、和谐的家庭氛围,可以大大减少大学生的应激源,有利于大学生社会支持系统的构建。例如,建立家校沟通机制,学校要组织心理专家对家长进行心理知识科普教育,并建立良好的家校沟通机制,当孩子出现心理问题时,家长应配合学校与辅导员一起对学生进行心理疏导。

(七)通过不同形式对大学生进行抗挫折教育

大学生对遭受挫折、经历磨难的心理准备不足。应根据大学生成长的需要,通过不同形式对他们进行挫折教育。首先,要教育大学生认识生活的酸甜苦辣都是营养,成功与失败都是财富;其次,要接纳大学生倾诉、宣泄,帮助消除压抑,使其达到心理上的平衡;最后,帮助他们正确看待挫折。

(八)对大学生进行有效的人际关系教育

建立良好的人际关系,是消除抑郁、焦虑、孤独等消极情绪的重要手段。大学生要改变社交观念,要扩大社交范围,形成立体的良好的人际关系;要多渠道交往,加强交往实践;要注意交往对象的筛选,注意与良师、益友交往,在人际交往中学会换位思考,克制忍让,宽容待人。

(九)在社会实践活动中对大学生进行适应性教育

大学生的心理调适能力是在社会实践中培养起来的。创造更多的社会实践机会,让学生在社会实践中增长见识,调适心理,把自己融入社会中,培养协作意识,从而帮助学生树立健康向上的心态。

第三节　大学生常见的心理异常

从目前来看,大学生常见的心理异常有自闭、抑郁、焦虑、偏执、强迫、精神分裂等,其原因大多是学生的心理问题没有得到及时的调适和解决。

一、神经症的症状和体征

传统的神经症由于其突出的症状不同又区分为许多诊断,在我国神经症的诊断包括下列疾病(或综合征)。

①恐怖性神经症。恐怖性神经症又称恐惧症,是以恐怖症状为主要临床表现的神经症,所害怕的特定事物或处境是外在的,尽管当时并无危险,恐怖发作时往往伴有显著的植物神经症状,患者极力回避所害怕的处境,他本人也知道害怕是过分的、不应该的或不合理的,但并不能防止恐怖发作。

②焦虑症。焦虑症又称焦虑性神经症,是以广泛性焦虑症(慢性焦虑症)和发作性惊恐状态(急性焦虑症)为主要临床表现,常伴有头晕、胸闷、心悸、呼吸困难、口干、尿频、尿急、出汗、震颤和运动性不安等症状,其焦虑并非由实际威胁所引起,或其紧张惊恐程度与现实情况很不相称。

③强迫症。强迫症是以反复的持久的强迫观念或/和强迫动作为主要症状,这些症状出于病人内心,但不被体验和自愿产生,而是病人不愿意想的,明知是不合理,但不能摆脱,使病人感到痛苦,与其本人的人格格格不入。

④抑郁性神经症。抑郁性神经症又称神经症性抑郁,是由社会心理因素引起的一种以持久的心境低落状态为特征的神经症,常伴有焦虑、躯体不适感和睡眠障碍,患者有治疗要求,但无明显的运动性抑制或精神病情症状,生活不受严重影响,是一种以持久的心境低落状态为特征的神经症。本症国际上通称为"心境恶劣"。

⑤疑病性神经症。疑病性神经症又称疑病症,指对自身感觉或征象做出患有不切实际的病态解释,致使整个身心被由此产生的疑虑、烦恼和恐惧所占据的一种神经症,以对自身健康的过分关心和持难以消除的成见为特点,患者怀疑自己患了某种事实上并不存在的疾病,医生的解释和客观检查均不足以消除其看法。

以上这些神经症的共同点是:起病常与素质、心理和社会因素有关;存在一定的人格基础,常常自感难以控制本可以控制的意识或行为;临床呈现出精神和躯体方面的多种症状,但无相应的器质性基础;一般意识清楚,与现实接触良好,人格完整,无严重的行为紊乱;病程较长,自知力完整,要求治疗。

多数学者认为本症系由精神因素和遗传因素(易感素质)共同作用所致,具有易感素质者易出现情绪反应,较轻的外部刺激就可能诱发本症。

【生活个案】

求助者陈某,男,22岁,某大学工科专业三年级学生。家庭经济较为宽裕,父母虽务农,但收入较高。有一个姐姐,目前事业有成,家庭美满。

小陈自幼备受父母、姐姐宠爱,其父为人耿直,对子女要求很高,要求子女如与外人有冲突,责任一定不能在自己身上。小陈在小时候就经常会听到姐姐被父亲严厉地批评,于是自己处世十分谨慎,加之聪明伶俐,因此甚少受到责罚。其母亲为典型的农村女性,善良质朴,但在家里没有发言权。高一时小陈患过一场大病,使其和家人都非常痛苦,试了很多治疗方法后,某种巫术使其痊愈,自此相信神秘力量的存在。疾病使其休学近一年,再回到学校,成绩依然优秀,但较之以前没有那么自信张扬,对自己要求更高更严格。遇到自己无法控制的事情,就会想要求神拜佛。并且控制不住自己的思维,有时候离开寝室后会反复回忆自己是否有锁门。

[资料来源:丁楠.强迫性神经症心理咨询个案报告[J].昆明民族干部学院学报,2016(12).在该文献基础上进行修改]

二、抑郁症

抑郁症又称抑郁障碍,以显著而持久的心境低落为主要临床特征,是心境障碍的主要类型。临床可见心境低落与其处境不相称,情绪的消沉可以从闷闷不乐到悲痛欲绝、自卑抑郁,甚至悲观厌世,有自杀企图或行为;发生木僵;部分病例有明显的焦虑和运动性激越;严重者可出现幻觉、妄想等精神病性症状。每次发作持续至少两周,长者甚至数年,多数病例有反复发作的倾向,发作大多数可以缓解,部分可有残留症状或转为慢性。

抑郁症的十大表现症状如下。

①按抑郁心境程度不同,症状表现可从轻度心境不佳到忧伤、悲观、绝望,病人感到心情沉重,生活没意义,高兴不起来,郁郁寡欢,度日如年,痛苦难熬,不能自拔。有些病人也可出现焦虑、易激动、紧张不安。

②消极悲观。病人内心十分痛苦、悲观、绝望,感到生活是负担,不值得留恋,以死求解脱,可产生强烈的自杀念头和行为。

③躯体或生物学症状。病人常有食欲减退、体重减轻、睡眠障碍、性功能低下和心境昼夜波动等生物学症状,但并非每例都出现。

④食欲减退、体重减轻。多数病人都有食欲不振,胃纳差症状,美味佳肴不再具有诱惑力,病人不思茶饭或食之无味,常伴有体重减轻。

⑤睡眠障碍。典型的睡眠障碍是早醒,比平时早醒2~3小时,醒后不易入睡,陷入悲伤气氛中。

⑥丧失兴趣。丧失既往生活、工作的热忱和乐趣,对任何事都兴趣索然。体验不出天伦之乐,对既往爱好不屑一顾,常闭门独居,疏远亲友,回避社交。

⑦精力丧失,疲乏无力。洗漱、着衣等生活小事困难费劲,力不从心。病人常用"精神崩溃""泄气的皮球"来描述自己的状况。

⑧自我评价过低。病人往往过分贬低自己的能力,以批判、消极和否定的态度看待自己的现在、过去和将来,这也不行,那也不对,把自己说得一无是处,前途一片黑暗。病人有强烈的自责、内疚、无用感、无价值感、无助感,严重时可出现自罪、疑病观念。

⑨病人呈显著、持续、普遍抑郁状态。注意力集中困难、记忆力减退、脑子迟钝、思路闭塞、行动迟缓,但有些病人则表现为不安、焦虑、紧张和激越。

⑩昼夜变化。病人心境有昼重夜轻的变化。清晨或上午陷入心境低潮,下午或傍晚渐见好转,能进行简短交谈和进餐。昼夜变化发生率约50%。

【生活个案】

小于,19岁,大一,因自残和轻生想法到学校心理咨询中心求助。小于父母的婚姻状况很不稳定:父亲与母亲在小于年幼时曾离过婚,后来又为了小于复婚,后又难以维系。家庭结构的破坏与分合给小于的心理造成了极大的困扰。中学时小于因语言和行为怪异,屡遭校园欺凌,被人殴打、索要钱财。后经医院诊断,小于被确诊患有抑郁症。长期的自我封闭导致的情感和语言障碍使小于难以引起他人的注意和兴趣,加之相貌憨厚,每当小于试图与同学们交流时,他人大多报以歧视和嘲笑的态度,久而久之,小于便与其他同学产生了隔阂。因此,尽管小于主观上有社交意愿,但实际上却很难融入集体。小于的作息非常混乱,每天的平均睡眠时间在4~5小时,睡眠严重不足,且睡眠质量差,伴有多梦、鼾症等情况。尤其是面对大学生活,小于表现得很消极,对自己的未来没有规划和愿景,行为动机大多是为了迎合家人对自己的要求。小于在中学时期已有很长一段时间服用抗抑郁药物,药物的副作用使其体征偏胖,再加上缺乏体育锻炼,导致身体素质较差,使其学习和生活的体验度低,苦恼和抑郁时常相伴,继而通过自残的方式来减轻自身痛苦。

[资料来源:马永腾,许晋伟.重度抑郁症大学生心理干预个案报告[J].心理月刊,2023(1):208-210.]

该同学所患的是抑郁症。抑郁症可以是原发的,也可以继发于其他躯体疾患以及其他精神疾病,如精神分裂症之后。因此要判断是否得了抑郁症,首先要弄清楚抑郁是一种症状,还是严重到成为一种疾病;其次要弄清楚是原发还是继发。

一般来说,如果符合以下条件就能考虑抑郁症,而且是比较严重、需要治疗的抑郁症。

①有一个以显著而持久的心境障碍为主要表现的明显发作期。心境障碍表现为心境低落、兴趣和愉快感丧失、精力不济或疲劳、压抑、悲伤、抑郁、情绪恶劣以及易发脾气。有些患者起病缓慢,不能确切指明发病的时间,但患病时的情绪和正常时的情绪是不同的。

②下述症状至少具有其中5条:a.情绪低落;b.快乐明显减少;c.食欲明显下降,体重至少减轻5%;d.睡眠困难、失眠、早醒或嗜睡;e.易激怒或情绪郁闷;f.精力不佳,每天疲惫不堪;g.无价值感、缺乏信心、有罪恶感;h.注意力难以集中;i.常想到自杀。

③病期至少有两周。

如果患者符合①、③两点，第②点中有4条符合，仍有可能是抑郁症；如果第②点中只有3条符合，则可能是较轻的抑郁症。

迄今，抑郁症的病因并不清楚，但可以肯定的是，生物、心理与社会环境诸多因素参与了抑郁症的发病过程。生物学因素主要涉及遗传、神经生化、神经内分泌、神经再生等方面；与抑郁症关系密切的心理学易患素质是病前性格特征，如抑郁气质。成年期遭遇应激性的生活事件，是导致出现具有临床意义的抑郁发作的重要触发条件。然而，以上这些因素并不是单独起作用的，目前强调遗传与环境或应激因素之间的交互作用以及这种交互作用的出现时点在抑郁症发生过程中具有重要的影响。药物治疗是抑郁发作的主要治疗措施。心理治疗和心理咨询对预防本病复发也有非常重要的作用，应尽可能解除或减轻患者过重的心理负担和压力，帮助患者解决生活和工作中的实际困难及问题，提高患者的应对能力，并积极为其创造良好的环境，以防复发。

【测一测】

你是否抑郁了？

这份问卷由20道题构成，满分是80分，每题均为0~4分，分别代表：0=没有，1=偶尔有，2=有时有，3=经常有，4=总是有。请你根据最近一周，包括今天的感觉，每题填上最合适的分数。

1.我真希望自己哪天突然死去。

2.小事我也感到非常着急。

3.遇到一点小事我就感到烦恼。

4.我感到在生活中自己是个弱者。

5.我感到人活着没有什么意思。

6.我感到心慌。

7.我对异性毫无兴趣。

8.我觉得自己很笨，样样不如别人。

9.我变得做什么事都拿不定主意。

10.我想自己去死。

11.我全身没有一点力气。

12.我讲话的声音变得有气无力，闲话少多了。

13.我晚上睡眠时间比往常少多了。

14.我什么事情都不想干。

15. 我感到不高兴、不愉快、不痛快。

16. 我感到心里难受或心里不舒服。

17. 我对周围的一切都感到没意思。

18. 我感到紧张不安。

19. 我不想吃东西。

20. 我觉得比平时瘦多了。

评判标准：总分正常人≤16分；轻度抑郁16~35分；中度抑郁36~45分；重度抑郁>45分。

【知识链接】　　　　　　　　　《蛤蟆先生去看心理医生》

《蛤蟆先生去看心理医生》是由英国罗伯特·戴博德先生创作的心理疗愈读物。该书基于TA沟通分析心理学的理论编写，以下为其简介。

蛤蟆先生一向爱笑爱闹，如今却一反常态地郁郁寡欢。他一个人躲在屋里，连起床梳洗的力气都没有。朋友们非常担心他，建议他去做心理咨询。在10次心理咨询中，蛤蟆在咨询师苍鹭的带领下，勇敢地探索了自己的内心世界，也逐渐找回了信心与希望……为了向大众读者普及心理学知识，作者借用了英国文学经典《柳林风声》的故事主角，让蛤蟆先生和他的朋友们再次登场，演绎了这个关于心理咨询的故事。读者犹如亲临现场，体验心理咨询的每一个细节，见证疗愈和改变的发生。作者借由蛤蟆和心理咨询师苍鹭的互动，探索了蛤蟆自卑、软弱、爱炫耀的个性与抑郁的情绪究竟来源于何处，以及如何才能在心理上真正长大成人，独立、自信、充满希望地生活。

三、人格障碍

人格障碍又称为病态人格或异常人格，是指人格的畸形发展，形成了一种特有的、明显的、偏离所处的社会文化背景及多数人认可的认知行为模式。人格特征的偏离对环境适应不良，明显干扰了其社会和职业功能，导致此人不能保持和谐的人际关系和难以适应社会生活。病态人格原是广义的概念，泛指所有类型的人格不正常，后来一些学者发现病态人格的最初定义符合现今称谓的反社会人格，从而又出现了病态人格的狭义概念，专指反社会人格，提出以人格障碍（Personality Disorder）代替广义的病态人格。

人格障碍影响患者的学习和生活，阻碍他们的成才历程。下面着重谈谈如何判断人格障碍，帮助同学们认清它们的特点，积极防范的同时及早发现问题，采取有力措施。

(一)偏执型人格障碍

偏执型人格障碍是一种以猜疑和偏执为主要特点的人格障碍。症状表现：猜疑、不信任、怀疑、过分警惕与防卫；强烈地意识到自己的重要性，有将周围发生的事件解释为"阴谋"的不符合现实的先占观念；过分自负，认为自己正确，将挫折和失败归咎于他人；容易产生病理性嫉妒；对挫折和拒绝特别敏感，不能谅解别人，长期耿耿于怀，常与人发生争执或沉湎于诉讼，人际关系不良。

(二)强迫型人格障碍

强迫型人格障碍以要求严格和完美为主要特点。强迫型人格障碍患者希望遵循一种他所熟悉的常规，无法适应新的变化。强迫型人格障碍患者缺乏想象，不会利用时机，做事过分谨慎与刻板，事先反复计划，事后反复检查，不厌其烦，犹豫不决，优柔寡断也是其特点之一。

(三)回避型人格障碍

此类人的特征是长期和全面脱离社会关系。他们回避社交，特别是涉及较多人际交往的职业活动，害怕被取笑、嘲弄和羞辱，自感无能，过分焦虑和担心，怕在社交场合被批评或拒绝。

(四)依赖型人格障碍

依赖型人格障碍患者对亲近与归属有过分的渴求，这种渴求是强迫的、盲目的、非理性的，与真实的感情无关。依赖型人格障碍患者宁愿放弃自己的个人趣味、人生观，只要他能找到一座靠山，时刻得到别人对他的温情就心满意足了。这种处世方式使他越来越懒惰、脆弱，缺乏自主性和创造性。由于处处委曲求全，依赖型人格障碍患者会产生越来越多的压抑感，这种压抑感阻止着他为自己干点什么或有什么个人爱好。

(五)反社会型人格障碍

反社会型人格障碍，又可以称为精神病态性人格卑劣、无情型人格障碍或社会性病态。个体会表现出行为模式上不符合社会道德标准，他们普遍会对社会的一切以漠视态度看待，甚至会因个人利益或为了减轻自身存在的莫名不安感，而做出侵犯他人权益的行为模式。

除人格障碍外，还有人格缺陷问题。人格缺陷是介于正常人格与人格障碍之间的一种人格状态，也可以说是一种人格发展的不良倾向，或者说是某种轻度的人格障碍。常见的人格缺陷有自卑、抑郁、怯懦、孤僻、冷漠、悲观、依赖、敏感、多疑、焦虑或对人敌视、暴躁冲动、破坏等。这些都是不健康的心理因素，它们不仅影响活动效率、妨碍正常人际关系，而且也会给人生蒙上一层消极的阴影，如不及时矫正与治疗，会发展为各种人格障碍。人格缺陷比人格障碍的人数更多，在青年群体中较为常见。它的形成与童年、少年期的家庭环境、个人经历、认知结构偏颇等有关。在青年期如得到适当的教育与治疗，尚可矫正。

心理咨询和治疗对人格障碍的治疗效果有限，可以做一些辅助性的工作。

【影视个案】

2023年年底，曹保平导演的电影《涉过愤怒的海》上映，引起了全社会的热烈讨论。

电影讲述了一位留学日本的花季少女惨死，愤怒的父亲踏上寻仇之路，却最终发现了意想不到的真相。电影有着犯罪片的外壳，讨论原生家庭创伤、社会阶层冲突、夫妻关系问题、亲子冲突等现象。

电影中的父亲，典型的自恋型人格障碍，缺乏基本的共情能力，所以才看不见孩子的需求，看不见孩子的痛苦，孩子对于他而言，只是一个宠物，一个脸面而已，这里面当然没有爱。相对于孩子的需求、痛苦而言，他更在乎自己的脸面，好像在他的世界里面，真正重要的只有自己，其他人只是一个工具而已，而自己永远都是对的，错的都是别人。所以他根本不在乎外界的规则是什么，而是不断地突破各种规则。如果有跟自恋型人格障碍的人相处的经验，自然会感受到近乎窒息的绝望，需求得不到回应，想法不被看见，被照料也只是出于对方的表演欲，所谓的爱其实并不存在，只是一种用爱伪装的病态控制而已。

电影中的女儿娜娜，典型的边缘型人格障碍，拥有最深的被遗弃的恐惧，以及对被爱的病态般的需求，为了避免被遗弃、不被爱，甘愿做任何事情。电影里面的形容很贴切，皮肤就像被三度烧伤的病人一样，一点风吹草动都会给当事人带来巨大的痛苦。而娜娜采取的缓解痛苦的手段，就是自虐、虐人、性，只有这样极端的方式，才能让当事人感觉到活着。当事人感知到的痛苦，类似于溺水窒息之人的痛苦，这种痛苦必须通过最极端的方式才能得到缓解。娜娜近乎病态的完全控制，让周边的人痛苦不堪，不管是威胁遗弃别人，还是要求别人彻底地占有和嫉妒，以及被遗弃后彻底地绝望和愤怒，这都是边缘型人格障碍的经典特征。

电影中的男友，典型的反社会型人格障碍，如果说边缘型人格障碍的攻击性更多的是指向自身，近乎自我毁灭，那么反社会型人格障碍的攻击性就更多地指向外界，所以男友才会发生炸青蛙、拔长辈管、让继母的女儿瘫痪、向乞丐投毒、享受性虐暴力、娃娃盒子放硫酸这样的行为。这里面的种种攻击性行为，完全出于当事人的故意选择。他的内心压抑着巨大的对父亲的愤怒，以至于泛化到外界的所有人。他是真的敢下手害人杀人的，如果不是父母权势的庇护，早就应该被关到监狱里面去。

四、精神分裂症

精神分裂症是常见精神病,其发病率在精神病中居首位,发病年龄多在青壮年。症状表现:精神活动"分裂",即患者行为与现实分离,思维过程与情感分离,行为、情感、思维具有非现实性,难以理解,不能协调。精神分裂症的症状十分复杂多样,常表现为思维散漫、思维破裂、情感淡漠、行为怪异、妄想、幻觉等。精神分裂症患者一般智能尚好,但对自己的病态表现缺乏自知力。

精神分裂症的特征如下。

第一,病人的反映机能受到严重损害,对客观现实的反映是歪曲的,可出现精神失常现象,如幻觉、妄想、思维紊乱、行为怪异、情感失常等,因而丧失正常的言行、理智与行为反应。

第二,社会功能有严重损失,不能正常处理人际关系和参与社会活动,甚至给社会生活造成危害。

第三,不能理解和认识自身的现状,不承认自己有病,对自己的处境丧失自知力。

精神病如同躯体患病一样,并不是不治之症,多数人的症状是可以经过治疗得到控制的。精神分裂症患者并非都是疯疯癫癫、乱叫乱喊、伤人毁物的,一些精神分裂症患者除发作期外,与正常人无明显差异,有些精神病患者在发病期间也没有上述行为,因而常被误认为情绪问题而忽视了。对于精神病患者应及时送医院治疗,治疗越及时、系统、正规,效果越好。治疗以药物为主,恢复期可辅以心理治疗。出院后继续服药,不可擅自停药,以免反复。对精神病患者应理解、关怀、帮助,不应歧视、厌恶、冷淡。正常的社会生活和人际交往有利于患者的康复。患者不要因病而背上思想包袱,应积极投入到学习、生活中去。

【心理故事】 未完成情结

大部分人应该都看到过这样的情节:一些人永远对曾经未得到的人或事物念念不忘,甚至可说是痴迷,以至于看不见身边人的好或者因此犯下大错。如果看到这里你觉得无法代入,那你可以回想一下,上一次考试的书本内容,你还能记得多少呢,是不是发现能回忆起来的知识点很少。为什么很多时候我们考完就忘呢,因为这个任务我们已经完成了。

之所以出现以上的情况,大多都是因为未完成情结,又称"蔡格尼克效应",是指人们天生有一种办事有始有终的驱动力,人们之所以会忘记已完成的工作,是因为欲完成的动机已经得到满足;如果工作尚未完成,这同一动机便使他对此留下深刻印象。这是20世纪20年代德国心理学家蔡格尼克在一项记忆实验中发现的心理现象。她让被试者做22件简单的工作,如写下一首你喜欢的诗,从55倒数到17,把一些颜色和形状不同的珠子按一定的模式用线串起来,等等,完成每件工作所需要的时间大体相等,一般为几分钟。在这些工作中,只有一半允许做完,另一半在没有做完时就受到阻止:允许做完和不允许做完的工作出现的顺序是随机排列的。做完实验后,在出乎被试者意料的情况下,立刻让他回忆做了22件什么工作。结果是未完成的工作平均可回忆68%,而已完成的工作只能回忆43%。在上述条件下,未完成的工作比已完成的工作保持得较好,这种现象就叫蔡格尼克效应。

　　除了未完成情结,心理学上还有许多有意思的情结,比如雏鸟情结、约拿情结、自卑情结和俄狄浦斯情结等。我们研究这么多的情结并不是为了消除这些情结,而是为了帮助人们了解自己的行为和情感,从而尽可能地降低这些情结的消极影响,帮助人们生活得更加幸福。

【活动体验】

　　冥想是一种深层次的放松方式,可以帮助我们舒缓压力,调整情绪,提高专注力。以下是一段冥想放松的指导语。

　　现在,请你找一个安静舒适的地方坐下,挺直身体,但不必过于僵硬。让你的双脚平放在地上,双手轻轻放在膝盖上,或者你可以选择双手合十放在胸前。请慢慢地闭上眼睛,深呼吸几次,感受气息在鼻腔中进出的感觉。随着每一次呼吸,你都能感受到自己正在逐渐地放松下来。现在,将你的注意力集中在身体的各个部位,从头顶开始,一直向下,直到脚趾。感受每一个部位都在逐渐放松,释放掉所有的紧张和疲惫。在你的心中,想象一个宁静的地方,那里有你喜欢的风景,有温暖的阳光,有清新的空气。你可以听到鸟儿的歌声,感受到微风的吹拂。在这个地方,你感到无比地舒适和宁静。现在,请让你的思维完全放空,不要去思考任何问题,也不要去担心任何事情。你只需要专注于你的呼吸和这个宁静的地方。

　　在这个时刻,你可以感受到自己的内心正在逐渐变得平静和安详。你可以感受到自己的身体正在逐渐融入这个宁静的环境中。保持这个状态,让你的心灵得到充分的放松和滋养。当你准备好结束这次冥想时,可以慢慢地睁开眼睛,活动一下身体,感受自己重新充满活力。

　　记住,冥想是一种练习,只有经常进行,才能真正体验到它的好处。希望你在未来的日子里,能够坚持冥想,让心灵得到更深层次的放松和滋养。

本章小结

心理问题一般可分为健康状态、心理困惑、心理障碍、心理疾病四个等级。当我们遇到心理问题时,不妨给自己诊断一下,多了解一些这方面的知识,会让自己遇到问题的时候从容应对,不至于焦虑过度,造成其他不必要的精神压力。大学生心理健康问题日益凸显,涉及生活、学习、社交、恋爱、就业等方方面面,应采取多种方法解决,以促进大学生心理健康。大学生常见的心理异常有神经症、人格障碍、精神分裂等方面,其原因大多是学生的心理问题没有得到及时的调适和解决。精神病如同躯体患病一样,并不是不治之症,多数人的症状是可以经过治疗得到控制的,应及时送医院治疗,治疗越及时、系统、正规,效果越好。

本章讨论

张某进入大学后一直向往甜蜜的恋爱,可是由于身材和颜值平平,多次被喜欢的女生拒绝。慢慢地,张某变得越来越自卑,也不敢再向别的女生表达心意,后来甚至影响到了学习和社交,他不敢与异性组队或交谈,也十分回避异性的眼光,天天垂头丧气,郁郁寡欢。

试分析:张某存在的心理困惑是什么? 如何帮助他解决这个问题?

推荐阅读

张莹.大学生常见心理困惑及应对策略[J].心理月刊,2020(6):17-18.

王富贤.大学生心理健康状况调查及应对策略[J].黑龙江科学,2023,14(19):97-99.

颜刚威.反社会人格障碍研究综述[J].海南广播电视大学学报,2019,20(3):99-103.

第三章　大学生心理咨询与心理求助

当我们悲伤困惑、萎靡不振的时候，允许自己向别人求援，去要求自己所想的和所需的关怀和支持，对我们来说是很重要的。让那些爱我们的人来关心我们，对他们来说何尝不是一种珍贵的付出？何不让自己享受一下当需要的时候被人支持、被人关心的感觉呢？自立与接受别人的帮助并不是相悖的，我们的需要也应该得到支持。

——苏·帕顿·托埃尔

☆ **本章导读**

大学生心理的发展是由稚嫩发展到社会化的一个过程，在发展的过程中会面对很多的问题，比如交际、工作、学习、个人的兴趣和未来的发展问题，而这些问题的解决就会推动大学生心理的发展，从而使其更能适应这个社会。大部分学生在遇到心理问题后往往习惯于自我调节，这对于解决症状较轻的心理问题比较适用，但当心理问题较多，心理压力、内心冲突激烈时，日常所用的自我调节往往难以奏效。这时应主动、及时地寻求心理咨询的帮助。对于心理咨询，生活中我们常常会接触到这个概念，或许你曾经亲身感受过它的力量，可是你理解它的真正含义吗？你知道它究竟能为人提供怎样的帮助吗？下面，就让我们一起来学习一些心理咨询的常识。

【案例导入】

李某，女，19岁，大一。据家人和老师介绍，她很乖巧，喜欢看书，也很懂事，却和宿舍里的几位室友不太合得来。刚开学不久，她的几位室友就找到辅导员，说她有点怪，不想和她住在一起。后来了解了具体情况，才发现起因其实是一件很小的事，就是李某有一个习惯，不管春夏秋冬，非敞开窗户睡觉不可。天热这样做当然无可非议，可是天气很凉的时候也照开不误，这就让人无法接受。室友和她交流沟通后无果，一旦发现谁要是把窗户关上，李某就很不高兴，反应强烈，就像自己被关进死牢一样，脸色苍白，好像不能呼吸，好一会儿才能缓过来。室友们都嚷着要换宿舍。据李某解释，她家在农村，是独门独院，开窗睡觉是从小养成的习惯，家里人一直没怎么注意，有时看到了只是随意说说，但李某执意不肯改变，也就算了，不再管她。

李某自己也明白,开窗户睡觉不是好习惯,可总觉得透气比不透气强。有一次住旅店,窗户密闭,她竟偷偷地把窗户的玻璃取了两块下来。为此,她极少出门,更无法去看一场电影。她感到这毛病很痛苦,就是怎么也改不掉。

后来辅导员带她去了学校的心理咨询室,通过几次咨询才了解到,她有点轻微的幽闭恐惧症,原因来自初中时的一件事情。

初中三年级,有一位男同学给她递了张纸条,上面写着:"我非常爱你,希望你将来做我的妻子,如不反对,就别理我。"她拿着纸条,一连几天没吃好睡好,当然她不敢去理那位男同学。于是越不理就越觉得自己在接受他的爱,开始是气愤,慢慢竟转为思念,越思念就越躲着他。那些日子,少女的心被搅得像一锅稀粥,水米全分不清了。每到夜里就出现憋气的感觉,她只好推开窗户,渐渐这习惯成自然……

找到了"病因",通过几次咨询,在老师的辅导下,李某正确地了解到异性交往的特点,把心中那些不合理的、可笑的想法都踢出脑海,再也不怕关窗了,因而又重新回到了自己的宿舍。

第一节　心理咨询的概念和功能

一、心理咨询的起源与发展

现代意义上的心理咨询最早出现于20世纪的美国,它以帕森斯的职业指导运动,比尔斯的心理卫生运动、心理测量运动和心理学中对个体差异的研究及以罗杰斯为代表的非医学、非心理分析的咨询与心理治疗的崛起为起源。到1951年,美国心理协会(APA)成立了第17个分会——"心理咨询-指导分会"。1953年,该分会改名为"咨询心理学分会"。同年《咨询心理学》杂志创办。20世纪60年代以后,心理咨询开始走出美国,走向世界。20世纪70年代以后,西方心理咨询进入大发展阶段。在上述各阶段,都涌现出一些代表性的人物、理论流派和相关著作。

在我国,传统文化和中医国学中蕴含着丰富的心理咨询和治疗的相关理论知识和实践治疗经验,但目前还有待于系统研究和整理。我国现代意义上的心理咨询和治疗的相关资料最早见于1917年江苏的中华职业教育社出版的文献。

改革开放为心理咨询和治疗创造了良好的条件,因而我国的心理咨询工作发展很快。首先是在医疗卫生部门如一些精神病治疗机构和综合性医院开设了心理咨询门诊。20世纪80年代中期,武汉、上海、浙江、北京的一些高校也开始在校内开展心理咨询工作。此后,许多高校纷纷建立了心理咨询中心或心理咨询室。1990年,"中国心理卫生协会大学生心理咨询专业委员会"正式成立,国内一些省、市也相继成立了省级协会。这些专业的学术组织机构在加强大学生心理咨询的学术探讨、经验交流、人员培训等方面发挥了积极的作用。

2001年3月16日,教育部下发了《关于加强普通高等学校大学生心理健康教育工作的意见》(以下简称《意见》),对高校心理健康教育与心理咨询工作提出了新的要求,《意见》规定了高校心理健康教育的主要任务和内容,确定了工作的原则、途径和方法,对队伍建设、师资培训、经费来源与保障等提出了可行性建议。2005年1月12日,教育部、卫生部、共青团中央联合下发了《关于进一步加强和改进大学生心理健康教育的意见》,进一步明确了大学生心理健康教育的总体要求和心理健康教育及心理咨询的工作目标。2011年2月23日,教育部办公厅关于印发《普通高等学校学生心理健康教育工作基本建设标准(试行)》的通知,进一步规范了大学生心理健康教育建设标准。在全国高校思想政治工作会议上,习近平强调:要求各高等院校把大学生心理健康教育工作和心理健康教育课程建设作为加强和改进学生思想政治教育的一项重要任务来抓,并且对高校心理健康教育和心理咨询工作提出了新的要求。2016年12月,国家卫生和计划生育委员会等22个部门共同印发《关于加强心理健康服务的指导意见》,明确提出高等院校要积极开设心理健康教育课程,开展心理健康教育活动。2018年7月4日,中共教育部党组下发《高等学校学生心理健康教育指导纲要》,该纲要是根据国家卫生和计划生育委员会、教育部等22部门联合印发的《关于加强心理健康服务的指导意见》和中共教育部党组发布的《高校思想政治工作质量提升工程实施纲要》的工作要求特别制定的,总体目标是让心理健康教育的覆盖面、受益面不断扩大,学生心理健康意识明显增强,心理健康素质普遍提升。以上政策性文件的下发,对我国大学生心理健康教育和心理咨询工作起到了积极的推动作用。

二、心理咨询的概念

在学习大学生心理咨询与心理求助之前有必要弄清楚大学生"心理咨询"的概念,而要阐明大学生"心理咨询"的含义,必须先弄清楚什么是"心理咨询"。"咨询"一词译自英文Counseling,也有译为"谘商"或"辅导",含有商谈、会谈、征求意见、寻求帮助、顾问、参谋、劝导、辅导等意思。"心理咨询"一词既可以表示一门学科,即咨询心理学,又可以表示一门工作,即心理咨询服务。在香港,一般将心理咨询称为心理辅导。

"心理咨询"至今尚未有统一的定义,关于心理咨询的操作性定义,古今中外的不同学者有着各自不同的说法。人本主义心理学家罗杰斯认为,心理咨询是通过与个体持续的、直接的接触,向其提供心理帮助并力图促使其行为、态度发生变化的过程。美国心理学家卡尔纳对心理咨询的定义:心理咨询是指一种专门向他人提供帮助与寻求这种帮助的人们之间的关系。在这种关系中,助人者的手段及其所营造的氛围使人们逐步学会以更积极的方法对待自己和他人。我国马建青教授在其《辅导人生——心理咨询学》一书中认为,心理咨询是咨询师运用有关心理科学的理论和方法,通过解决咨询对象(即来访者)的心理问题(包括发展性心理问题和障碍性心理问题),来维护和增进其身心健康,促进其个性发展和潜能开发的过程。心理咨询能够为人们提供全新的人生经验和体验,对其内涵与外延的界定往往因理论流派及职业特点等因素的差异而不同。在此,把"心理咨询"定义为:咨询人员运用心理学的原理和方法,针对来访者的心理问题做出分析、建议、辅导,以维护和完善来访者的心理健康,促进其人格完善和潜能发挥的过程。

大学生心理咨询从学科性质上来看属于学校心理咨询。一般认为,学校心理咨询属于咨询心理学,它是咨询心理学原理在学校领域的具体运用。学校心理咨询是学校心理咨询人员在良好的咨询关系背景下,运用心理学的理论和方法,对在校大学生的学习、适应、发展、择业等问题给予直接或间接的引导和解答,并对相关心理障碍和精神疾病进行初步评估以及在心理恢复期给予指导和帮助的过程。它包含四个方面的内容:心理咨询必须建立良好的人际关系;心理咨询是在运用心理学的有关理论指导下开展的工作;心理咨询是对来访者进行帮助的活动过程;心理咨询的根本目标是促进来访者人格的完善和潜能的发挥。

三、心理咨询的定位

在理解心理咨询时,要特别注意把握好以下两方面的关系。

(一)心理咨询与心理安慰

当一个人遇到心理上难以排解的困苦时,他可以通过寻找亲朋好友诉苦一番或痛哭一场,从而得到不少精神安慰。一般而言,安慰具有情绪宣泄和暂时恢复心理平衡的功能。心理咨询并不等同于安慰,因为它的目的不是使人开心,而是要促使人成长。一般人们在相互安慰时,总是会劝说对方尽快地忘却自己的不快经历。"过去的事情就让它过去吧",这大概是人们平时相互劝慰的共同准则。但心理咨询师并不会这样简单地劝说来访者忘却过去,而是竭力使人积极地看待个人所经受的挫折与磨难,将不愉快的经历当作自我成长的良机。心理咨询与安慰不同的另一重要点在于,心理咨询要避免来访者依赖他人,要促进来访者的独立与自立。总而言之,虽然心理咨询不同于一般的安慰,但它并不排斥借鉴安慰的相关方式。

(二)心理咨询与心理治疗

心理治疗是指在良好的治疗关系基础上,由经过专门训练的治疗者运用心理学的相关理论和技术,对患者进行帮助,以消除或缓解患者的问题或障碍,促进其人格向健康、协调的方向发展。心理咨询与心理治疗的异同点一直是许多人争论的问题,现在越来越多的人倾向于两者之间并没有明显不同点这一说法。江光荣在《心理咨询的理论与实务》一书中指出:心理咨询和心理治疗存在侧重点的不同,但在本质上,两者是相同的社会实践活动。

①就工作目标和任务而言。尽管两者之间有一定的联系和重叠,但主要目标和任务不同:心理治疗以矫治心理疾病(神经症、人格障碍、行为障碍、性心理变态、心身疾病、处于缓解期的某些精神病等)为主要目标,即以帮助患者由一个心理异常的人转变为一个心理正

常的人为主要任务;心理咨询以矫治正常人在社会生活中出现的适应和发展方面的障碍(如人际关系、学业、升学和就业、恋爱和家庭等,也涉及一些变态行为)为主要目标,其中解决发展性问题又是心理咨询的特色,其主要任务是帮助来访者由一个正常但存在发展障碍的人转变为人格健全且能向自我实现不断迈进的人。

②就工作对象和工作者而言。在心理治疗中,从事心理治疗的人被称为"心理医生",心理治疗的对象被称为"患者"或"病人",主要指患有较严重心理障碍的人,如存在人格障碍、神经症等的人;在心理咨询中,从事心理咨询的人被称为"咨询者",心理咨询的对象被称为"当事人""来访者"或"求助者",主要指在适应和发展方面有某些障碍的正常人。

③就工作模式而言。心理治疗的工作模式是医学模式,心理医生常通过心理分析等深入患者的无意识领域,帮助患者处理无意识的冲突和神经质的焦虑,使其解除症状,改变病态行为,重建人格;心理咨询的工作模式是教育模式,它是在意识层面进行工作,突出了工作的教育性、支持性和指导性。

④就工作内容而言。心理治疗关注的是具体的心理疾病的诊断和矫治,亦即症状问题;心理咨询关注的是在一定社会背景下人的适应与发展问题,在心理咨询中,咨询者往往帮助当事人在教育、就业方面做出抉择。

⑤就工作方式和方法而言。心理治疗多在医疗情境(如医院)中进行,它以个别治疗为主,多采用矫正、领悟、训练、重建等方法;心理咨询多在非医疗情境(如学校、社区中的心理咨询机构)中进行,它以个别、小组咨询为主,多采用支持、领悟、再教育等方法。

⑥就所需时间而言。心理治疗是患者患病后求医治,为时较长,一般时间从几次到几十次不等,有的甚至经年累月才能完成;心理咨询是来访者有问题后求帮助,为时较短,从一次到若干次不等。

从图3.1和表3.1的比较分析中可以看出,两者之间是相互独立、相互区别且又相互联系、相互渗透的关系。心理咨询不能代替心理治疗,但同时又离不开心理治疗的配合。

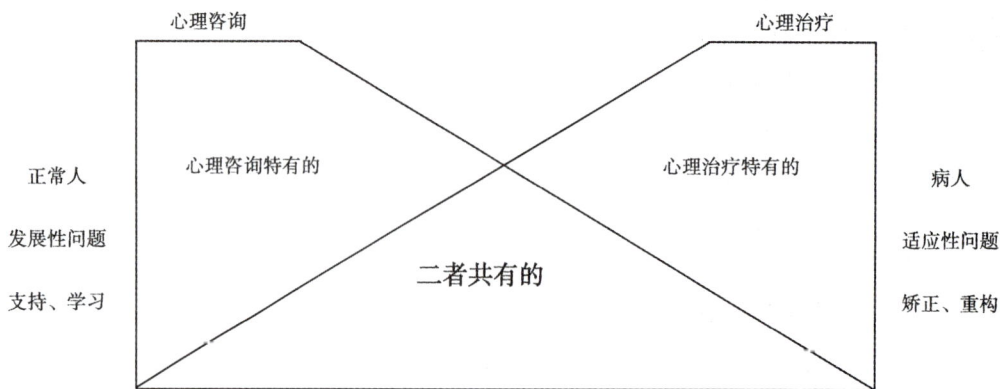

图3.1 心理咨询与心理治疗的关系图

表3.1 心理咨询与心理治疗的主要区别[1]

项目	心理治疗	心理咨询
接受帮助者	可称作"病人",主要有:精神病人(康复期的),神经症病人,精神上受了打击的人,严重行为越轨者	称作来访者或当事人,主要是在适应和发展方面产生困难的正常人
给予帮助者	①精神病医生,主要接受医学训练;②临床心理学家,主要接受心理学或临床心理学训练	①咨询师,在心理学系、教育心理学系或临床心理学系接受训练;②临床心理学家,在临床心理学系接受训练;③社会工作者,在社会学系或社会工作系接受训练
障碍的性质	神经症、人格障碍、行为障碍、心身疾病、性心理变态、处于缓解期的某些精神病等	正常人在适应和发展方面的障碍,如人际关系方面的、学业方面的、升学就业方面的、婚姻家庭方面的,也涉及一些变态行为
干预的特点	强调人格的改造和行为的矫正,重视症状的消除,有些治疗体系(如心理动力学和行为治疗)不重视病人理智的作用,如心理分析和行为治疗;费时较长(从数周到数年不等)	强调教育的原则和发展的原则,重视对象理性的作用,强调发掘、利用对象的潜在积极因素解决自己的问题;费时较少,从一次至若干次不等

四、心理咨询的功能、内容和方式

(一)心理咨询的功能
①教会你管理自己的情绪,使你保持积极稳定的情绪。
②帮助你学会认识自我和世界,从而拥有完善的认知体系。
③帮助你恢复爱的能力,从中学会幸福地工作和幸福地爱。
④帮助你拥有健全的人格,摆脱自卑、自恋、自闭等不良心态。
⑤帮助你摆脱痛苦,教会你应对挫折的方法。
⑥帮助你度过人生各个发展阶段的种种危机。

(二)高校心理咨询的主要内容
高校心理咨询涉及的内容十分广泛,事关大学生生活的方方面面。
①适应问题。新生进校后的适应困难,如环境的改变,远离父母,需要独立生活,角色

① 江光荣.心理咨询的理论与实务[M].北京:高等教育出版社,2005.

的转换,学习内容和学习方法的改变,如何与同学友好相处;毕业离校前有适应社会的困难,如将要进入社会前的忐忑不安,对将要从事的工作不了解或不满意,将与同窗好友离别,等等。

②学习问题。学习困难;成绩不好,或没有自己期望的那样好,考前焦虑,考试不及格,面临重修、补考、留级、退学等学习挫折;考试作弊心理;学习障碍等。

③恋爱问题。失恋,热恋中的行为不当,恋爱遭家长反对,恋爱困扰,单相思。

④人际关系问题。与老师关系不佳,与同学关系不和,孤僻,与人争吵打架,被人欺骗。

⑤社会工作问题。社会工作和学习发生冲突,辛勤工作却得不到理解承认,感到自己有负众望,得不到同学的支持,组织活动不成功或未达到预期的目的,或结果没有自己期望的那样好。

⑥家庭问题。家庭经济困难,家庭成员不和或父母离异,家庭成员患病或死亡,家庭遭受灾难。

⑦负面情绪问题。情绪忧郁,沮丧,失望,无助;心理冲突,心理危机。

⑧躯体健康问题。患病,睡眠障碍,疼痛。

⑨意外事件。交通事故,失窃,受伤,受辱,被人误会。

⑩性的困惑。

⑪大学生中特殊学生群体的心理困惑,如特困生心理问题。

大学心理咨询对象的这些特征和问题性质决定了大学里的心理咨询以发展性咨询为主。

(三)心理咨询的一般形式

心理咨询按照不同的划分标准,有不同的形式。按照咨询的实施形式划分,有直接咨询和间接咨询;按照咨询对象的数量划分,有个别咨询和团体咨询;按照咨询的途径划分,有门诊咨询、网络咨询、电话咨询、现场咨询、宣传咨询等。现分别加以介绍。

1.直接咨询

直接咨询是由咨询人员对存在心理疑难、需要帮助或患有轻微心理疾病需要治疗的来访者直接进行的咨询。特点是通过咨询人员与来访者的直接交往和相互作用,帮助来访者逐渐排解或减轻其心理问题。

2.间接咨询

间接咨询是由咨询人员对代替有心理疾病的当事人进行咨询的行政人员、家属等进行的咨询。间接咨询在咨询人员与当事人之间增加了一道中转媒介,当事人的问题由中转人员向咨询人员介绍,咨询人员的处理意见也要靠中转人员付诸实施。其中,中转人员对当事人的了解程度以及中转人员对咨询人员意见的理解程度,直接关系到咨询的效果,因此,间接咨询有一定的局限性。

3.个别咨询

个别咨询是咨询人员帮助单独来访者解决心理问题的形式,它是心理咨询的主要形式。这种咨询活动既可以采用面谈的方式,也可以通过电话、信函等其他途径进行。优点是:①来访者顾虑较少,可基本无保留地倾吐内心的秘密;②咨询人员可耐心、深入地进行解答、劝导和帮助。不足之处是咨询对象少,费时费力,社会影响也较小。

4.团体咨询

团体咨询是由咨询机构根据咨询对象所提出的问题,将他们分成若干小组(每组两人至几十人,但一般以10人左右为宜),进行商讨、引导,解决他们共同的心理障碍的一种形式。通常通过报告、参观、录像等方式,使来访者对自己的问题有一个总体上的认识,然后展开小组讨论,或角色扮演,找出解决问题的途径或方法。优点是:①感染力强。团体咨询不像个别咨询那样是单向或双向影响,而是多向交流。来访者可以观察到其他人也有与自己类似的苦恼,有助于自我认识,也有助于情绪稳定。由于来访者之间的问题比较接近,解决问题的迫切性相同,从而促使他们开展讨论,集思广益,也促使他们相互支持,相互影响。这就是所谓的"集体方程"。②效率高。团体咨询可解决咨询人员不足的矛盾,扩大咨询对象的数量,提高咨询工作的效率。③对克服孤独、孤僻、害羞等社会心理障碍具有重要作用。团体咨询活动本身就可以给咨询对象提供参加社交活动的机会,通过示范、模仿、练习等方法,逐渐克服各种交往障碍。不足之处是难以对个体进行深入研究,成员间不易倾吐心中的隐私,也不好评估咨询工作的效果。

5.门诊咨询

门诊咨询是通过医院或咨询中心的心理咨询门诊进行咨询的一种形式。咨询程序与医院的临床各科门诊程序相仿,首先由来访者挂号办理门诊手续,然后由心理咨询人员接诊。在接诊中,咨询人员通过来访者的倾诉进行必要的心理检查和评估,摸清来访者的问题病□□□□□□□,做出正确的病情判断,并施以相应的心理治疗。如果一次门诊不能□□□□□间隔一定时间后复诊。门诊咨询对咨询人员有较高的要求,咨询□□□□□床知识和经验,而且还要具备比较全面的心理学知识和心理咨询□□□□□则很难获得良好的咨询效果。

网络咨询是由咨询人员以网络的方式解答心理问题的一种形式。优点是简便易行,可以不受距离远近的约束;不足之处是受咨询人员的文化水平、思维方式、文化修养等限制,对咨询对象的心理状况、病态表现等很难用文字描述得尽善尽美,这些都限制了网络咨询的效果。

7.电话咨询

电话咨询是通过打电话的方式给咨询对象进行咨询的一种咨询形式。它在防止由于心理危机所酿成的悲剧(如自杀与犯罪)方面有特殊价值。心理咨询人员日夜守候在电话机旁等待帮助咨询对象随时度过危机,必要时还可以赶赴咨询对象的所在地进行直接疏导帮助。所以电话咨询被人们誉为"希望线""生命线"。这种方式的优点是咨询速度及时、不分昼夜、不论远近,使当事人在精神崩溃的紧急关头,能及时得到心理上的支持,有时确能起到扭转乾坤的作用。

8.现场咨询

现场咨询是由咨询人员深入学校、家庭等现场,对咨询对象提出的问题给予帮助或解答的一种咨询形式。它是其他咨询形式的继续,咨询人员通过对咨询对象所处的实际环境与背景的了解,可以提出更加准确、中肯而有效的意见。对咨询对象来说,会感觉比较方便和自然。在我国心理咨询服务尚未形成合理的组织体系时,咨询人员适当开展巡回咨询、现场咨询,对满足社会成员的现实心理咨询需求有着重要意义。

9.宣传咨询

宣传咨询是通过报刊、广播、电视等大众媒介,为读者、听众或观众提出一些典型心理问题并进行相关解答的一种咨询形式。宣传咨询目前比较普及,许多报刊、电台都设置了专栏、专题节目,对读者或听众提出的各种问题进行解答。宣传咨询的优点是面广量大,具有预防与治疗并重的功能,好的专栏或节目会引起众人的关注,是普及心理健康知识的较好方法,这是其他形式的心理咨询所不及的。

五、心理咨询原则

了解心理咨询的原则是每位心理咨询师在工作中所要做到的基本要求,它对心理咨询的成效有着重要的意义,因而在心理咨询中必须遵守。

(一)平等性原则

建立平等信赖的关系是咨询能否取得成效的前提和基础。在学校开展心理咨询时把握这一点尤为重要。因为学校普遍存在教育者与被教育者的既定关系模式,咨询员事实上可能处在教育者的角色,而来访者则可能是被教育者,从而带有某种不平等的意味。因此在学校心理咨询过程中,咨询双方都应积极地调整心态,以解决好角色转化问题。这里所讲的平等并不是形式上的平等,而是一种平等相待的态度。

(二)发展性原则

这一原则是指在咨询过程中,咨询员要以发展的观点来看待来访者的问题,不仅要在问题分析和本质把握时善于用发展的眼光做动态考察,而且在对问题的解决和咨询结果的预测上也应如此。大学生的问题大多处在发展变化过程中,咨询双方都不应把问题"看死了"。心理咨询的发展性原则所强调的不仅在于了解来访者已有的发展历程和发展结果,更重要的是关注提示来访者今后发展的可能性和发展方向。

(三)多样性原则

心理咨询的形式是多种多样的。除了个别咨询,还有团体咨询;除了直接咨询,还有间接咨询;除了面谈,还有电话、信函等咨询形式。在学校尽可能开展多形式、多样化的心理咨询,可以满足大学生的不同需求。

(四)保密性原则

保密性原则既是诊治双方建立和维系信赖关系的基础,也是维护心理咨询工作信誉以及心理咨询工作有效开展的根本性问题。在心理咨询过程中,大学生对心理问题比较敏感,因此对保密的要求也高。坚持为来访者保守秘密,尊重来访者的个人隐私,是每一位咨询者的一项职业道德,也是他们义不容辞的责任。

(五)防重于治原则

第一,要在学校开展心理卫生知识的宣传普及教育,使预防重于治疗观念深入人心,可以保障绝大多数学生的心理健康。第二,贯彻防重于治的原则,咨询人员还应注意加强对学生常见心理障碍的分析和研究工作,努力掌握学生各种常见心理障碍发生、发展的一般规律,促进学生常见心理障碍的早期发现和早期诊治。

六、揭开心理咨询的面纱

高校心理咨询的对象是一切能接受心理帮助和影响的人,主要是在日常生活中出现学习、适应发展、择业问题的正常人。但有人认为,寻求心理咨询的人都是心理不正常的人,是"心理上有毛病的人"或"疯子";也有人以为心理咨询可以解决实际生活中的所有问题;还有的人以为心理咨询只不过是聊天而已,找朋友也可以聊……目前来看,人们对心理咨询还不够了解,因此,对心理咨询更容易产生误解。

(一)心理问题≠精神病

每个人在成长的不同阶段及生活工作的不同方面,都有可能会遇到这样那样的问题,从而导致消极情绪的产生。对这些问题如能采取适当的方法予以解决,个体就能顺利健康地发展;若不能及时处理或加以正确引导,则会产生持续的不良影响,甚至导致心理障碍。由此可见,心理问题是日常生活中经常会遇到的,就这些问题求助于心理咨询师并不意味着个人是不正常的或者见不得光的;相反,这表明了个体具有较高的生活目标,希望通过心理咨询能得到更好的、完善的自我,而不是回避和否认问题,混混沌沌虚度一生。有相当一部分人认为精神病就是疯子,其实他们所说的精神病严格地来讲是重性精神病,如精神分裂症、躁郁症等,它与一般的心理问题和轻度心理障碍有很大区别。绝大部分精神病人对自己的疾病没有自知力,更不会主动求医。

(二)心理学≠读心术

两个久未谋面的老同学在路上不期而遇,其中一个知道对方是心理咨询师,就让他猜一猜自己现在心中想些什么。许多来访者也有类似的心态,他们不愿或羞于吐露自己的心理活动,认为只要简单说几句,咨询者就应该能猜出他心中的想法,若猜不出就表明咨询者水平不高。其实心理咨询师也是人,他们没有什么特异功能,也不能窥见他人的内心世界,他们只是应用心理学的理论和方法,对来访者提供的相关信息进行讨论和分析,从而进行咨询与治疗。因此,来访者需详尽地提供自身相关情况,才能帮助心理咨询双方共同找到问题的症结所在,有利于咨询师做出正确的判断并进行恰当的治疗。

(三)心理咨询≠无所不能

许多来访者将心理咨询神化,似乎咨询者无所不会、无所不能,就像一个"开锁匠",什么样的心结都能一下打开。所以这些来访者常常来诊一两次,没有达到所希求的"豁然开明"的心境,就大失所望,再也不来了。实际上,心理咨询是一个连续的、艰难的改变过程。心理问题常与来访者的个性及生活经历有关,就像一座冰山,积封已久,没有强烈的求助、改变的动机,没有恒久的决心与之抗衡,是难以冰消雪融的,因此来访者需有打"持久战"的心理准备。

(四)心理医生≠救世主

一些来访者把心理医生当作"救世主",将自己所有的心理包袱丢给医生,以为医生应该有能力把它们一一解开,而自己无须思考、无须努力、无须承担责任。多年来传统的生物医学模式就是,病人看病,医生诊断、开药、治疗,一切由医生说了算,要求病人绝对服从、配合,因此来访者自然而然地把这种生物医学模式带进心理咨询。然而,心理咨询与心理治疗是新的生理—心理—社会医学模式的产物,心理医生只能起到分析、引导、启发、支持、促进来访者改变和人格成长的作用,他(她)无权把自己的价值观和愿望强加给来访者,更不能替来访者去改变或做决定。来访者需认识到,"救世主"只有一个,那就是自己。只有改变自己、战胜自己,最终才能超越自我,达到理想目标。倘若把自己完全交给医生,消极被动,推卸责任,只会一事无成、毫无效果。

(五)心理咨询≠思想工作

来访者心中还有另一种极端的认识,就是认为心理咨询没多大用处,无非是讲些道理,因而忽视或未意识到心理问题是需要治疗的。心理咨询作为心理学中的一门学科,有着严谨的理论基础和诊疗程序,它与思想工作是有本质区别的。思想工作的目的是说服对方服从遵循社会规范、道德标准及集体意志,而心理咨询则是运用专门的理论和方法寻找心理障碍的症结,咨询者持客观、中立的态度,而不是对来访者进行批评教育。另外,某些心理障碍同时需要结合药物治疗,这更是思想工作所不能取代的。

随着社会经济的发展、人们心理健康意识的提高以及对较高生活质量的追求,心理咨询作为现代社会文明的体现日益为大家所接受。尤其在大学校园中,有问题寻求心理咨询帮助已不再是见不得人的事,在心理咨询师的帮助下尽快走出心理困惑,也成为大学生的主动选择。

【知识链接】

心理咨询者在咨询过程中,会根据其经验和理论倾向选择恰当的方式去帮助来访者,下面分别介绍主要的咨询理论、流派特点和技术。

一、精神分析疗法

在所有心理咨询与治疗理论中,由弗洛伊德在19世纪末所创立的精神分析是历史最悠久、影响最深远的一个学派。该理论要点及技术特征如下。

(1)人的心理活动分为意识、前意识和潜意识三个部分。其中,意识是觉知到的经验,前意识是平时感觉不到却可以经回忆而觉知到的经验,潜意识指觉知不到却没有被清除而是被压抑了的经验。许多心理障碍是由于那些被压抑在潜意识中的本能欲望没有得到释放的结果。

(2)人格由"本我""自我"和"超我"三个部分组成。本我是个人最原始、最本能的冲动,依照"快乐原则"行事;自我是个人在与环境接触中由本我衍生而来的,它依照"现实原则"行事,并调节本我的冲动,采取社会所允许的方式行事;超我是道德化的自我,依照"道德原则"行事,是良知与负疚感形成的基础。本我、自我、超我之间的矛盾冲突与协调构成了一个人的人格基础。个体的心理健康,源于三者的协调一致。

(3)个人在消除焦虑、维护心理健康时,常采用"自我防卫机制",如解脱、补偿、合理化、投射、转移、升华及理想化等方式。这些心理防卫都是潜意识的,但若过分使用则可能造成心理疾病和人格扭曲。

(4)治疗心理疾病的主要方法是梦的解析、自由联想和移情技术。其特点是强调通过对以前经验的再分析来解除压抑,使潜意识转化为意识并在情绪上有所领悟。

尽管精神分析在世界范围影响很大,但在国内目前很少有人使用此种疗法。

二、来访者中心疗法

来访者中心疗法,由美国人本主义者罗杰斯创立于20世纪50年代。该疗法的要点如下。

(1)人性都是积极向上的,且都有能力发现自己的缺陷和不足并加以改进。心理咨询的目的不在于操纵一个被动的人格,而是协助来访者自省自悟,充分发挥其潜能,以达到自我实现的目的。

(2)在心理咨询中咨询者要以真诚、无条件的尊重和同理心来接待来访者,重视来访者现实面临的问题,而避免对来访者进行诊断。在心理咨询过程中,从来访者的陈述开始,由此,来访者及咨询专家都能够对问题有一个充分的理解和洞察。在这一过程中,咨询者与来访者充分地就今后的咨询方法、方向及解决问题的手段等进行磋商,来访者据此做出决定。整个咨询过程,咨询者只从侧面向来访者提供心理援助。由于这种方法不向来访者做出指示或具体指导,因此又被称为非指示的心理咨询。

来访者中心疗法的观念很为我国大学生心理咨询界所接受,因为罗杰斯的理论就是从对美国大学生的心理治疗中发展而来的。但此种疗法过于理想化,也受到学者的批评。

三、理性情绪疗法

理性情绪疗法由美国心理咨询家艾利斯创立于20世纪50年代。该理论要点及技术特征如下。

(1)人既是理性的,又是非理性的。人的精神烦恼和情绪困扰大多来自其思维中的非理性信念。它使人逃避现实,自怨自艾,不敢面对现实中的挑战。当人们长期坚持某些不合理的信念时,便会导致不良的情绪体验;而当人们接受更加理性与合理的信念时,其焦虑及其他不良情绪就会得到缓解。

(2)人的不合理信念主要有三个特征:绝对化要求、过分概括化、糟糕透顶。凡此种种,都易使人对挫折与精神困扰产生自暴自弃、自怨自艾的反应。

(3)"ABC理论":A指发生的与自己有关的事件,B指个人对该事件所持的认知信念,C指个人对事件的情绪反应后果。不论情绪反应是适当的或是不适当的,都不是由事件本身所引起的,而是个人对既成事件所产生的信念B所引起的。因此,心理治疗就是要帮助来访者对治疗一事负起责任,咨询者的职责只是从旁指导和劝说以纠正来访者对事件本身所产生的错误信念,从而达到心理治疗的目的。

理性情绪疗法被我国心理咨询界,尤其是大学生心理咨询界视为最具理论价值和运用前景的一种。从实践情况看,由于很多所谓的非理性信念在人们包括咨询者自己的头脑中都是普遍和顽固的,该方法的实施其实并不容易。

四、行为疗法

行为疗法源于行为主义理论,它强调通过对环境的控制来改变人的行为表现,其理论基础是经典条件作用理论。该疗法的理论要点及技术特征如下。

(1)人的所有行为都是通过条件作用而习得的习惯性反应。正强化该行为便巩固,负强化该行为则消退。

(2)心理咨询与治疗的目的在于,利用强化使患者模仿或消除某一特定的行为习惯,建立新的行为方式。因此心理咨询的目标要明确和具体,主张对患者的问题采取就事论事的处理方法,而不必追究诸如个人潜意识和本能欲望等心理原因对偏差行为的作用。

(3)行为疗法的常用技术包括放松训练、系统脱敏法、厌恶疗法、代币制、生物反馈等,其核心是控制环境和实施强化使患者习得良好行为,矫正不良行为。

行为疗法在我国的推行几乎没有任何阻力,人们十分看重其简明的技术风格。目前行为疗法的一些简单的技术已在国内普遍运用,但实际实施的过程中,还应注意强化的实际和强化量的大小。

五、音乐疗法

音乐治疗是以心理治疗的理论和方法为基础的,它充分发挥了音乐所具有的特殊的生理和心理效应,让患者在音乐治疗师的帮助下可以通过特定的音乐活动,获得音乐的经验,从而消除心理障碍,恢复身心健康。常用的音乐疗法大致可分为三种类型:接受式音乐疗法、参与式音乐疗法、即兴演奏式音乐疗法。

(1)接受式音乐疗法是一种以倾听音乐为手段,让人们对美妙的音乐有反应,进而达到治疗效果的一种心理治疗方法。它又包括歌曲讨论、音乐回忆、音乐想象、音乐生命回顾等干预手段。该方法适应范围广,操作简单易行,是一种较为普遍的方法。

(2)参与式音乐疗法主要内容包含演奏、唱歌、体验、学习一些基本的音乐技巧等,是一种使受治疗者亲身参加的方式。在这个过程中,被治疗者可以充分享受音乐并沉浸音乐,从而获得很好的参与感和体验感,以此达到放松身心的目的。

(3)即兴演奏式音乐疗法要求患者用便于弹奏、易于打击的乐器,如非洲鼓、木琴等,根据自己想呈现的音乐放松地随意地演奏。

六、沟通分析

交互分析理论也称TA沟通分析理论,认为个体的个性是由三种比重不同的心理状态构成的,这就是"父母""成人""儿童"状态。取Parent(父母)、Adult(成人)、Child(儿童)这三个英文单词的第一个英文字母,简称人格结构的PAC分析。"P-A-C"理论把个人的"自我"划分为"父母""成人""儿童"三种状态,这三种状态在每个人身上都交互存在,也就是说这三者是构成人类多重天性的三部分。

"父母"状态以权威和优越感为标志,通常表现为统治、训斥、责骂等家长制作风。当一个人的人格结构中P成分占优势时,这种人的行为表现为凭主观印象办事,独断独行,滥用权威,这种人讲起话来总是"你应该……""你不能……""你必须……"

"成人"状态表现为注重事实根据和善于进行客观理智的分析。这种人能从过去存储的经验中,估计各种可能性,然后做出决策。当一个人的人格结构中A成分占优势时,这种人的行为表现为:待人接物冷静,慎思明断,尊重别人。这种人讲起话来总是:"我个人的想法是……"

"儿童"状态像婴幼儿的冲动,表现为服从和任人摆布,一会儿逗人可爱,一会儿乱发脾气。当一个人的人格结构中C成分占优势时,其行为表现为遇事畏缩,感情用事,喜怒无常,不加考虑。这种人讲起话来总是"我猜想……""我不知道……"。

根据PAC分析,人与人相互作用时的心理状态有时是平行的,如父母—父母,成人—成人,儿童—儿童。在这种情况下,对话会无限制地继续下去。如果遇到相互交叉作用,出现父母—成人、父母—儿童、成人—儿童状态,人际交流就会受到影响,信息沟通就会出现中断。最理想的相互作用是成人刺激—成人反应。

七、其他疗法

心理咨询与治疗还发展出了很多方法,如交互分析疗法、格式塔疗法、现实疗法、认知疗法、森田疗法、表达艺术治疗、沟通分析等。此处不做一一介绍,有兴趣的读者可进一步阅读相关材料。

上述各种方法都有一定的合理性,但都有其缺陷。在进行心理咨询时应视问题性质、情境的不同,灵活地采取不同的方法,并尽可能把它们有机地结合起来,综合地加以运用。

第二节　大学生心理咨询的意义与特点

高校心理咨询行业是基于大学生的需要而发展起来的。它最早起源于美国的职业指导运动,是为解决当时美国青年的就业问题而产生的。时至今日,心理咨询越来越成为促进大学生健康成长、提高他们心理素质的重要途径。

一、大学生心理咨询的意义

(一)心理咨询是解决大学生心理问题、预防和治疗大学生心理疾病的重要途径

科学技术的进步、社会生活的深刻变革、生活节奏的加快、竞争的加剧、观念的多元和多变、人际交往方式和人际关系准则的改变等,使社会心理紧张和危机刺激源越来越多,对人们身心健康的威胁和危害也越来越大。大学生处于青年中期,心理发展既迅速又不成熟,在学习压力、人际交往、两性关系、就业选择、经济问题等压力下,极易产生心理和行为障碍。有的心理问题严重影响了大学生的认知、情绪和行为,因心理疾病休学、退学人数逐年增多,前往心理咨询中心求助的学生也呈现出快速增长的局面。种种情况均表明在高校开展心理咨询工作的必要性和重要性。确实,从已开展心理咨询工作的一些高校的成功经验来看,心理咨询能有效地解除学生在生活、学习、工作等方面存在的种种困扰。在矫正不良心理和行为、调控情绪、发展和完善人格、促进学生心身健康和全面发展方面,心理咨询起到了其他工作不可替代的作用。

(二)心理咨询是提高大学生心理素质、挖掘大学生潜能的重要手段

心理素质是个人在心理过程、个性心理等方面所具有的基本特性和品质。它覆盖大学生整个生活,不仅会影响到大学生考多少分、挣多少钱,还决定着大学生在人群中是否受欢

迎、是否经得住各种考验、是否有能力感受到快乐和幸福。大学生要成才、要成功,就要关心自身心理素质的培育,因为这不仅是完成学业、成就事业的必要条件,也是完善、健全人格的基础,是实现人生理想的重要保障,关系到人一生的幸福。心理咨询最终的目的是要引导学生加强自我保健,提高大学生心理素质,挖掘潜能。因此,心理咨询能帮助大学生有意识地进行自我心理调适;培养良好的个性;提高承受和应对挫折的能力,以及社会生活的适应能力;在生活中保持自信、乐观、坦诚、豁达、坚韧不拔的心理品格。

二、大学生心理咨询的特点

目前我国高校心理咨询发展的状况呈现出以下特点。

(一)大学生心理咨询的内容以发展性咨询为主

高校心理咨询主要分为两大类型:发展性咨询和障碍性咨询。所谓发展性咨询,是指根据个体身心发展的一般规律和特点,帮助不同年龄阶段的个体尽可能地圆满完成各自的心理发展课题,妥善地解决心理矛盾,更好地认识自己和社会,开发潜能,促进个性的发展和人格的完善。障碍性咨询则主要是为各种有障碍性心理问题的咨询对象提供心理援助、支持、干预、治疗,以消除咨询对象的心理障碍,促进其心理朝着健康方向发展[1]。高校心理咨询当然会包含相当一部分的障碍性咨询,但从高校心理咨询的主体、高校心理咨询的目标来看,高校心理咨询中心服务的主要对象是心理健康或存在一定心理问题的全体大学生。事实上,高校心理咨询中心实际接待的学生情况也是如此。根据中南财经政法大学历年来的统计,该校每年接待的心理咨询个案中,近70%的学生进行的是发展性咨询,他们通过心理咨询来解决他们在人际关系、性格探索与完善、学习、职业生涯规划、恋爱、亲子关系等方面遇到的困惑,而这些问题是所有大学生都会或多或少遭遇到的发展性问题。

(二)大学生对心理咨询的接纳程度更高

大学生接受新信息新观念的速度非常快,能排除人们对心理咨询的种种偏见。当他们遇到心理困扰时,更愿意寻求心理咨询的帮助。王水珍[2]等的研究表明,95.5%的大学生认为学校有必要开展心理咨询,92.9%的大学生认为心理咨询有效果。陈昱文[3]等的研究表明,20.1%的大学生曾经在学校心理咨询中心接受过咨询。

(三)大学生更能受益于心理咨询

心理咨询中向来有这样一个说法,所谓"YAVIS"的当事人在咨询中较易获得成效。"YAVIS"是五种个人特点的英文缩写,即年轻(Young)、有吸引力(Attractive)、善言谈(Verbal)、聪慧(Intelligent)和成功(Successful)[4]。大学生由于年轻、智商高、领悟力好、表

①　马建青.发展性咨询:学校心理咨询的基本模式[J].当代青年研究,1998(5):7-11.

②　王水珍,邵国平.大学生心理咨询心态变化研究[J].当代青年研究,2005(12):27-30.

③　陈昱文,吴东梅,赵钰蔚,等.大学生对心理咨询的认知态度调查[J].医学与社会,2010,23(2):83-85.

④　江光荣.心理咨询的理论与实务[M].北京:高等教育出版社,2005:45.

达能力强、适应能力突出,正好符合上述特点,因而更容易在咨询中获得新的领悟与改变,能更快更好地达到咨询目标。如在武汉的几所高校中,心理咨询的年接待量一般在 1 200~1 800 人次,绝大部分大学生都愿意通过心理咨询来解决或部分缓解自己的心理困扰和心理疾病。

第三节　如何寻求心理咨询的帮助

一、什么情况下需要心理咨询

有人说,大学生是天之骄子,无忧无虑,怎么会需要心理咨询? 也有人说,大学生甚至许多优秀的大学生,动不动就自杀,心理问题很严重吗? 那么到底大学生有没有心理问题,需不需要心理咨询呢?

有人的地方就会有心理问题。在生活中,只要需要面对不同的人和事,只要需要应对各种任务和压力,只要对自己或他人抱有各种期望,就会遇到各种各样的问题。在这个世界上,人的问题比人多,对大学生而言也不例外。学习成绩的优秀并不代表大学生心理素质的优秀。有时,学习成绩的优秀恰恰是以牺牲其他方面的发展为代价换来的。在上大学以前,学生的主要精力都在学习和考试上,上大学后,才发现不知道怎么展示自我、怎么跟人相处、该怎样谈恋爱、自己到底适合做什么、自己该往哪个方向走等。许多人进了大学之后才有时间去思考这些问题。总的来看,大学生在下面两种情况下,都有可能寻求心理咨询的帮助。

(一)发展过程中的心理困扰

大学生处在向社会过渡的时期,其主要的发展任务是为进入社会做好各方面的充分准备,包括专业学习的熟练度、人格的成熟与完善、有效处理人际关系,还有能应对恋爱、考研、求职等多种选择的能力。在这个追求成熟与卓越的过程中,也会碰到许多的挑战,经历许多的焦虑、挫折和冲突,并对认知、情感和行为造成较大的影响,产生许多心理上的困扰。

【生活个案】

小罗,男,大一新生,就读于某校工商管理专业。他从小的梦想是学音乐,当一名歌星。但在他爸爸看来,音乐只能作为个人的爱好,不能当饭吃,也不能养活自己。因此,在高考选择专业的时候,他与父母有了激烈的冲突,但最终胳膊拧不过大腿,他还是屈从于爸爸的意愿,上了现在的学校和专业。但入校后,他对所学的专业实在提不起兴趣,加上对父亲强制自己修读这个专业的愤怒,他很少去上课,而是把大量时间用在音乐学习方面。大半年的时间很快就过去了,随之而来的问题越来越多:他期末考试面临挂科的危险;由于很少上课,常常是一个人独来独往,他与班里的同学关系很生疏,基本没什么朋友;由于他所在高校没有音乐专业,他只能靠自学,偶尔到音乐学院去旁听一些课程,但在他内心始终觉得自己跟音乐学院的学生相比有很大的差距,对自己在音乐领域里能不能取得一定的成绩没有太大的信心;如何面对在专业选择上与父母的巨大差异,如何向父母交代自己在大学的表现等。从心理健康角度来讲,小罗没有任何心理疾病。他面对的实际上就是一个发展性的问题,即如何进行自己的生涯规划,如何与父母沟通,如何处理自己的理想和现实之间的差异,等等。

极大的压力和冲突让他来到了校心理咨询中心。中心的咨询老师温和、耐心地和他一起探索了他成长的经历,他的家庭环境,他和父母的互动方式,父母的成长经历和性格。经了解,他出生于一个普通工人家庭,家庭生活非常困难。父亲并不是不认同他学音乐的兴趣,只是对于他想把音乐作为自己终身的事业和生活保障心存疑虑,考虑到他们的家庭条件,认为工作的稳定性最重要。了解原因后,咨询老师和小罗又一起做了生涯规划方面的探索,在了解他的能力、个性、兴趣等方面的特点与潜力后,发现他在音乐上有很高的激情,但并无特别突出的能力及潜力,以此为基础,往后的发展的确不容乐观。随后,咨询老师和他一起探索,最终一起决定,让他试着放下内心的抵触情绪,尝试着去了解现在所学的专业,同时把音乐作为个人的兴趣来发展。当发展的方向做了重新调整后,小罗内心的冲突逐步平复,慢慢地融入现在的环境,找寻自己新的目标。

(二)罹患心理疾病

由于家庭成长环境、成长经历、个人的性格特征及处世方式、所面临的压力事件等因素的影响,也有一部分大学生会罹患心理疾病,如强迫症、焦虑症、贪食或厌食症、抑郁症,甚至精神分裂症等精神疾病。这些心理病症给当事人造成了巨大的痛苦,影响他们的学习和工作效率,影响其每一天的情绪,影响当事人与其他人的关系甚至个人的发展等。

当心理问题影响生活和工作的时候,可以选择消极面对,让时间帮助自己治疗;也可以提高自身的心理免疫能力,让心理问题逐渐缓解。但有的问题是很难通过上述方式得到缓解,反而随着时间的推移,越来越严重。此时,需要借助专业力量,来帮助自己探索解决之道。这就是寻求心理咨询的帮助。

【生活个案】

　　上大学一个学期了，来访者非常喜欢艺术，擅长花鸟工笔，学习成绩也很好，但是由于刚入学的时候一些事情没有处理好，让同学们感受到本地学生的优越感、家庭经济条件较好的自负感，再加之上学期期末学习成绩在班级排名第一，可能遭人嫉妒了，因此与班里同学及宿舍里的同学相处得都不好，尤其是在宿舍和一个同学起了冲突，结果渐渐被舍友孤立了。宿舍里一共6个人，其他5个人建了一个微信群，她们在那个群里有说有笑，互通信息，有时候甚至交作业和考试时间等重要信息也没有一个人告诉来访者，上学期差点没有拿到奖学金。再加上班里一共18个学生，学习绘画免不了采风等实践活动，与人打交道的情形比较多，刚开始认为上了大学以学习为主，不去想这些事，可是没有朋友的感觉真的很不好，慢慢发现自身存在很大的问题，不能融入集体，成了别人眼中的另类。这学期开学近一个月来访者没有办法入睡，每天晚上躺在床上看着天花板，凌晨三四点会准时醒来，没有办法拥有完整的睡眠，所有的生活都被打乱，情绪很受干扰，也不能专心学习，食欲也不佳，月经不也规律。有时候会出现思维涣散，尤其是上课看着窗外发呆的时候，会在头脑中闪现各种杂念。"父母带我去看心理疾病，说我得了抑郁症，开了很多药，还有安眠药。我现在看到同宿舍的同学就害怕、紧张不安，不想面对她们，一说话就哭泣不止，想退学。"来访者在接受心理咨询之前，已经在精神科就诊，医生诊断为睡眠障碍，并开出相关精神类助眠药物。咨询中自述夜晚难以入睡，甚至经常失眠，白天常感疲劳；自身的注意力、专注力、记忆力受到一定的损伤；在学校不愿意与人交往，常有退学的意愿，学习兴趣下降；情绪不稳定、易激惹。依赖安眠药及抗抑郁药物，感到痛苦，想退学，因此前来咨询。

　　［资料来源：卢春莉.1例睡眠障碍的大学生心理咨询个案报告[J].心理月刊，2023，18(13)，192-194，219.］

二、如何寻求心理咨询

(一)大学生心理咨询中心：免费午餐别错过

　　遵照教育部的要求，现在我国基本上每所大学都设有大学生心理咨询中心。学校的心理咨询中心一般隶属或挂靠在学工部，也有少部分设在有心理学专业的院系，极少数心理咨询中心设在学校医院里。随着心理咨询行业的规范、专业人员的增多及专业素质的提高，大学生心理咨询机构的心理咨询服务水平也越来越高。现在大部分高校心理咨询中心的咨询师都是心理咨询专业硕士或博士毕业，受过专业的训练。此外，心理咨询中心往往会采取各种措施不断提升心理咨询师的业务水平,如要求咨询师定期参加理论学习、案例讨论、心理督导以及继续进修深造等。心理咨询中心对心理咨询过程的管理也越来越规范和细致,同时建立了严格的心理咨询管理制度,包括预约、保密、资料保存等环节都有严格细致的要求,以求为当事人提供一个温馨友爱、安全体贴的咨询环境。由于大学生心理健康问题频发,现在高校对心理健康教育越来越重视,随之也加大了对此项教育的投入,使心理咨询中心的硬件设施也越来越好了。因此,目前高校的心理咨询中心能解决绝大部分学生的心理问题和心理疾病。而且,相对于社会心理咨询和治疗机构昂贵的收费而言,在大学里心理咨询是免费的,是学校提供给在校大学生的一种福利,因此,当你遇到心理困扰时,可以首先向你所在学校的心理咨询机构寻求帮助。

(二)社会心理咨询机构:良莠不齐要分清

如果你对所在学校的心理咨询机构不够充分信任或了解,也可以尝试向校外的咨询机构寻求帮助。现在一般三甲医院都设有心理门诊,在一些大中城市及经济发达地区,也有一些私立心理咨询机构可以提供相关帮助。但是,这些机构也有一些明显的局限性。如三甲医院的心理门诊,由于医院的人流量大,人员水平参差不齐,心理咨询的设置也比较混乱,很难进行系统连续的心理咨询。许多心理门诊每人每次只能谈15分钟到半个小时,心理咨询通常停留在简单地了解情况、安慰、心理教育等初级层面。私人的心理咨询机构的情况则更为复杂。目前已成立的私人心理咨询机构,只需要持劳动部颁发的心理咨询师证书就可以开业。但由于我国目前对于心理咨询师的选拔与考核存在较多的问题,管理时以经济利益作为唯一的考量标准,只要交了钱,许多人只需经过短短两三个月的理论培训就可以拿到心理咨询师证书,导致心理咨询从业人员的素质良莠不齐。当然,在这些机构中,也有许多机构具有较高水平,其中也有许多受过良好训练、长期从事心理咨询与临床治疗工作的专业人士。因此,在去这些机构进行心理咨询之前,一定要通过多种途径去了解该机构的资质能力和服务水平,以及你想要求助的咨询师的资质、背景、经验、人格、人品等,挑选出好的、适合你的咨询机构和咨询师。当然,由于社会心理咨询机构一般收费都比较贵,目前咨询价格为每小时200~600元不等,个别的报价甚至为每小时1 000元以上,因此,在此之前,一定的经济准备也是必不可少的。

三、如何做好一个当事人并从中受益

心理咨询是一个沟通互动的过程,为了使这个过程更有效,受益更多,需要做如下准备。

(一)选择一个合适的心理咨询师

合适指的是必须选择擅长解决自己的这一类问题的专业心理咨询师。在咨询过程中,有一些小细节可以帮助你判断心理咨询师的专业性。专业的心理咨询师通常都会在开始时向你告知与心理咨询相关的规则,比如心理咨询资料的保密原则及保密例外,来访者有随时退出咨询的权利和自由等,专业的咨询师通常不会给你打包票,而是说"我会尽力的""我想我能够帮到你""最重要的是你自己的感觉、直觉",专业的心理咨询师往往能让你产生温暖、亲切、信任的感觉。

(二)咨询前对自己的问题进行简单整理,以提高咨询的效率

自己在哪些方面存在困扰? 这些问题是独立的还是有内在联系? 在解决这些问题的过程中我卡在哪儿了? 我做过哪些尝试? 为什么没有效? 这些问题如何影响到我的情绪和行为? 我自己对这些问题是怎么理解的? 通过咨询,我想要达到的最终目标或效果是什么? 等等。有了这些基本准备问题,在心理咨询过程中可以帮助咨询方更容易找到这次心理咨询的目标和重点。

(三)为心理咨询留下固定的时间

这对于成功的心理咨询非常重要:时间保证不了,效果就无从谈起。三天打鱼,两天晒网,状态不好时去咨询,状态好时就觉得不需要,在这种情况下,心理咨询师无法就当事人的问题、性格特征、应对方式、情感体验等进行深入探讨,这样的咨询往往无法取得好的效果,是无效的咨询。通常心理咨询每周一次,一次50分钟左右。一般问题8次以内就可基本解决,但涉及人格改变、心理障碍的治疗等问题时,所需时间则要长得多。因此决定咨询前,必须做好时间安排。

(四)准备好承受咨询和改变过程中的痛苦

心理咨询的过程有时就是一个揭开过去伤疤的过程。我们曾经花了很长时间去处理这些伤口,好不容易包扎好了,现在又要被揭开,必然会觉得有些难以承受。但是揭开是为了彻底地治愈,只有让我们能更好地理解自己,了解自己的伤痛和冲突,理解自己在此过程中的角色和行为,才能使伤口得到真正的处理,才能更好地愈合它,从而开始新的人生。揭开心里的伤疤相当于外科手术,不可避免地会疼痛、失血。这些痛苦在治疗的一定阶段,甚至会超过心理问题本身给患者造成的痛苦。但是,"小痛小悟、大痛大悟、无痛不悟",没有痛苦的心理咨询,只能算止痛针和麻醉剂,然而真正的治疗并没有开始进行。没有勇气承受心理咨询过程中痛苦的患者,是无法从真正的心理咨询中获益的。

(五)及时与咨询师就咨询过程进行沟通

一个好的咨询关系应该是平等自在的,你可以随时与心理咨询师讨论你在心理咨询过程中的感受,包括你对心理咨询过程、效果,以及对心理咨询师的感受、看法和期待等。这样,可以帮助心理咨询师更好地了解你的需要,及时调整心理咨询的内容和方向。

(六)勇于承担改变的责任,主动探索,积极尝试

有人认为,心理咨询有没有效果就看心理咨询师的水平高不高,其实不然。在心理咨询中,心理咨询师的作用固然不容忽视,但对心理咨询有无效果起决定作用的却是求助者本人,因为只有本人才是改变的主体,是咨询方案的最终执行者。尤其在心理咨询的改变阶段,求助者应主动探索解决问题的方法,按照与心理咨询师商定的方案积极进行尝试。

如果我们做好了上述准备,就可以开始我们的健康心灵旅程了。无论怎样,热爱生活的我们,在遇到问题的时候都应该积极勇敢地面对,找到合适的方式,让自己重归快乐与平和,收获经验和坚韧。

本章小结

心理咨询是咨询人员运用心理学的原理和方法,针对来访者的心理问题做出分析、建议和辅导,以维护和增进来访者的心理健康,促进其人格完善和潜能发挥的过程。心理咨询能给来访者提供一种适宜的情感宣泄渠道;通过专业知识帮助来访者辨明问题所在,矫正认知偏差;同时共同商讨解决问题的对策,以帮助来访者提高认知能力;对来访者提出一些合理化建议,供其参考;提供心理调节的方法,使来访者能够更有效地调节个人的心理。

心理咨询的理论流派很多,有精神分析疗法、行为疗法、人本主义疗法、认知疗法等。心理咨询师在咨询过程中,会根据其经验和理论倾向选择适当的理论来帮助来访者解决心理问题。

目前各高校基本都成立了大学生心理咨询中心,主要针对在校大学生开展心理咨询服务。大学生心理咨询是解决大学生心理问题,预防和治疗大学生心理疾病的重要途径;是提高大学生心理素质、挖掘大学生潜能的重要手段。相对于一般的来访者,大学生更容易接纳心理咨询,并从心理咨询中受益。

为了能更有效地获得心理帮助,心理咨询前做好准备是有必要的,包括选择一个合适的心理咨询师;咨询前对自己的问题进行简单整理,以提高咨询的效率;为心理咨询留下固定的时间;准备好承受咨询和改变过程中的痛苦;及时与咨询师就咨询过程进行沟通;勇于承担改变的责任,主动探索,积极尝试。

本章讨论

1.你或你身边的人做过心理咨询吗? 感受如何?

2.你对心理咨询的态度是怎样的? 你在什么情况下会寻求心理咨询的帮助?

3.你对所在高校的心理咨询机构了解吗? 如果不了解,请用多种方式进行了解。

课后阅读

▶ **阅读材料**　　　　　　　　《你大脑的情感生活》

有本书叫《你大脑的情感生活》,把情绪分为六个维度,每个维度都由相应的大脑结构负责。

①看待世界的态度：当半杯水端到面前，你首先想到什么？

②情绪的弹性：即遇到不如意的事，你的情绪何时平复？

③社交直觉：你对别人的感受是否敏感？

④自我觉察：你知道自己为什么高兴、为什么难过吗？

⑤环境敏感性：你清楚知道在什么场合说什么话、做什么事吗？

⑥注意力：能够不受别人影响，一直保持专注的能力。

看来要达到情绪成熟还是一件不容易的事情，可喜的是，情绪成熟是可以学习和训练的。

▶ **阅读材料**　　　　　　　　　心理咨询不是救命稻草

很多人已经慢慢意识到了心理健康的重要性，也有越来越多的人走进了心理咨询室。可是，有多少人真的知道如何去做心理咨询呢？

其实走进心理咨询室的第一步不是解决自己所谓的问题，而是学习如何开始做心理咨询。

对于每个人来说，所遇到的问题千差万别，自己被困了许久，挣扎、痛苦，无计可施之后，寻一根救命稻草——心理咨询来试试看。"我的问题是……医生，给我条明路吧，救救我！"此时感觉心理咨询师好像是神仙，有金手指。在来访者心目中，他是专家，只要告诉他自己的问题，他就可以像神仙那样，指出一条路，让人走出来。

其实，心理咨询师也是人！不同的是，与来访者相比，他对人的心灵更熟悉一点，是专门和人一起对心灵进行修补工作的人。

下个略显绝对的断言，来访者带来的问题永远都不是真正的问题所在。来访者之所以被困住，就是因为他把它当作真正的问题来解决，而忽略了真正的问题所在。

如果人们走进心理咨询室，目的就是期待着50分钟之后得到一颗万灵丹，那么他一定会失望而归。因为他还不知道心理咨询的真正意义所在。曾经我也带着自己所谓的问题，走进心理咨询室。一番体验之后，并没有得到什么指示，只是有了一番自己的感悟。

首先，我发现，心理咨询之后，我重新寻回了自己那颗带有温度和力量的心。而这颗心是怎么找回来的？记不得了。仿佛就伴着心理咨询师的话，我尝试着去找，当我回味这一历程的时候，酸甜苦辣尽在其中！我的大脑似乎并不记得心理咨询师说过什么，只是在心里刻下了那个历程。

心理咨询是一个旅程，是一次由心理咨询师陪伴完成的心灵探索，是一次走进心理世界的双人游。

　　那么,要如何去做心理咨询呢? 或者说,心理咨询前,来访者应该做什么样的心理准备呢?

　　•不要期望一两次就可解决问题,只带着期盼,一步步慢慢来,会有助于最终解决问题。

　　•尽量呈现你自己。在咨询过程中,我们展现出来的自己可能是多种多样的:也许是急切想解决问题的自己,也许是非常理性的自己,也许是极其感性的自己,也许是冷漠的自己,或是顽固的自己。不管是什么样的自己,试着让心理咨询师走进自己的内心世界,这一定很难。但是如果真的能让心理咨询师走进自己的内心,就意味着已经成功大半了!

　　•和心理咨询师一起开始了解、探索自己的现在和过去,和他(她)一起在自己的内心世界游荡,带着好奇和恐惧,握着心理咨询师温暖而有力的手,走到每一个心里被遗忘的角落,那里也许需要清扫,但我们也能在那里寻到宝藏。

　　•学会放开心理咨询师,并在他的陪同下自己试着慢慢继续各处探索。

　　•与心理咨询师挥手告别后,带着温暖、安全、力量独自上路。

　　•也许,在需要的时候,再次回到心理咨询师那里,补充一下营养,然后继续自己的人生之旅。

　　[资料来源:孙莉.心理咨询不是救命稻草[J].青年心理,2007(2):46.]

推荐阅读

侯润茜,张帅,李秀绮.大学生常见的心理问题及自我调适对策研究[J].西部素质教育,2019,5(3):87.

胡傲.五行音乐疗法联合放松训练对大学生焦虑情绪的影响研究[D].南昌:江西中医药大学,2023.

第四章　了解自我　发展自我

☆名人名言

知人者智,自知者明。胜人者有力,自胜者强。

——老子

☆本章导读

人生最困难的事情是认识自己。每个人都不相同,有的人聪明,有的人平庸;有的人强壮,有的人羸弱。而且人的性格、能力、经验也各不相同。我们只有充分地认识自己,依照自己的潜能去发展,才能获得真正的成功和快乐。

在我们的周围,有的同学有自卑心理,正是自卑感阻碍了他们的社会交往和成长进步;与此同时,也有不少同学走向了另一个极端——自负。这些不能客观评价自己的现象,究其原因,在于对自己认识的不足。"认识你自己"这句古希腊德尔菲神庙门楣上的格言,被苏格拉底作为自己的哲学原则的宣言流传至今。"我是谁?""我是怎样的人?"这些看似再简单不过的问题,你真的认真想过吗?

【案例导入】　　　　　　　　找回自己

小红出生于一个农村家庭,父母文化程度不高。父亲读到小学就辍学回家了,常在家无事与人打牌。她与父亲关系比较好,隔三岔五就给家里打电话,每次都是跟父亲聊天聊很久,很少和母亲聊,也不知道和母亲说什么,很是尴尬。父亲没什么追求,朋友很多,都是牌友、酒肉朋友等,几乎没有什么特别要好的。她觉得生活没有价值感,每天除了吃饭、睡觉就是看小说、名著,能够体会每个人物角色,极大程度上丰富了人生经验,增添了人生常识,以至于现在迷失了自己。自己现在是"事不关己,高高挂起"的状态,从来都是很"自我",偶尔会帮助别人(但也不能是特别麻烦的事情),很少向别人求助。即使遇到情绪不好的时候,也是一个人独自去处理,几乎没有可以交心的朋友。

虽然已经上大三,但自己不知道以后想去做什么,也不知道能去做什么,自己的行为很难控制,听天由命,认为"是我的就是我的,不是我的就不是我的",这种状态持续了一个月左右,尤其希望回到"从前"——一个学习上进、受人喜欢与欣赏的状态。

第一节 自我意识概述

进入大学,第一次班会中辅导员都会让每个同学做简单的自我介绍。这是一个看似简单的问题,然而很多同学都会在等待的过程中惴惴不安,紧张焦虑,不知如何介绍自己。想想我们当时是怎样向同学们做自我介绍的呢?是先描述自己的外貌长相,内、外向性格特征,抑或自己的家乡、兴趣爱好呢?事实上,很多同学都是用的概括性语言来介绍自我。如"我是一个来自冰城哈尔滨、喜欢结交朋友的汉子""我是一名不惧艰难、勇于追逐的大学生"等。其实,一个人要真正认识自己并非易事,认识自己的过程艰难而曲折,并且贯穿整个人的一生。只要个体没有消亡,自我意识就不会消失。大学阶段是个体从青春期向成年期转变的重要时期,也是人的自我意识发展、完善的重要时期。

一、自我意识的含义

(一)自我意识的内涵

意识是人脑对于客观世界的主观反映,它是心理学的重要研究内容。自我意识(Self-Consciousness)也叫作自我,是个体意识发展的高级阶段。心理学家在探索"自我"的过程中发现,这团精神世界的空气与物质世界的空气一样,对于每个人来说都是必不可少的,当一个个体不幸丧失了"自我"或是因为某种疾病缺失了反思自我的能力,那么他们不仅不能够很好地控制自己的行为,也很难去理解他人的行为。同时,心理学家也逐步认识到,这团精神世界的空气的属性远比物质世界中的空气复杂得多,它受到太多因素的影响,甚至很难给它下一个统一的定义。作为意识的一种形式,自我意识一直以来就是人们研究的重点。

苏格拉底的"认识你自己"标志着人类自我意识的"觉醒",人类的目光也开始从鬼神学转移到对自身的认识。法国哲学家勒内·笛卡尔首次提出了"自我意识"这一概念,并提出"用心灵的眼睛去注意自身"的精辟论断,指出了对自我意识的探究途径。

美国心理学之父威廉·詹姆斯在其著作《心理学原理》中首次提出了"自我意识"这一概念,并对"自我"做了详尽的阐述。詹姆斯认为,"自我是个体所拥有的身体、特质、能力、抱负、家庭、工作、财产、朋友等的总和",把自我分为经验自我和纯粹自我。

美国早期著名社会心理学家查尔斯·霍顿·库利将"自我"概念引入社会化研究并取得出色的研究成果,其中影响最深远的当属他的"镜中我"(Looking-glass Self)理论。库利认为,自我是社会的产物,是通过社会互动而产生的。自我的出现有三个阶段:首先是我们觉察到我们在他人面前的行为方式;然后是我们领悟了别人对我们行为的判断;最后是基于对他人反应的理解,我们评价我们的行为。

总之,自我意识就是个体在社会化过程中逐步形成和发展起来的,对自己以及自己与周围环境关系的全面的、整体的认识,包括对自己的存在及个体生理、心理、社会特征等方面的认识,是个体关于自我全部的思想、情感和态度的总和。

(二)自我意识的结构

自我意识是一个人对自身、自己与他人及自己与社会关系的认识和态度,是一个具有多因素的复杂心理系统,它既是心理活动的主体,又是心理活动的客体。因此,对自我意识结构的分析也要从不同的角度来展开。从内容上来说,自我意识包括生理自我、心理自我以及社会自我三个部分。从形式上来说,自我意识分为"知、情、意"三个方面,即:自我认知、自我体验、自我控制三个部分。

1.从内容上分析自我意识的三部分

(1)生理自我——对自己生理状态的认识和体验

生理自我是意识的最原始形态,是指个体对自己的生理状态(如身高、体重、外貌、性别、年龄等)的认识,以及对身体的健康状况、温饱与饥寒、精神状态等直接的体验。生理自我是与生俱来,并在社会化过程中通过不断与他人进行交往和学习而逐渐发展成熟的,它让个体得以把自我和非我区别开来,意识到自己的生存是依托于自己的躯体内的,因此,我们只能接受它而不能改变它。随着自我意识的成长,个体逐渐对生理自我有一个明晰的看法与正确的认识,但由于青春期的不确定性,有的学生对生理自我产生较高的心理关注。女生关注自己是不是漂亮、迷人、有吸引力,关注胖瘦高矮甚至脸上的雀斑;男生关注自己的体形与身体高度,甚至生理器官、声音的吸引力等。

(2)心理自我——对自己心理状态的认识和体验

心理自我是个体对自己的心理活动、个性特点、心理品质的认识,包括对自己的感知、智能、情绪、兴趣、气质、性格等。心理意识的发展与个体的生理发展相连接,主要表现为自我体验、成人感、性意识、自我反省和自我意识的矛盾性等方面。如自己的理解力、记忆力是强还是弱?思维是敏捷还是迟钝?做事情是果断还是武断?

(3)社会自我——对自己与所处客观环境关系的认识和体验

社会自我是指个体对自己在所处社会关系、人际关系中角色的认识,包括对自己在群体中的角色、地位、责任、作用以及自己和他人相互关系的认识、评价和体验。如个体在集体中是否被人尊重?在团队中的作用是举足轻重还是无足轻重?社会自我的一个突出特点是自我控制,包含坚持性和自制力两个方面。随着自我意识的发展和社会化的不断深入,个体的社会角色逐渐浮出水面并占据重要位置,与此相应的责任感、义务感、角色感也都不断增强。

2.从形式上分析自我意识的三部分

（1）自我认知——知

自我认知是个体对自己的生理、心理、自己与他人关系的认识。自我认知属于自我意识的认知部分，是主观我对客观我的认识，包括自我感觉、自我观察、自我分析和自我评价等。自我认知主要回答"我是谁""我为什么是这样的人"等问题。其中，自我评价是自我认知中最主要的部分，它集中反映了个体自我认知乃至自我意识发展的水平。

（2）自我体验——情

自我体验属于自我意识的情感部分，是在自我认知基础之上产生的内在感受，反映为对自己是否满意和能否悦纳自己等。比如有人感到自卑，因为自己长得不好看，所以对自己感到不满意，甚至不愿接受这个"丑陋"的我。

自我体验范围较广，包括自尊、自信、自豪、义务、责任、自卑、内疚、羞耻等。其中，自尊感是自我体验中最主要的方面。对不同的个体来说，自我体验的深度和广度是明显不同的，自我体验的目标和效果更是不同的。

自我体验对个体的成长具有不可替代的重要作用。积极地进行自我体验是大学生个体获得更多的知识和信息的最有效的手段之一。很多从体验中获得的情感会比理性认识起到的作用更大。比如学生在体验过盲行、同舟共济等活动后，对从中所产生的信任、亲密、自信、自豪和成就感体验清晰而深刻，他们会把这些感受应用到现实生活中去。这种自我体验具有不可替代性，每份体验都是独特的。对于大学生来说，生活中的每一次受伤、阵痛，每一个微笑，都将构成灿烂人生中独特而又亮丽的风景线。实现心理自我觉醒后的大学生可以获得更为明确的目标和有效的行动来指导自我体验的进行，获得更为理想的体验成果，帮助自我成长。

（3）自我控制——意

自我控制属于自我意识的意志部分，是个体对自身心理和行为的掌控，使自身言行与所处环境相一致，从而达到自我期望的目标，是个体抑制或克服本能的需求或欲望，选择和执行符合个人目标和价值的思维和行为方式。自我控制主要反映"我应该成为怎样的人""怎样做，才能使自己成为理想中的那种人"这类问题。自我控制包括自我调节、自我监督、自我教育、自立、自主、自强等方面。

自我控制是自我意识的最高阶段和关键环节，成功的人都有较强的自我控制能力，但并非所有的自我控制都是积极的，有的大学生对自己的要求非常高，自我控制能力强，而在实际中却因为主观或客观原因没有能够达到，容易对自我产生怀疑与否定。自我意识的结构关系见表4.1。

表4.1 自我意识的结构关系

项目	自我认知	自我体验	自我控制
生理自我	对自己身体、外貌、衣着、风度、家属、所有物等的认识	英俊、漂亮、有吸引力、迷人、自我悦纳	追求身体的外表,物质欲望的满足,维持家庭的利益等
心理自我	对自己的智力、性格、气质、兴趣、能力、记忆、思维等特点的认识	有能力、聪明、优雅、敏感、迟钝、感情丰富、细腻	追求信仰,注意行为符合社会规范,要求智慧与能力的发展
社会自我	对自己的名望、地位、角色、性别、义务、责任、力量的认识	自尊、自信、自爱、自豪、自卑、自怜、自恋	追求名誉地位,与他人竞争,争取得到他人的好感等

(三)自我意识的心理功能

1.自我意识支配个体的行为

意识决定行为,行为是意识的反映。每个人的心中对自己都有一个认知:我是一个什么样的人。于是,在自我介绍时就会把自己描绘成什么样的人,在实践中也会不自觉地按照那种人的特点来处世。例如,一个同学觉得自己非常矮,在今后的日常生活中就会特别留意那些"海拔"较高的同学,不断与他们做比较,以此来印证自己的观点。

2.自我意识决定个体的归因

归因是个体对自己或他人行为过程原因的分析。不同的个体可以有相同的行为经历,但每个个体对这种经历的归因却大不相同。不同的归因便取决于个体独特的自我意识。例如,自我意识积极的同学会把期末考试的失利归因为自身复习不够认真,会不断鼓励自己,在今后的学习中更加努力;而自我意识消极的同学则会把失利归因为自己能力不济,不断否定自己,愈加消极。事实上,当个体消极自我意识占主导时,任何行为或经历都会与消极的自我评价相关联;相反,积极的自我意识占主导时,所有的经历都会被赋予积极的含义。

3.自我意识反映个体的心理健康水平

自我意识是个体全部内心世界的总和,也是人格的核心部分,对个体人格的发展和塑造起着至关重要的作用。自我意识的发展程度集中反映了个体的心理成熟程度和心理发展水平。在大学时期,个体自我意识进入快速发展和完善阶段。个体自我意识发展不完善会严重影响个体的社会适应性与人际交往能力。大量的心理学实验也证明,个体社会适应不良及人际关系不协调主要是由自我意识不正确所造成的。只有健全的自我意识才能正确认识、悦纳自己,合理分析自己与周围环境的关系,从而保持良好的社会适应和人际关系,维护自身心理健康。

总之,健全的自我意识通过合理的自我认知、良好的自我体验、自觉的自我控制,从而促进个体的自我实现,最大限度地挖掘个体心理潜力。

第二节 大学生自我意识的发展及特点

大学生的年龄一般都在17~23岁,这个阶段正是个体自我意识迅速发展并逐渐趋于成熟,同时也是各种矛盾最突出的关键时期。大学时期自我意识的发展对于个体人格的最终形成、健康心理的发展起着重要作用。

一、大学生自我意识的发展

大学阶段是自我意识稳步发展的阶段,自我认识、自我体验、自我控制逐渐协调一致,大学生自我意识发展的基本规律表现为:分化—矛盾—统一。

(一)大学生自我意识的分化

大学生自我意识的发展是从明显的自我分化开始的。表现为以往那种笼统的、完整的"我"被打破,出现了两个"我":主观的"我"和客观的"我","理想中的我"和"现实中的我",其中主观的我处于观察者的角度,而客观的我则处于被观察者的角度。

自我意识的分化是自我意识走向成熟的标志。随着自我明显的分化,大学生开始主动、迅速地关注自己的内心世界和行为,对生理自我、心理自我、社会自我每一细微变化产生新的认识和体验,自我反省能力增强,自我形象的再认识更加丰富、完整和深刻,由此而来的种种激动、焦虑、喜悦增加,自我体验更加丰富多彩,自我思考增多,自己应该怎样做、能怎么做、不应该怎么做、不能怎么做等成为经常思考的问题,开始要求有属于自己的一片天空和世界,渴望得到理解和关注。

(二)大学生自我意识的矛盾

自我意识的分化,使大学生开始注意到自己以往不曾留意的许多方面,同时也意味着自我矛盾冲突的加剧,即主观自我与客观自我的矛盾冲突、理想自我与现实自我的矛盾冲突的加剧。由自我意识的分化带来的矛盾是大学生自我意识发展过程中的必然现象,当然,它会给大学生带来不安、疑惑与困扰,可能还会影响到他们的心理健康与心理发展,但它更会促使大学生努力解决矛盾,实现自我意识的统一,从而推动自我意识向着成熟发展。

(三)大学生自我意识的统一

自我意识的矛盾冲突,常常会给大学生带来不安或心理痛苦,他们总是力图通过自我探究来摆脱这种不安与痛苦。在自我意识的矛盾冲突中,大学生的自我意识也在不断调整和发展。在自我意识的不断调整和发展过程中,他们极易寻求新的支点,寻找自我意识的统一点,统合自我意识。自我意识的统一有多种形式,既有积极的、和谐的、有利于心理健康发展的统一,也有消极的、不协调的、不利于心理健康发展的统一。自我意识统一的过程也是自我同一性的过程,即主观自我与客观自我的统一、理想自我与现实自我的统一,自我认知、自我体验、自我监控的统一。这种统一是在自我评价、他人评价(包括群体评价和评价他人)的过程中逐步实现的。

二、大学生自我意识的特点

在初中、高中阶段,个体常常被紧张的学习、考试所追逐,没有什么时间考虑自己的人生,只有进入大学,才能真正专心地考虑自我、探索自我和确立自我这一课题。个体的自我意识在大学阶段得到了迅速的发展,由于处于特殊的生活环境和教育背景中,大学生自我意识的发展相对于其他同龄人有着自身的一些特点,主要体现在以下五点。

(一)自我认知的内容更加丰富、复杂

德国心理学家斯普兰格指出,青年期是个体开始"自我发现"的新时期。人们具有自我认识的内在动机,这种动机包括自我提高的动机、准确自我认知的动机和一致性动机,并且观察其他人的反应是人们获得自我认识的重要方式。随着与社会互动的不断深入,当代大学生的自我认知也逐渐发生了变化,主要表现在以下四个方面:外形的自我认知、智能的自我认知、情感的自我认知以及社会的自我认知。他们非常在意自己的外形,时常在镜子面前评价自己;开始审查自己的能力,主动探索自我,会思考自己是否是个聪明的人;会分析自己的性格,关注自己性的意识,如在意自己男性或女性特征是否明显;会思考自己的社会归属与社会地位,评价自己和社会的关系,如自己在班上名气怎样等。一般来说,大学生的自我认知是积极的、健康的。但是由于社会对于大学生群体的较高期望和评价,大学生便会将自己的命运和国家的发展结合起来,自认为将是国家发展的栋梁,他们的自我认知往往也高于实际水平。

(二)自我评价日趋完善但不平衡

随着知识面的拓展和生活经验的积累,大学生逐渐学会根据社会、学校、集体和他人对自己的要求来不断评价自己的行为,从而进一步认识自己。通过这种更加全面、客观的评价,大学生对自己的优缺点有了更加清晰的认识,并能够在生活中扬长避短。随着年级的增加,大学生自我评价不断从片面性向全面性发展,自我评价开始从身体特点和具体行为的评价转向对个性品质方面的评价,大多数学生自我评价与他人评价基本一致,自我评价日趋完善。然而,大学生的自我评价也存在着很大的个体差异性,表现为自我评价的两极性:一是"高估自我",有着较强的优越感、自尊心和自信心;二是"低估自己",因遭遇挫折而产生自卑心理,自我封闭,止步不前。

(三)自我体验内容丰富、形式多样

自我体验是个体在自我评价基础上产生的情感体验。大学时期是个体一生中"最善

感"的年龄阶段,大多数学生悦纳自己,满意自己,并且独立、自尊、自信、好胜。其发展特点主要有以下两点。

1.独立感增强,自尊心强烈,充满自信心,喜欢争强好胜

大学生随着生理的成熟,意识到自己是社会的主体,开始迫切要求独立,不愿别人过多地干涉自己。大学生由于认识到自身的角色和社会价值,渴望自己的言行得到别人的肯定和尊重,表现出极强的自尊需要。多数大学生对自己的学历、能力充满自信,相信只要勇于拼搏便能够克服困难,实现目标。同时,他们也不甘落后于人,希望用行动表明自己是校园中的强者。

2.丰富性与波动性共存,内隐性和不稳定性并现,敏感性和情境性交叉

大学多彩的学习生活为大学生自我体验的丰富性提供了便利的条件和来源,但这种体验会时常随着大学生的情形变化而出现波动性。由于强烈的自尊心的驱使,大学生十分注重自身的面子,常常隐藏自己内心的真实想法而不愿向他人敞开;而由于自身发展的需要,他们又渴望与人交往,拓展自己的友谊,自我体验表现出不稳定性,时而情绪高涨,时而情绪低落。随着自我认知的发展,大学生对涉及"我"及"我的"一些事情极为敏感;这种敏感又带有一定的情境性,在外界的刺激作用下,自我会产生一种想象式的、灵感式的非逻辑体验。

(四)自我控制能力显著增强

自我控制是一个多层次的复杂概念,国内外学者对其的定义也各不相同。但综合来看,自我控制包含以下两点共同的特征:①自我控制是个体有意识控制冲动行为、抵制满足直接需要和愿望的能力;②自我控制的目的是执行能带来长期利益的目标指向的行为。大学生自我控制的能力有很大提高,自觉性、持续性和独立性显著发展。绝大部分大学生都有强烈的自我设计和自我规划的愿望,努力摆脱传统的束缚,力图按照自身的意愿行事,并且根据自我设计的目标和社会要求来自觉调节行为。但大学生自我控制仍有待完善的地方,他们还不能及时、理智和有效地控制自我以达到目标,随意性较大,所以大学中仍存在一些逃课、打架等违反校纪校规的行为。

(五)自我意识的年级差异明显

大学中有这样一种说法:"进校时觉得自己是天之骄子,毕业时发现自己什么都不是。"调查显示,大二年级的学生自我意识最低,内心矛盾冲突最尖锐,回忆与憧憬的时间最多,是大学阶段自我意识的不稳定时期,同时也是一次新的上升时期。

第三节　大学生自我意识偏差及常见问题

一、大学生自我意识偏差

大学生生理和心理迅速发展并趋向成熟但尚未完全成熟,加之所处的校园环境具有较强的特殊性和局限性,在自我意识层面表现出一系列的分化和对立,出现自我意识的偏差,

主要表现在以下五个方面。

(一)主观需求和认知偏离客观实际

美国心理学家亚伯拉罕·马斯洛在其需求层次理论中将人的需求从低到高分为五个层次,当个体低层次的需求得到满足之后便会产生更高层次的需求。当代大学生经历了竞争残酷的中学时代,对大学满怀憧憬,希望能够"弥补"自己中学时期压抑的各种需求。然而,当他们走进大学便发现:饮食依旧很难吃、宿舍依旧条件差、管理依旧很严格、人身依旧不自由……这种需要与现实的差异会直接影响大学生的积极性。

另外,接受了高等教育的大学生都有着较高的自我评价,但缺乏对复杂社会环境客观、全面的认识。随着高等教育大众化进程的不断推进,社会大众对大学生的评价也更加客观,长久以来环绕在大学生身上的光环也慢慢褪去,或多或少也会让大学生产生失落感。

(二)理想与现实的偏差

在现实生活中,理想与现实总会有一定的差距,这是很正常的。大学生群体生活范围相对狭窄,社会交往相对单一,缺乏足够的挫折体验,对自我认知的参照较少。他们在规划理想自我时往往会过分关注和夸大自己的优势,忽略自身的缺陷和不足,低估外部现实环境的各种不利因素,导致理想与现实的巨大差异。

(三)渴求独立却依赖不断

大学生正处于第二次"心理断乳期",随着生理、心理趋于成熟,自我意识的发展又一次产生了飞跃,独立意识日益增强。进入大学,他们迫切希望摆脱"大人"的束缚,对家长和老师的监督管理十分厌烦,渴望独立自主面对生活、学习和工作中的问题。然而,刚刚脱离家庭踏上独立之旅的大学生,缺乏足够的社会经验和自主生活能力,遇到各种挫折时往往又习惯性寻求家长和老师的帮助。

(四)强烈自负与过分自卑

随着社会交往的扩大,大学生迫切希望能在群体中展现自我,突出自我。这种对成功的渴望和不甘落后的精神,容易使部分大学生在获得小小的成就时表现出沾沾自喜、骄傲自满、唯我独尊的心理,从而认为自己比别人优越,容不得别人的批评,不愿与人合作。相反,另一部分大学生过多地看到别人的长处,而对自己拥有的优势视而不见,认为自己的外貌、智商、能力不如他人,在遭遇失恋、挂科等小失利之后便更加贬低自己,逐渐产生严重的自卑心理,从而更加影响自身的学习和生活。

(五)自我中心与从众

适度的自我关注有利于客观地认识自己和接受自己,但有些学生对自己过于关注,一切以自我为中心,不考虑他人的感受和立场,由此在人际交往中筑起一堵墙,无法与人和睦相处。在大学生中,自我中心的人习惯让别人迁就自己,却不愿服从别人,因而不易赢得他人的好感与信任,尤其是随着独生子女时代的到来,有这种心理倾向的学生日益增多。

与自我中心相对的是从众心理。从众是一种普遍的心理现象,但过强的从众心理实际上是一种依赖,导致自主性被阻碍,创造力受抑制。大学生从众行为的过分普遍,反映了部分学生自我意识弱化,独立性较差,缺乏独立思考的习惯,找不到自己成长的方向。

大学生在自我意识发展中会产生一系列偏差,尽管这些偏差是发展中出现的问题,从一定意义上讲是必然要出现和普遍存在的,但是,作为家长和老师,不能等闲视之,应该主动关心和干预,加强心理指导,以减缓、减轻由此给大学生带来的一些负面影响。同时,大学生自身已具备了一定的自我认识等能力,应在学习、工作、生活中不断地加强自我修养,以达到大学生自我的真正统一和健康发展。

二、大学生自我意识常见问题及调适

总体看来,大学生自我意识的发展水平比较高,但还没有完全成熟,因而容易出现各种偏差,有人将大学生中自我意识的缺陷概括为:扭曲的自尊——虚荣;消极的自觉——自卑;退缩的自主——从众;变态的自立——逆反;极端的自信——自负;放纵的自我——任性。虽然这样说有以偏概全之嫌,但也不是个别现象,这无疑会影响大学生的健康成长,因此,探讨不良表现,有助于预防问题的发生。

(一)过度自卑

1.过度自卑的表现

自卑感是对自己不满、否定的情感,往往是自尊心屡屡受挫的结果。这类人自我认识不客观,往往只看到自我缺点而忽略了自我的长处,不喜欢自己,不能容忍自己的缺点和弱点,否定、抱怨、指责自己,看不到自己的价值,或夸大自己的不足,感到自己什么都不如他人,处处低人一等,丧失信心,严重的还可能由自我否定发展为自我厌恶甚至走向自我毁灭。

2.调适的方法

第一,对其危害要有清醒的认识,有勇气和决心改变自己;第二,应客观、正确、自觉地认识自己、无条件地接受自己,欣赏自己所长,接纳自己所短,做到扬长避短;第三,正确地表现自己,对自己的经验持开放态度,同化自我但有限度;第四,根据经验,调整对自己的期望,确立合适的抱负水平,区分长期目标和近期目标,区分潜能和现在表现;第五,对外界影响保持相对独立,正确对待得失,勇于坚持正确的观点,改正错误的观点,同时保持一定程度的容忍。

【自信心训练】

我就是我！看看我自己吧，无论我的外表怎样，都是上帝的杰作，一样美丽，一样漂亮，一样潇洒，一样伟岸。想想自己吧，我就是我，一个伟大的我，需要自己去成就。一个蕴藏无限宝藏和潜能的我，留待自己去开发，去挖掘；一个坚强的我，需要自己去历练；一个尚不成熟，优点和缺点并存的我，等待自己去接受，去扬弃；一个崇高的我，需要自己去积累，去行动。有时我会失败，但绝不气馁，爬起来继续拼搏；有时我会成功，但绝不骄傲，喜悦之后再扩大收获。无论过去如何，无论未来的路有多坎坷，我坚信只要有一颗永远追求成功、永远善良博爱的心，就一定会成功，成就人生。让自己和他人都幸福，是我永恒的追求！我知道只有努力才会成功，请看我的行动。我就是自己的上帝，自信而不自负，执着而不固执。我就是我，欣赏自己也悦纳别人，扬长避短也会取长补短，让学习永远是我成长的阶梯。做我真好！珍爱自己吧，请欣赏自己！我现在可能还不优秀，但我会追求人生的精彩。我是一锭黄金，虽然还暗淡无华，但我会不断打磨，使自己熠熠发光。我是一块璞玉，虽然还没有成器，但我会不断雕琢，让自己成为精品，服务于社会，有益于他人。做我真好！因为我有着希望，有着美好的理想，我还年轻，我会珍惜每一天，抓住今天，让我做得更好！

(二)过度自我接受

1.过度自我接受的表现

自我接受是指个人将自己的自我价值与对实际自我是否达到理想状态的评估分离开来的过程。过度自我接受是有点自我扩张的人，他们高估自我，对自己的肯定评价往往有过之而无不及。他们拿放大镜看自己的长处，甚至把缺点也视为长处，拿显微镜看他人的短处，把别人细微的短处找出来，他们的人际交往模式是"我好，你不好""我行，你不行"。过度自我接受的人容易产生盲目乐观情绪，自以为是，不易处理好人际关系；而且过高评价滋生骄傲，对自己易提出过高要求，承担无法完成的任务、义务而导致失败。

2.调适的方法

自尊心、自信心、好胜心、独立感等诸多形式都是大学生自我意识发展的主要表现。要克服过度自我接受，首先要看到自己的不足，承认自己也需要不断完善；其次，要看到他人的长处，欣赏他人的独特性；最后，多与他人交往，以开放的心态尊重和认真对待来自他人的反馈意见。

(三)自我为中心

1.自我中心产生的原因及表现

自我中心的人凡事从自我出发,不能设身处地进行客观思考。只关心自己,一事当前先替自己打算,不顾忌他人的感受和需要。他们往往颐指气使,盛气凌人,总认为自己对、别人错,把自己的意志强加于人。因而他们不易赢得他人好感和信任,人际关系多不和谐,行为做事很难取得他人的帮助,易遭挫折。

2.克服自我中心的方法

要克服自我中心,首先得摆正自己的位置,既重视自己也不贬抑他人,自觉地把自己和他人、集体结合起来,走出自我的小天地;其次,要实事求是、恰如其分地评估自己,既不自高自大,也不妄自菲薄;最后,要学会移情,多设身处地地从他人的角度思考问题,尊重他人感受、关心他人。

(四)过分追求完美

1.过分追求完美的表现

过分追求完美的大学生对自己持过高的要求,期望自己完美无缺,却不顾自己的实际状况。此外,他们不能容忍自己"不完美"的表现,他们对自我十分苛刻,只接受自己理想中的"完美"自我,不肯接纳现实中平凡的或有缺点的自我,其后果往往适得其反,使其对自我的认识和适应更加困难。

2.改善的途径与方法

(1)树立正确的认知观念

人不能十全十美,每个人都有优缺点。人既不可能事事行,也不可能事事不行;一事行不说明事事行,一事不行不说明事事不行。一个人应该接纳自己,并肯定自己的价值,不自以为是,也不妄自菲薄。

(2)确立合理的评价参照体系和立足点

人应该选择合适的标准,更重要的是以自己为标准,按照自己的条件评定自己的价值,应该立足自己的长处,明了、接受并尽力改进自己的短处。成功时应多反省缺点,以再接再厉,失败时多看到优点和成绩,以提高自信和勇气。

(3)目标合理恰当

在充分了解自己的基础上对自己有恰当的目标和要求,目标符合自己的实际能力,不苛求自己,不被他人的要求左右。虽然每个人都不可能完全不顾他人对自我的期望和评价,但也不能被他人的期望所束缚,只为父母、老师或他人学习、生活。事实上,个体越能独立于他人的期望,其自我意识的独立性就越强,所遭遇的冲突也就越少。对大学生来说,必须明确自己的期望是什么,以及这种期望是来自自我的本身能力和需要,还是他人的期望。只有明确这点,才可能真正认清自己,规划自己的发展方向,最终建立独立的自我。

以上种种偏差究其原因应归结为大学生自我意识发展中出现的失误,或者说是心理还不成熟的表现,并不能看成是某个人固有的缺点,出现这些问题还应该算是普遍的、正常的,但是必须调整。只有认识到位,才有可能去面对它、正视它、解决它,达到自我真正的统一、强大、健康。

第四节　大学生自我意识良好的标准与调适

一、大学生良好自我意识的标准

大学生的自我意识主要表现在个人自我、社会自我、理想自我三个方面。衡量大学生的自我意识是否健全,可以从以下五个方面着手。

①一个自我肯定、自我统合的人。

②一个自我认识、自我体验、自我调适一致的人。

③一个独立的,同时又与外界保持协调的人。

④一个主动发展自我、具有灵活自我的人。

⑤一个不仅自己能健康发展,而且能促进社会文明和进步的人。

二、大学生自我意识的调适

自我意识在大学生人格形成和人格结构中占有极重要的地位。人的认知、情感和意志都受到自我意识的影响,健全的自我意识是人全面发展的重要途径,也是心理健康的具体反映。因此,大学生要加深自我认识,克服自我意识中的偏差,积极悦纳自己,完善自我,不断促进自我的成长。

(一)正确认识自我

在每一位大学生成长的心路历程中,首先要面对和研究的就是自己,只有客观、全面认识自我的人,才谈得上自我意识的进一步发展和完善,才能拥有心理上的成熟。在生活中,可以通过以下渠道来调整偏差,认识自我。

1.比较法——从我与他人的关系中认识自我

日常生活中,我们常常借助镜子来看清自己的容颜。同样,我们想认识自己的内在品质,更多地要依靠他人对我们的态度和评价。正如库利所指出的,别人对自己的评价是自我评价的一面镜子。在与他人交往的社会生活中,我们借自己的外显行为将自己介绍给别人,反过来别人对我们的看法又影响着我们对自己的认识。因此,个体对自己的认识在很大程度上取决于周围的人对自己如何评价。当然,他人的评价并非都很准确,这正如镜子因凸凹不平会歪曲人的形象一样。倘若我们能和多数人交往,注意倾听多数人的意见或反映,善于从周围的人的一系列评价中概括出一些较稳定的评价作为自我评价基础,这将大大有助于自我了解。

2.经验法——从我与事的关系中认识自我

不经一事,不长一智。人们在处世过程中的表现也是一面镜子,能帮助人们认识自己。通过对自己成败经历的分析,不断总结经验,吸取教训,才能更加了解和认识自我。成败得失,其经验的价值也因人而异,这与个人的自我统一的状态有关。对于自我统一、和谐的学生来说,他们了解自己,善于学习,能够认识自己的需要以及满足需要的方式。对于自我比较脆弱的学生来说,失败的经验更使其失败,他们不敢面对现实去应对困境或挑战,甚至失去许多良机。对于自我夸大的学生来说,成功的经验也不是财富,成功使他们骄傲自大,这很容易导致失败。

3.反省法——从我与己的关系中认识自我

子曰:"吾日三省吾身。"这说明古人就已懂得内省的重要性。我们可以依据他人的态度来观察、认识自己,更主要的还是要通过内省来认识自己。个体关于自己的情感、定式和信念的信息,主要来源于知觉自己的内心状态,观察自己的外显行为,观察与这些行为相关的环境。要处理好这些信息,就需要"内省"。也就是说要认识自己还必须把自己正在进行的心理活动作为自己注意的对象,对自己已有的心理经验有所认识。当然,正确的内省必须遵循现行社会中通行的社会文化价值观念,普遍的社会文化准则和行为规范,否则,是不可能给自己做出客观公正的评价的。

(二)积极悦纳自我

悦纳自我,是指一个人相信自己存在的价值,认同自己的能力,并在行为上表现出一种与环境和他人积极互动的心理定式。一个敢于接纳自我的人,才能为他人所接纳。大学生要做到悦纳自我,可以从以下三个方面入手。

1.正视自己的负性情绪

负性情绪,通常是指那些不愉快甚至引发人痛苦、愤怒的情绪体验。不少人认为,这些负性情绪都是不好的或不该出现的。其实,人产生负性情绪是很正常的,它在我们的生活中也是必要的,它提醒我们对现状要有所警觉,并促使我们去主动调整自己的积极的功能。因此,如果产生了负性情绪,不要去抑制、否认或逃避,要坦然承认并接纳它,然后再想办法解决引起负性情绪的问题。

2.无条件地接受自己

无条件地接受自己现实的一切,无论是丑的或美的,好的或坏的,成功的或失败的,有价值的或无价值的。正如人本主义心理学家罗杰斯所说:"当我接受了现实的自己时,我就发生了变化。"的确,肯定、认同自己的人比否定、拒绝自己的人更容易建立自尊和自信,并获得好的人际关系。因此,我们要学会平静而理智地对待自己的长短优劣,要乐观开朗、以发展的眼光来看自己。既不以虚幻的自我来补偿内心的空虚,自欺欺人,也不消极回避自身的现状,更不能以哀怨、自责甚至厌恶来否定自己。

3.正确对待挫折与失败

挫折与失败是人生境遇的一部分,是成长的必然。我们都经历过不同的成败体验,在一个激烈竞争的环境中,这种体验会更容易影响我们。我们要学会接纳自己的失败,承认自己需要不断完善,以自信的态度对待自己的劳动,并从中吸取教训、总结经验。一方面要对挫折与失败有正确的认识,就事论事,不将问题扩大化和严重化;另一方面要对此有正确的归因,不同的归因方式会影响我们的自我意识。将失败完全归于运气、机遇等外在客观因素,会趋于自我保护和防御,缺乏正视现实和挫折的勇气,不利于反省和自我提高;将失败完全归于自身能力等自身内在因素,会使自尊心受挫,容易丧失自信,导致自我萎缩行为。

(三)努力完善自我

它是指个体在认识自我、悦纳自我的基础上,自觉规划行为目标,主动调节自身行为,积极改善个性,以使个性全面发展适应社会要求的过程。对于大学生而言,完善自我可以从以下三个方面去做。

1.确立合适的理想自我

合适的理想自我是在充分了解自己和社会需要的基础上,对自己提出恰当的目标和要求。确立的目标应该符合自己的实际能力,以此规划自己的发展方向。不苛求自己,不被他人的要求所左右,不好高骛远,否则会带来不必要的冲突和压抑,更起不到激励和引导的作用。

2.努力提高现实自我

大学生要不断修正现实自我的行为和相应的心理活动,使之朝着合适的理想自我的目标发展。要积极投身实践活动,在实践中不断磨炼自己,增强自我控制,对自己决定的事,付诸行动并全力以赴。认真地干好当下能够把握的、能够做好的事情。大学生要学会从小事做起,在现实生活中培养自信、自立、自强、自主的心理品质,从而更新自我、发展自我。

3.加强自我修养,逐步获得积极的自我统一

自我统一意味着主体我和客体我的统一,理想我和现实我的统一,自我认识、自我体验和自我调控的统一。大学生需要加强修养,不断进行自我塑造,培养良好的性格和顽强的意志,逐步明确自我,有效控制自我,既能够认清自己的过去,重视现在,又能够积极面向未来,构建完整的、和谐的、充实的、有力的自我,实现积极和健康的统一。

总之,自我意识的发展是一个漫长的过程,大学生要不断勇于尝试,勇于实践,正确认识自我,积极悦纳自我,努力完善自我,做一个"自如的、独特的、积极的自我"。

【互动游戏】

　　请大家把笔纸拿出来,在纸上给自己画一幅自画像。

　　要求:

　　①只能画自己像什么动物(狮子、老虎、兔子……)。

　　②不能在纸上写任何描述性的文字。

　　③画完后请同学上来描述自己的自画像。

【知识链接】　　　　　　　约哈里模型——认识自我的窗口

　　美国心理学家约瑟夫·鲁夫特(Joseph Luft)和哈里顿·英格拉姆(Harrington Ingram)设计出一种个体自我认识的窗口模型,被称为"约哈里之窗"(Johari Window)。

　　他们认为,个体常常会对自己产生迷惑,就像一个还没有产生自我意识的儿童无法解释镜子里的自己,对此充满了疑惑和好奇。然后当他长大,知道了镜子里的就是自己,问题便迎刃而解。多一些知识,就多一份解释,心中便少一分疑惑,生活便多一份快乐。个体对自我的认识是一个不断探索的过程,每个人的自我都由四部分组成,如图4.1所示。

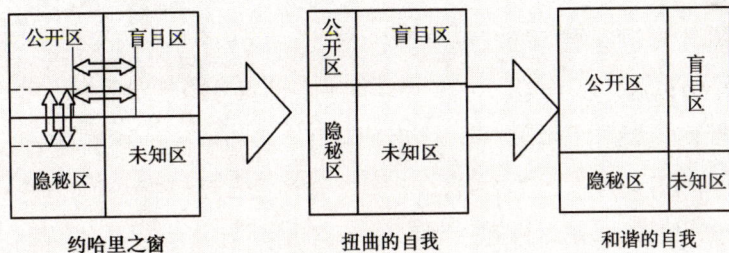

图4.1　自我

　　公开区(Open),即公开的自我:代表真实并透明的自我,这部分信息自己知道,他人也知道。

　　盲目区(Blind),即盲目的自我:代表关于自我的他人了解但自己却不知道的信息。

　　隐秘区(Hidden),即秘密的自我:代表关于自我的自己知道但他人却不了解的信息。

　　未知区(Unknown),即未知的自我:代表关于自我的他人和自己都不知道的信息,是一种潜在的信息,但可以被激发出来。

　　通过建立在相互信任基础上的活动和交流,扩大开放区,缩小盲目区和隐蔽区,探索未知区,个体对自己的认识就会更客观、更全面。

【知识链接】 自我和谐量表（SCCS）

量表由"自我与经验的不和谐""自我的灵活性"，以及"自我刻板性"三个分量表，共35个项目组成。

（一）量表内容

下面是一些个人对自己看法的陈述，填答时，请你看清每句话的意思，然后圈选一个数字（1代表该句话完全不符合你的情况，2代表比较不符合你的情况，3代表不确定，4代表比较符合你的情况，5代表完全符合你的情况）以代表该句话与你现在对自己的看法相符合的程度。每个人对自己的看法都有其独特性，因此答案是没有对错的，你只要如实回答就行了。

（完全不符合1　比较不符合2　不确定3　比较符合4　完全符合5）

1.我周围的人往往觉得我对自己的看法有些矛盾。（　　）

2.有时我会对自己在某方面的表现不满意。（　　）

3.每当遇到困难，我总是首先分析造成困难的原因。（　　）

4.我很难恰当表达我对别人的情感反应。（　　）

5.我对很多事情都有自己的观点，但我并不要求别人也与我一样。（　　）

6.我一旦形成对事物的看法，就不会再改变。（　　）

7.我经常对自己的行为不满意。（　　）

8.尽管有时做一些不愿意的事，但我基本上是按自己的意愿办事的。（　　）

9.一件事好是好，不好是不好，没有什么可含糊的。（　　）

10.如果我在某件事上不顺利，我往往就会怀疑自己的能力。（　　）

11.我至少有几个知心朋友。（　　）

12.我觉得我所做的很多事情都是不该做的。（　　）

13.不论别人怎么说，我的观点绝不改变。（　　）

14.别人常常会误解我对他们的好意。（　　）

15.很多情况下我不得不对自己的能力表示怀疑。（　　）

16.我朋友中有些是与我截然不同的人，这并不影响我们的关系。（　　）

17.与朋友交往过多容易暴露自己的隐私。（　　）

18.我很了解自己对周围人的情感。（　　）

19.我觉得自己目前的处境与我的要求相距太远。（　　）

20.我很少去想自己所做的事是否应该。(   )

21.我所遇到的很多问题都无法自己解决。(   )

22.我很清楚自己是什么样的人。(   )

23.我能很自如地表达我所要表达的意思。(   )

24.如果有足够的证据,我也可以改变自己的观点。(   )

25.我很少考虑自己是一个什么样的人。(   )

26.把心里话告诉别人不仅得不到帮助,还可能招致麻烦。(   )

27.在遇到问题时,我总觉得别人都离我很远。(   )

28.我觉得很难发挥出自己应有的水平。(   )

29.我很担心自己的所作所为会引起别人的误解。(   )

30.如果我发现自己某些方面表现不佳,总希望尽快弥补。(   )

31.每个人都在忙自己的事,很难与他们沟通。(   )

32.我认为能力再强的人也可能遇上难题。(   )

33.我经常感到自己是孤立无援的。(   )

34.一旦遇到麻烦,无论怎样做都无济于事。(   )

35.我总能清楚地了解自己的感受。(   )

(二)量表评分及结果分析

各分量表的得分为其所包含的项目分直接相加。三个分量表包含的项目及题号见表4.2。

表4.2 量表评分及结果分析

分量表	包含题目	大学生常模	自测分数
自我与经验的不和谐	1、4、7、10、12、14、15、17、19、21、23、27、28、29、31、33共16项	46.13±10.01	
自我的灵活性	2、3、5、8、11、16、18、22、24、30、32、35共12项	45.44±7.44	
自我的刻板性	6、9、13、20、25、26、34共7项	18.12±5.09	

"自我与经验的不和谐"反映的是自我与经验之间的关系,包含对能力和情感的自我评价、自我一致性、无助感等,它所产生的症状更多地反映了对经验的不合理期望。得分之和≤35分为低分,≥56分为高分。

"自我的灵活性"与敌对和恐怖的相关显著,可以预示自我概念的刻板和僵化。得分之和≤37分为低分,≥55分为高分。

"自我的刻板性"不仅同质性信度较低,而且与偏执有显著相关,使用仍然在探索中。得分之和≤13分为低分,≥40分为高分。

此外还可以计算总分,方法是将"自我的灵活性"反向计分,再与其他两个分量表得分相加。得分越高自我和谐度越低,容易因为对环境的不适应或逃避而导致自我的僵化,或因不能改变导致无助感。一般大学生群体中,低于74分为低分组,75~102分为中间组,103分以上为高分组。

本章小结

自我意识在大学生人格形成和人格结构中占有极重要的地位。人的认知、情感和意志都受到自我意识的影响,健全的自我意识是人全面发展的重要途径,也是心理健康的具体反映。当代大学生,可以从老师、同学、朋友、家人等渠道以及各种社会实践机会,充分展示自我,主动探索自我,全面评价自我,努力把自己的生理自我、社会自我、心理自我和谐统一起来,既接纳自己的优点、长处,又要正视自己的缺点、不足和个人的局限,加深自我认识,克服自我意识中的偏差,积极悦纳自己,完善自我,不断促进自我的成长。

本章讨论

1.你是否存在自我意识偏差? 如果存在,怎样进行自我调节?

2.赞美别人与赞美自己各有哪些好处?

3.你所具有或擅长的三大优势是什么?

4.你所具有或存在的三大劣势是什么?

推荐阅读

张天阳,张明.自我意识的经典社会认知实验研究[J].教育现代化,2020,7(11):187-188.

高雪桐,曹涵茜,肖莉.大学生初始沙盘中自我意识呈现特征分析[J].沧州师范学院学报,2024,40(1):70-74.

丁书英.自我认知中社群和能动信息的加工偏好研究[D].重庆:西南大学,2019.

武春霞,李静.父母自主支持与大学生个人成长主动性的关系:自我控制的中介作用[J].吕梁学院学报,2023,13(5):89-92.

赵玥玘,左陵,龚咏梅.团体辅导对高职学生自然联结与自我意识的提升研究[J].现代园艺,2024,47(9):186-188.

鲍明刚.基于自我认知与发展理论对360度评估反馈改进的实证研究[J].中国人事科学,2023(8):46-54.

沈楚文.补偿性消费与适应性消费的产品选择影响机制探究[D].北京:北京邮电大学,2021.

何新刚.高校学生心理自我觉醒与成长探讨[J].中国成人教育,2018(24):76-78.

王鹤琼.大学生神经质对囤积行为的影响:自我控制和体验回避的链式中介作用[D].佳木斯:佳木斯大学,2023.

第五章 大学生的人格发展与心理健康

一句话,教养又可称为"圆满的人格"。这就是说,从任何角度去观察,都可看到某种令人心旷神怡的东西,可以感动周围的人,还能有效地改善人之间的关系。我想,这就是教养的整体形象吧。

——池田大作

☆ 本章导读

大学时代是青年成长和发展最重要的一个阶段,是培养学生全面发展和健全人格的关键期。在这个阶段,学生对自我概念的认知、对自身与他人存在的差异、对自身的某些特点都开始了新的探索。青年人的特点决定了大学生在大学时期对个人状态存在的迷茫、困惑与不解,非常有必要进行系统的分析学习来掌握和把控自己的生活,才能健康成长。本章将通过对人格概念的解析,对大学生群体中可能存在的人格问题和人格异常进行分析和调适指导,引导学生正确认识自我人格状态。通过健康积极的调适来适应大学生活和即将进入的社会生活,为学生形成健全人格、顺利完成学业、拥有美好人生奠定心理基础。

【案例导入】

小双是一名大二的学生,从大一入学到现在他已经换了七次宿舍了,每一次换宿舍的原因都是和室友无法相处,总认为别人在排挤他,有意针对他。他觉得室友对他的所作所为影响到了他的生活,让他很焦虑。他每天都担惊受怕,无心学习,经常失眠,精神萎靡不振。由于害怕回到宿舍,他偷偷将被褥拿到教室,在教室里睡觉,被保安巡查时发现。

小双为什么会出现这样的问题?频繁地更换宿舍又无法和室友良好相处,这里面究竟是什么原因?我们要怎样帮助小双呢?

第一节 人格概述

人们常说"世界上没有完全相同的两片树叶",实际上,世界上也没有完全相同的两个人,即使是双胞胎也不可能完全一样,是什么原因让我们之间产生差异? 是什么让我们拥有千差万别的人生? 从人成长和发展的整个过程来看,造成这一系列差别的重要原因之一就是人格。

大学阶段是人生非常重要的一个阶段,我们刚刚结束了被动接收外界信息的生活状态,进入了一个可以挑选获得信息的崭新开始,但是我们还不能完全科学地认识我们周围的世界,我们又正处于人生观和价值观形成的重要时期,处于人格不断发展与重建的重要时期,如何发展健康的人格成为我们成长成才的必要条件,也是我们确立正确认知、合理协调情绪、把握恰当行为方式、维持正常社交和职业功能的基础。健康健全的人格是一名大学生在大学生活过程中必须建立起来的重要内在支撑。

一、人格的来源

人格(Personality)一词来源于拉丁文"Persona",也称个性,原意是指希腊罗马时代戏剧演员在舞台上扮演角色时所戴的假面具,用来表现所扮演角色的身份和性格,表现剧中人物的典型心理状态。我们很熟悉的就是京戏中的脸谱(图5.1),演员们用不同颜色来表示不同的人物形象,例如红脸表示忠诚、勇气和义气,黑脸表示冲动、暴躁、刚烈和正直,白脸表示奸诈、狡猾和阴险,另外还有黄脸、蓝脸等,分别代表不同的人物个性。人格从某种意义上来讲就是个体表现出来的展现在他人面前的一种综合感受。

图5.1 脸谱

在现代生活中,人格的使用非常广泛,不同学科对人格有不同的定义和理解。社会学中把人格定义为人品,法学中把人格定义为权利、资格,伦理学中人格指品格,医学上通常以身体发育是否正常、智商高低、神经系统是否健康来研究人格,把人区分为健康人格和不健康人格。

二、人格的概念

人格是一个非常复杂的概念,关于人格的定义不一而足,很多心理学家都对其有自己的解释。美国著名人格心理学家奥尔波特(G.W.Allport)曾列举出50种对于人格的不同定义,可见人们对人格定义的探索过程众说纷纭,同时也表明对人格的把握确实有复杂性。综合各种对人格的解释,我们将人格定义为:人格是个体在遗传的基础上,经过在社会过程中的重塑和调整后形成的相对稳定的有一定倾向性的认知、情绪和行为方式的结构组织,它是个体适应环境的特有模式。

三、人格的特征

(一)人格的整体性

人格是一个复杂的体系,是由多种成分和特质构成的。但人格有着整体的表现形式,表现出一种固有的基本状态,具有整体性。人格的整体性是指构成人格的各种因素不是孤立存在的,而是相互联系的有机整体。人格是一个人整体精神面貌的表现,是通过内在的系统连接在一起的,而不是由简单片段组合而成的,它是一种心理组织,反映一个人的心理结构特征。人格的各因素会有规则地结合成一个有机整体,体现人们稳定的外在表现,人格统一是心理健康的表现,如果人格内在的统一性被打破就会在激烈的内心冲突中产生病态,导致行为失调。我们常见的多重人格、人格分裂就是人格整体性丧失所产生的严重后果。

人的行为是人格的各因素充分协调一致的结果,一个拥有健康人格的人具有清晰的自我意识,在实际生活中能够充分考量各种因素对自己的影响,做出正确的判断,充分利用各种资源在适宜社会规则的基础上发挥优势,端正行为。

(二)人格的稳定性

人格的形成是一个不断发展的过程,伴随人的成长过程,但是一旦形成鲜明的人格特征就具有其相对的稳定性。民间有谚语说"三岁看大,七岁看老""江山易改本性难移",就是对人格稳定性的一种论述。

虽然人格具有一定的稳定性,但是人格是可变的、可发展的,因而其稳定性是相对的,一个人的人格会随着对世界认识的深入程度、文化背景的影响甚至身体条件的变化而发生变化。例如一个乐观积极的人可能会因为罹患了重病而变得悲观绝望。

人格的稳定性可以从以下两个方面表现出来。

①人格具有跨时间的持续性。人格是个体以独特性存在的内在根源,每个个体具有时间上的自我持久性,不会因为时间的变换而变为别的东西或者别的人,无论将来的个体演变成什么状况都是由现在的个体产生影响形成的,因此人格在时间上具有持续性。

②人格具有跨情境的一致性。人格是一个人经常表现出来的心理与行为特征,不会随

着环境的变化而变化,个人行为中偶尔表现出来的心理特征不能称为人格特征,例如一个自卑内向的同学通过练习、准备,参加了某个节目,极力表现自己,展现的似乎是活泼开朗的一面,但这并不能说明他就具备自信阳光的个性特征。

(三)人格的独特性

人格的独特性是指人与人之间的心理和行为特征是不一样的,每个个体都有自己独特的人格特征。因为每个人的遗传基因、生活环境、文化背景、个人主观能动性都各不相同,所以每个人都有自己特有的心理行为特征。

虽然人格具有其独特性,但是并不是说人与人之间就没有心理行为的共同点。同样文化背景、同样经济条件、同样行为模式的人们具有相似的人格特征。例如,无论走到哪里,一眼就能认得出来哪个黄皮肤、黑眼睛的人是中国人,哪个是日本人或韩国人;东北人豪爽大气,西北人敦厚踏实,华东人细腻精明,华南人热情大方,等等。但是,作为个体研究来说,我们更注重于人格的独特性。

(四)人格的社会性

人是生活在社会群体当中的,一个人的心理和行为特征受到社会环境、文化氛围、社会制度、民族意识等多种因素的影响,人格的形成和发展受到社会生活的制约和影响,人格是在个体社会化的过程中逐渐形成的,自然而然就具有社会性。

人格的社会性并不排斥人格的自然性,人格的形成也受其生物特性的制约,但是人之所以成为人是一种人所特有的失去了就不称其为人的特质决定的,这种特质就是人的社会性。

四、人格的结构

人格是一个复杂的结构系统,包括许多成分,主要归纳为三个系统:倾向性系统、自我意识系统和心理特征系统。其中最主要的组成部分是气质和性格。

(一)气质

1.气质的定义

气质是一个人生来就具有的在心理活动方面比较稳定的心理特征,它表现为心理活动的速度、强度、稳定性、灵活性和指向性等方面的特点和差异的综合。气质是先天形成的,无好坏之分,不能完全决定个人的发展方向。

2.气质的类型

(1)体液说

古希腊医生希波克拉底根据长期的观察和实践提出了四种体液的学说,他提出人的四种气质类型是胆汁质、多血质、粘液质和抑郁质。

①胆汁质。胆汁质的人敏感性较强,容易被激怒,他们的情绪很容易受到影响。这类人反应速度很快,但不是很灵活,情绪兴奋性高,抑制力差,外倾性明显。在平时的生活里,

这样的人热情率直,朴实真诚,但是做事冲动,性情急躁,办事粗心大意,想问题比较简单,欠思考,莽撞冒失,爱感情用事。但是这样的人情绪和内心是一致的,没有心眼。

②多血质。多血质的人情绪比较高,语言表达能力较强且具有感染力。这类人活泼好动,乐观积极,受人喜爱,富有朝气,精神振奋,善于交往,但往往交情较浅。在日常生活里,这样的人情绪丰富,外显性强,易于适应不断变化的环境,机智敏感,易于把握新事物,但是情绪情感容易产生,也容易变化消失,可塑性强但是毅力差,稳定性差,容易见异思迁。

③粘液质。粘液质的人行动比较缓慢,沉稳踏实,语言比较少,喜欢安静沉思。这类人不善于外露情绪,表情平淡,不易激动,善于保持心理平衡,具有内向性。在日常生活里,这样的人自制力很强,交往适度,不喜欢空谈,考虑问题细致周到而且全面,思维灵活性比较差,不善于转移注意力,忍耐性较强,但是容易因循守旧,不善变通。

④抑郁质。抑郁质的人负向敏感性较强,细致,容易受伤害,想象力丰富,容易想得太多。这类人多愁善感,心境消极,语言行为迟缓,不活泼,注重内心世界,不善交际。在日常生活里,这样的人比较喜欢独处,内心世界丰富,软弱胆小,优柔寡断,处世谨小慎微,能与人友好相处但是喜欢自我归因,缺乏自信,易多虑,不果断。

在实际生活中,仅仅属于一种气质类型的人很少,我们也不能一概而论,大多数人都是复合型的气质类型,几种气质相互渗透。

(2)高级神经活动说

俄国心理学家巴甫洛夫在研究经典条件反射时发现,高级神经活动类型是气质类型的生理基础。他根据高级神经活动中大脑皮层兴奋和抑制的强度、平衡性和灵活性的特点,将高级神经活动分为四种类型,相对应的气质类型见表5.1。

表5.1　高级神经活动类型与气质类型对照表

高级神经活动类型	神经过程的基本特征			气质类型	特征
	强度	平衡性	灵活性		
兴奋型	强	不平衡		胆汁质	热情而急躁的人
活泼型	强	平衡	灵活	多血质	活泼好动的人
安静型	强	平衡	不灵活	粘液质	沉着而稳重的人
抑制型	弱			抑郁质	情感深厚而沉默的人

[资料来源:李祚山,胡朝兵.心理学[M].北京:北京师范大学出版社,2011.]

【互动练习】

　　以下测验有60道题,请根据自己的实际情况进行回答,就可以帮助你基本确定自己的气质类型。在回答每一问题时,认为很符合自己情况的,记2分;比较符合的,记1分;介于符合与不符合之间的,记0分;比较不符合的,记-1分;完全不符合的,记-2分。

　　1.做事力求稳妥,不做无把握的事情。

　　2.遇到可气的事就怒不可遏,想把心里话全说出来才痛快。

　　3.宁可一个人干事,不愿意很多人在一起。

　　4.到一个新环境很快就能够适应。

　　5.厌恶那些强烈的刺激,如尖叫、噪声、危险镜头等。

　　6.和人争吵时,总是先发制人,喜欢挑衅。

　　7.喜欢安静的环境。

　　8.喜欢和人交往。

　　9.羡慕那种能够克制自己感情的人。

　　10.生活有规律,很少违反作息制度。

　　11.在多数情况下情绪是乐观的。

　　12.遇到陌生的人感到很拘束。

　　13.遇到令人气愤的事情,能很好地进行自我控制。

　　14.做事总是有旺盛的精力。

　　15.遇到问题常常举棋不定,优柔寡断。

　　16.在人群中从不觉得过分拘束。

　　17.情绪高涨时,觉得干什么都有趣;情绪低落时,又觉得什么都没有意思。

　　18.当注意力集中于某一事物时,别的事很难使我分心。

　　19.理解问题总是比别人快。

　　20.碰到危险情景时,常有一种极度恐怖感。

　　21.对学习、工作、事业怀有很高的热情。

　　22.能够长时间做枯燥、单调的工作。

　　23.符合兴趣的事情,干起来劲头十足,否则就不想干。

　　24.一点小事就引起情绪波动。

　　25.讨厌做那种需要耐心、细致的工作。

　　26.与人交往不卑不亢。

　　27.喜欢参加剧烈的活动。

28. 爱看感情细腻、描写人物内心活动的文学作品。

29. 工作学习时间长了,常感到厌倦。

30. 不喜欢长时间谈论一个问题,愿意实际动手干。

31. 宁愿侃侃而谈,不愿窃窃私语。

32. 别人说我总是闷闷不乐。

33. 理解问题常比别人慢些。

34. 疲倦时只要短暂休息就能精神抖擞,重新投入工作。

35. 心里有话宁愿自己想,不愿说出来。

36. 认准一个目标就希望尽快实现,不达目的,誓不罢休。

37. 学习、工作同样一段时间后,常比别人更疲倦。

38. 做事有些莽撞,常常不考虑后果。

39. 老师或师傅讲授新知识、新技术时,总希望他讲得慢些,多重复几遍。

40. 能够很快忘记那些不愉快的事情。

41. 做作业或完成一件工作总比别人花的时间多。

42. 喜欢运动量大的剧烈体育运动,或参加各种文艺活动。

43. 不能很快把注意力从一件事情转移到另一件事情上去。

44. 接受一个任务后,就希望立刻把它解决。

45. 认为墨守成规比冒风险强些。

46. 能够同时注意几件事物。

47. 当我烦闷的时候,别人很难使我高兴起来。

48. 爱看情节跌宕起伏、激动人心的小说。

49. 对工作抱认真严谨、始终一贯的态度。

50. 和周围人们的关系总是相处不好。

51. 喜欢复习学过的知识,重复做已经掌握的工作。

52. 希望做变化大、花样多的工作。

53. 小时候会背的诗歌,我似乎比别人记得清楚。

54. 别人说我"语出伤人",可我并不觉得这样。

55. 在体育活动中,常因反应慢而落后。

56. 反应敏捷,头脑机智。

57. 喜欢有条理而不甚麻烦的工作。

58. 兴奋的事常使我失眠。

59. 老师讲新概念,常常听不懂,但是弄懂以后就很难忘记。

60.假如工作枯燥无味,马上就会情绪低落。

结果汇总:请根据计分方法,按表5.2根据题号汇总分数并根据表后列出的四项气质分析结果总结自己的气质类型。

表5.2　各种气质类型对应题号

气质类型	题　　号	总分
胆汁质	2、6、9、14、17、21、27、31、36、38、42、48、50、54、58	
多血质	4、8、11、16、19、23、25、29、34、40、44、46、52、56、60	
粘液质	1、7、10、13、18、22、26、30、33、39、43、45、49、55、57	
抑郁质	3、5、12、15、20、24、28、32、35、37、41、47、51、53、59	

评分与解释

1.如果某类气质得分明显高出其他三种,均高出4分以上,则可确定为该类气质。如果该类气质得分超过20分,则为典型;如果该类得分在10~20分,则为一般型。

2.两种气质类型得分接近,其差异低于3分,而且又明显高于其他两种,高出4分以上,则可确定为这两种气质的混合型。

3.三种气质得分均高于第四种,而且接近,则为三种气质的混合型。

4.如果四栏分数皆不高且相近(<3分),则为四种气质的混合型。

此外,凡是在1,3,5……奇数题上答"2"或者"1",或者在2,4,6……偶数题上答"-1"或"-2",每题各得1分,否则得半分。如果你是男性,总分在0~10分则非常内向,11~25分比较内向,26~35分介于内外向之间,36~50分比较外向,51~60分非常外向。如果你是女性,总分在0~10分非常内向,11~21分比较内向,22~31分介于内外向之间,32~45分比较外向,46~60分非常外向。

①如果某一项或两项的得分超过20分,则为典型的该气质,例如胆液质项超过20分,则为典型的胆汁质;粘液质和抑郁质项得分超过20分,则为典型粘液-抑郁质混合型。

②如果某一项或者两项以上得分在20分以下、10分以上,其他各项得分较低,则为该项一般气质。

③若各项得分都在10分以下,但是某项或者几项得分较高(相差5分以上),则为略倾向于该项气质(或几项混合)。例如略偏粘液质型、多血质-胆汁质混合型。

④其余类推。

一般来说,正分值越高,表明被测者越具有该项气质的典型特征;反之,分值越低,表明越不具备该项特征。

(二)性格

1.性格的定义

我国的心理学界一般把性格定义为个体对现实稳定的态度和习惯化的行为方式所表现出来的个性心理特征。性格是在人的社会化的过程中形成的,体现了人的人生观、价值观和世界观,受个人所处的社会环境、家庭状况、受教育程度、社会阶层和社会活动等因素的影响,因此性格有好坏之分,表现了一个人的品德。

2.性格的类型

性格的分类比较多样,可以从不同角度进行。

①从知、情、意在性格中所占优势来分,可分为理智型、情绪型和意志型三种。理智型的人处理问题以理智来控制自己的行为;情绪型的人容易受到情绪的左右;意志型的人目标明确,行为主动。

②从个体的心理倾向来分,可分为外倾型和内倾型两种。外倾型的人独立能力较强,情绪容易外露,处世不拘小节,活泼开朗,善于交际,有较强的沟通表达能力,但是容易粗心,冲动;内倾型的人情绪内敛,心理活动倾向于内部,处世谨慎,交往范围比较窄,难以适应环境的变化。

③从个性独立程度来分,可以分为顺从型和独立型。顺从型的人易于和别人相处,接受别人的观点,易受他人的影响,独立性较差,在紧急情况下容易手足无措;独立型的人不易受到干扰,能够独立自主地处理问题,处世有主见,能够独立地分析问题和解决问题,遇到紧急情况时不易惊慌,但这种人会过于固执,把自己的意见强加于人。

第二节 大学生的人格特征

一、人格对个体成长发展的重要意义

随着社会的发展速度越来越快,社会压力越来越大,对人才的要求越来越高,要求人们社交能力、适应能力、情绪把控能力等方面能够适合社会发展的要求,有效缓解经济科技高速发展对人产生的精神压力,保证社会构成的基本单元——个人拥有良好健康的身心。人格作为人们面向社会表达、传递个人信息的内涵性元素,对人的成长和发展有着重要的意义。

(一)健康的人格是身心健康的需要

有研究表明,许多生理上的疾病都与个体的人格特征有关,个体本身具有的人格特征在生理疾病发生的过程中起到了促成、催化的作用,有些生理疾病就是由不健康的人格特征引起的。例如:高血压患者多有急躁、偏执、呆板、敏感、易怒等人格特征,偏头痛患者多有刻板、好胜、妒忌、刻意追求完美的人格特征。

(二)健康的人格是社会发展的需要

科学、高速、高效的发展状态是目前社会的要求,在激烈的市场竞争中,达到这样的要求靠的是准确的判断力、有效的资源利用率、高效的信息把控力,纷繁复杂的心理刺激,大大加重了人们的心理负荷,使其产生了焦虑、恐惧、不安和苦恼。如何在社会的变化发展过程中有效地完善自我人格,更好地适应社会,是时代对当代大学生的考验。

(三)健康的人格是自我成长、自我发展的需要

青年大学生是未来社会的建设者和接班人,承载着祖国的希望、家庭的希望和自我实现的希望,要实现未来发展的理想与梦想,实现个人的价值,都与健康的人格不可分割。要想成为一名高素质的人才,除了要掌握科学文化知识,奠定较高的智力基础外,还需要具备较高的非智力素质,而人格因素正是非智力素质的重要组成成分。拥有健康人格的人做事更具计划性,对待事物的态度更加认真谨慎、踏实沉稳,对人更加热情大方,善于表达和交际,事业成功的机会就会增多,因此培养健康的人格是顺利就业、成就事业的必备要素。

二、当代大学生人格发展的基本特点

大学生处于心理健全和完善的重要时期,这一时期的人格特点是:希望了解自己,掌控自己的发展方向,开始产生普遍的、程度不一的"自我角色认同"心理。根据心理学家对人格素质结构的研究,结合对当代大学生心理状况的调查分析,我们认为当代大学生在人格发展中呈现出以下四个方面的特征。

①产生独立感和自我感,基本能正确认识自我,但对自己的认识还欠全面。大学生处于"自我角色认同"阶段,这一时期,个体能够接受自我现状,无论是好的方面还是坏的方面,从而形成对自我的总体观念,大多数人都能够认清现实,理解现实我和理想我之间的区别与联系,并愿意为理想状态而奋斗。但是由于自我社会实践方面的经验欠缺,对自己的认识有很大的局限性,不能够准确地进行自我定位。

②智力健全,价值标准明确,喜欢独立探索和思考,但思想不够成熟,容易导致行为偏激。在这一时期,个体的观察能力、分析能力和思维能力都达到了成人标准,接近成熟,对知识的学习和运用能力已经达到较高水平,认知能力完备,能够有效结合所学知识进行有效的运算加工,并开始作为独立个体和运用自我特有的方式进行专业和生活上的探索。然而,对世界运行规律的认识并不深刻,不能够准确地把握思考的方式和方法,对已经形成的思维模式和思维结果不能够破立结合,导致行为偏激。

③开始关注自我和他人的内心世界,社会化程度加深,环境适应能力逐步增强,但自我意识强,心理相对闭锁,对环境的适应能力还停留在初级阶段。随着社会化程度的加深,对外在世界的了解开始扩展至对人内心世界的探索。个体通过了解人的内在需求和社会对人内心世界的塑造要求来提高自己的环境适应能力,但是自我主观意识较强,对社会环境的认识程度不深,心理上没有完全放开,还处于比较封闭的状态,因此,对他人的了解和对

环境的适应都还停留在比较浅薄的层面上。

④情感饱满,但是情绪不够稳定,做事易走极端。这一时期的学生进入了一个比较宽松的学习环境,接触的人和事范围扩大,接触深度加深。在这样的环境中,个体情感表现丰富,表达途径多种多样,加之大学生正处于青春旺年时期,充满激情,因此拥有饱满的情感。但是由于自我调控能力还比较弱,自我约束能力较差,因此情绪的不稳定性较强,行事易走极端。

第三节　人格发展异常的表现与评估

人格的发展与成熟受到个体自身影响的同时也受到社会环境的影响,因此,如果个体自身和外界的影响超过了个体的承受能力,导致个体思维紊乱,使个体不能适应正常的生活,造成了个体自身的痛苦,这就表明个体的人格发展发生了异常。根据人格的不同表现,可分为若干类型。

一、大学生当中出现频率较高的异常人格

(一)自恋型人格

自恋型人格又称自恋症,是一种常见的人格特质,具有过度自大、过度自爱、自我膨胀以及渴望获得他人的赞赏等特征。这种人格状态的称谓来自一个古希腊神话故事,说的是一个叫纳喀索斯的少年长得非常英俊,有一天他在水中看见了自己的影子,当时惊叹于自己的英俊,一见倾心,从此在水边不愿离去,最后因过度自恋憔悴而死。后来心理学上用他的名字来命名自恋症,就是我们所说的自恋型人格。

自恋型人格具有如下特点:对批评的反应是愤怒、羞愧或者耻辱,有时未必直接表露出来;喜欢指使别人,要他人为自己服务;过分自高自大,对自己的才能夸大其词,希望受到特别关注;坚信他关注的问题是世界上独有的,不能够被某些特殊人物所了解;对无限的成功、权利、荣誉、美丽或理想的爱情有不切实际的幻想;认为自己应享有他人没有的特权;渴望得到持久的关注和赞美;缺乏同情心;有很强的嫉妒心;亲密关系困难。

【生活个案】

刘某是一个"非常"活泼开朗的女孩,进大学后热衷于参加各种学生活动,但大家对她的评价并不高。她对别人的评价表示鄙夷,认为他人没有认识到自己的才华,甚至因为竞选班级团支书没有成功专门找到辅导员老师进行理论,认为同学们的选票不公平,老师没有选择她是非常不明智的。虽然辅导员老师进行了耐心的解释,但她还是愤愤不平。刘某还有一个"引人注目"的被关注点,就是她进大学后频繁地更换男友,有的时候半个月就更换一个,每次都是因为对方受不了她颐指气使的态度与她分

手。刘某对于他人的指指点点并不以为意，认为自己有魅力，所以才会不断有男生围着她。有一次刘某在宿舍的楼道里听见同班的一名女同学在与男朋友通电话，话语极为缠绵，于是不假思索地说道："都是些骗人的卿卿我我，什么东西也能有爱情？"那位女同学听到这话以后就与她理论，刘某竟然对这位女同学大打出手。

这个案例中的刘某有典型的自恋型人格障碍表现。以自我为中心是自恋型人格障碍的一个重要特征，表现出对别人的成功怀有强烈的嫉妒心理。这种心理状态如果不及时进行调节，某天当她的这种自我肯定不得不面对现实的否定时，她内心那个脆弱的自我将被摧毁，自我就会面临彻底的崩溃。自恋型人格障碍的个体需要解除自我心中的固有观念，学会融入集体，接纳自我的不足，这样才能健康成长。

(二)回避型人格

回避型人格障碍者从一开始就回避人际关系，要不就是无条件地接受他人意见。他们在生活中尽管有交往的需要，但大多数人仍与周围人保持一定距离。在丰富的情感世界中，他们很难同别人进行深入的感情交流。这种回避模式的典型特征是对他人的恐惧和不信任，并表现出自我价值的贬低、明显的社交尴尬及对人际亲密保持距离。

回避型人格具有以下特征：在没有从他人处得到大量的建议与保证之前，对日常事务不能做出决策；明显的无助感，希望别人为自己做出人生的重要决定；依赖性，很少独立地开展计划或行动；过度容忍，为讨好别人甘心做自己内心不愿意做的事，不轻易拒绝别人；容易因未得到赞许或遭到批评而受到伤害；当亲密关系终止时感到无助甚至崩溃；经常受有被人遗弃的念头折磨，且在交往中，担心被朋友遗弃，不坚持自己的观点。

(三)分裂型人格

分裂型人格障碍是人格障碍的一种，这种障碍来源于长期存在的人格特征，让这类患者无法完成正常的社交和工作。

分裂型人格具有以下特征：行为怪僻，为人孤独，给人自大的感觉；不同寻常的知觉或者身体幻觉；古怪的(如含糊的、琐碎的、隐喻的、过分推敲的或者刻板的)言语；猜疑或者偏执观念；除一级亲属以外，没有亲密的或者知心的朋友；过分的社会焦虑，往往伴有偏执性的害怕感；对激发感情的事物尽量躲开，保持漠不关心的态度；这种人对孤独的工作环境有较好的适应性，但对人员较多的地方以及需要与人频繁交际的工作，则很难适应。

(四)依赖型人格

依赖型人格对亲近与归属有过分的渴求，表现为缺乏主见，依恋他人，参与决策能力低并伴随一定程度的选择障碍。这种渴求是强迫的、盲目的、非理性的，与真实的感情无关。依赖型人格的人宁愿放弃自己的个人趣味、人生观，只要他能找到一座靠山，时刻得到别人对他的温情就心满意足了。依赖型人格的这种处世方式使他越来越懒惰、脆弱，缺乏自主性和创造性。

依赖型人格具有以下特征:极度缺乏自信心;无独立生活能力;行为类似小孩,优柔寡断,缺乏判断力;无意识地倾向于以别人的看法来评价自己。

(五)偏执型人格

偏执型人格又叫妄想型人格,实质的特征在于缺乏自我洞察力的,与高度敏感相伴相生的,过度的,甚至是攻击性质的防御。从偶发的偏执,到较为稳定的偏执倾向,再到偏执型人格乃至障碍。有这种人格障碍的人疑心很重,总认为别人居心不良,不忠实,嫉妒心强,容易和别人产生摩擦,在工作上难以与人共处,别人对他敬而远之。

偏执型人格具有以下特征:广泛猜疑,常将他人无意的甚至友好的行为误解为敌意或歧视;无足够根据就会怀疑被人利用或伤害,因此过分警惕与防卫;将周围事物解释为不符合实际情况的"阴谋";易产生病态妒忌;过分自负,若有挫折或失败则归咎于他人,总认为自己正确;嫉恨别人,对他人的过错不能宽容;脱离实际地好争辩与敌对,固执地追求个人不合理的"权利"或利益;忽视或不相信与其想法不相符合的客观证据,因而很难被说理或以事实来改变其想法。

【生活个案】

森森在与女友来往的早期对女友十分关心和体贴,女友也十分满意,自认为找到了如意郎君。然而在确立了恋爱关系之后,他疑心越来越重,总怀疑女友私下与其他男人交往,非常不放心女友的行踪,每天都要多次给女友打电话询问其在哪里,和谁在一起,在干什么。一旦发现女友和其他男人接触就发脾气,为此两个人经常吵架,后来就开始打女友,有时会把女友往死里打,但打过之后又会痛哭流涕地求女友原谅。女友实在无法忍受他的折磨提出分手后,他威胁说不会放过女友和她的家人。

二、人格的评估与测验

(一)客观测验

客观测验是在心理学研究过程中利用相关成熟技术在标准化技术条件下,对被试者的行为和内部心理变化进行探查和鉴别的方法。一般为量表法,通过制定好的量表向被试者提出一系列问题,要求按照真实情况作答,根据被试者对问题的回答来评价其心理状况。其优点在于题目固定,内容清晰,操作简易,计分方便,统计快捷。其缺点在于被试者的主观意识会对测试结果产生影响。

常用的人格量表有卡特尔十六种人格因素测验、明尼苏达多项人格测验、爱德华个人兴趣量表等。

（二）投射测验

投射测验是根据弗洛伊德精神分析的人格理论实施的,这种测试法通过给被试者一些模棱两可的问题,让被试者进行回答,被试者的某些无意识欲望就会通过对这些问题的回答投射出来,测试者通过这些回答对被试者进行评价。

常用的测试法有罗夏克墨迹测验、主题统觉测验、句子完成法、房树人测验等。

（三）主观测验

主观测验是通过主试者与被试者之间的交流和沟通实现的,主试者通过对被试者认知、情感和意志、行为的观察、了解、分析对被试者心理状况进行评估和评价。这类测试方法的优点在于主试者可以通过最直接的方法了解被试者的基本状况,做出最直观的判断,但是缺点在于了解的时间会比较长,另外对主试者本身的要求较高,主试者与被试者之间的关系问题成为成功得到准确结果的最重要因素。

这类方法主要有观察法、晤谈法和情境模拟法等。

一般情况下,要准确诊断,对被试者的心理状况做出准确的判断,会根据被试者的具体情况进行合理安排,运用综合测试的方式对被试者进行科学有效的评价。

【知识链接】　　　　　　　　　卡特尔人格测试（16PF）

卡特尔16种人格因素测验是美国伊利诺伊州立大学人格及能力测验研究所卡特尔教授经过几十年的系统观察和科学实验,以及用因素分析统计法慎重确定和编制而成的一种精确的测验。这一测验能以约45分钟的时间测量出16种主要人格特征,凡具有相当于初三以上文化程度的人都可以使用。本测验在国际上颇有影响,具有较高的效度和信度,广泛应用于人格测评、人才选拔、心理咨询和职业咨询等工作领域。该测验已于1979年引入国内并由专业机构修订为中文版。16种人格因素是各自独立的,相互之间的相关度极小,每一种因素的测量都能对被试者某一方面的人格特征有清晰而独特的认识,更能对被试者人格的16种不同因素的组合做出综合性的了解,从而全面评价其整个人格。

第四节　大学生人格完善的途径和调适方法

健康的人格能够使人格结构中各个要素得到协调、充分的发展,能有效地促使个体适应社会的变化,能够促使人全面、科学的发展,因此,作为高等教育机构,大学必须对学生进行健全人格的培养。在国外,人格教育已经成为大学生学习生活的重要组成部分,成为学校教育走向成功的重要抓手,对培养合格人才、促进社会经济发展、维持社会安定有着重要而深远的意义。大学生健全人格需要通过心理健康教育环境和自我教育相结合的途径实现,大学生应该掌握合理科学的健全人格的调适方法,为将来快速有效地成长发展打下坚实的人格基础。

一、学校培养大学生完善人格的途径

(一)在教育教学过程中渗透人格教育

大学的课堂不仅应该是专业知识交流碰撞的场所,更应该是科学育人的场所,通过课堂上师生之间的知识共享和经验共享,使学生具有完善的人格、良好的品德、科学的精神。大学生的人格培养除了心理健康教育课程和一线的心理健康教育、咨询工作者外,所有围绕教学开展的工作都必须把培养学生的健全人格作为工作中非常重要的部分来抓,使人格培养成为一项系统工程。教师在教学中要指导学生进行客观的自我认知,优化人格;要指导学生进行有效学习,提升学生的成就感;要指导学生合理规划自己的时间,养成良好的行为习惯;要指导学生建立良好的人际关系,融入社会环境;要指导学生坚持体育锻炼,保持良好体质;要指导学生学会自控,防止过犹不及。

(二)优化校园环境,提高文化内涵

良好的文化内涵、舒适优雅的校园环境能够促使大学生形成良好的心理环境,促使学生在人格发展过程中良好氛围的形成。校园内设施建设的人性化和布局合理化会对大学生的文明素质产生影响,让学校也产生"腹有诗书气自华"的感觉,让设施和环境潜移默化地成为健全人格成长的土壤。良好的校风、教风、学风会对学生产生巨大的精神影响,高等学校应该努力通过全体教职工的言传身教来影响大学生的行为观念,形成培养健全人格和道德风尚的氛围,加强集体凝聚力,培养集体荣誉感,努力营造积极向上、活泼健康的学习环境,和谐融洽的心理环境,高雅求实的文化环境。

(三)加强情绪稳定、积极适应和人际和谐的教育

大学生智力水平和生理发展都达到了成人标准,但是由于社会环境的复杂化,教育侧重点的利益倾向化,对学生的健康发展都产生了较大的影响,于是大学生在情绪调控上、适应能力上和人际和谐方面并没有完全适合社会发展的需要。因此,学校教育要通过合理科学的方式培养学生通过有效的调控手段,使自己保持乐观、积极、满意、温馨的心态,形成适度的情绪反应能力和较强的情绪调控能力,避免忧伤、郁闷、急躁等消极情绪影响学习和生活;同时要通过有意识的训练,使学生学会调控学习生活中的各种因素,使之能够让自己进行正常的生活,在不断变化和逐渐复杂的环境当中能够迅速做出判断,及时调整自我,顺利融入社会;还要教育学生积极转化自身角色,建立同理心和换位思考的处世模式,能够容纳自己也要包容他人,与他人和睦友好地相处,享受友情的滋润,与他人建立健康合理的关系,培养合作共事的技巧,努力建立和谐融洽的人际关系。

二、大学生人格完善的调适方法

(一)克服自卑

自卑是一种消极的自我评价或自我意识,自卑感是个体对自己能力和品质评价偏低的一种消极情感。自卑感的产生,往往并非认识上的不同,而是感觉上的差异。其根源就是人们不喜欢用现实的标准或尺度来衡量自己,而相信或假定自己应该达到某种标准或尺度。如"我应该如此这般""我应该像某人一样"等。这种追求大多脱离实际,只会滋生更多的烦恼和自卑,使自己更加抑郁和自责。

在大学生活中,由于同学都来自五湖四海,每个人都有不同的成长发展环境,每个人所遇到的问题也都不一样,有的人会因为自己的身材长相、自己家庭的经济情况、自己的学习状况等方面自我感觉的不满足而感到自卑。解除自卑感的方法有很多,主要有以下三种。

①确立合理的评价参照系和立足点,多与自己做纵向比较,而不是一味与他人做横向比较。对自己的评价要合理中肯,不要好高骛远,要看到自己的成长和发展,合理地确定自己的目标和定位。

②正确认识自我,悦纳自己,要认识到"金无足赤、人无完人",人有所长也有所短,不要只看到自己的短处看不到自己的优点,要扬长避短地发展自我、珍爱自我、尊重自我。

③掌握一些提升自我认同感的方法,积极实践,避免自卑心理。在上课的时候或者是开展活动的时候坐在前排,突出自己;与人对视时睁大眼睛正视别人;昂首挺胸,快步走路;在众人面前大声发言;学会微笑、传递微笑等。把这些行为当作日常行为来做,久而久之就会克服自卑心理。

(二)克服自我中心

当代大学生独生子女比较多,都是家人的掌上明珠,从小生活比较娇惯,在自我意识发展的过程中容易把关注的重心放在自我上,尤其是自尊心强、自信心强的学生,更容易出现自我中心倾向。过度自我的人不能从别人的角度上考虑问题,颐指气使、盛气凌人,不能容忍别人的批评,往往见好就上,见困难就让,有错误就推,总认为自己是正确的,错的是别人。

克服这种心理的方法有以下三种。

①树立正确的人生观与价值观,将自己与他人、与社会结合起来,个人利益与集体利益统一起来,从狭隘的小天地里走出来与他人友好相处。

②学会尊重他人,懂得换位思考,真诚待人,真正做到"我爱人人,人人爱我",认识到要想得到爱一定要使自己变得可爱这个道理。

③要客观地接受批评教育,懂得接受别人的观点,懂得改变过去固执己见、唯我独尊的形象,通过批评和教育砥砺自己的品质,提升自己的修养。

(三)克服懒惰

懒惰是一种心理上的厌倦情绪。它的表现形式多种多样,包括极端的懒散状态和轻微的犹豫不决。生气、羞怯、嫉妒、嫌恶等都会引起懒惰,使人无法按照自己的愿望进行活动。大学生当中有些人的懒惰突出表现在日常学习、日常生活方面。

大学的学习方式和生活环境发生了很大的变化,高中和初中那种"老师家长后面紧跟,为了大学忙到熄灯"的生活方式已经被一种宽松的、自由的学习生活模式所代替,大学生还没有形成自我管理的意识,很多问题还不能独立处理,环境的变化和意识的淡薄导致了懒惰的产生。要克服懒惰,有以下两种方法。

①为自己设立目标,并在实现目标时给自己适当的奖励。刚开始的时候可以设定一些简单的目标,使自己产生成就感,培养为目标奋斗的兴趣,保持愉快的心情,找到生活和学习的乐趣。

②不给自己找借口,勇敢地面对自己所遇到的问题,必要的时候邀请别人监督,寻求帮助,但最终要养成自我监督的习惯。

(四)克服抑郁

抑郁是大学生中普遍存在的困扰,是一种感到无力应对外界压力而产生的消极情绪。抑郁人皆有之,对于大多数人来说偶尔出现之后就会消失,但是对于那些性格比较内向,多疑多虑,不爱交友,生活中遭遇意外的人来说,可能会长期处于抑郁状态,甚至导致抑郁症。

在大学生中"郁闷"这样的言语已经成为口头禅,大学生的抑郁主要表现为情绪低落,郁郁寡欢,闷闷不乐,思维迟缓,兴趣丧失,缺乏活力,反应迟钝,干什么打不起精神,体验不到快乐,所谓的周末综合征在很大程度上属于抑郁。

克服抑郁的主要方法有以下四种。

①自勉法。顾名思义,就是自己勉励自己,用积极的暗示挖掘自己的长处和优点,不自怨自怜,不把悲观沮丧、挫折失败的情绪放大,为自己增加正能量。

②倾诉法。就是把自己内心的不快倾诉出来,可以向亲朋好友自己最信任的人倾诉,甚至可以找素不相识的人倾诉,也可以以写日记的方式倾诉,也可以进行心理咨询,向你学校咨询中心的心理咨询师寻求帮助。

③转移法。压抑难过时可以转移自己的注意力,可以听听音乐、看看电影、唱唱歌,出去散散心旅游放松一下,也可以把注意力放在某项活动上,让自己疲惫一点,释放掉积聚在郁闷情绪上的多余能量。

④反向心理调节法。这种方法的关键在于发挥丰富的想象能力,极力从不利的状况中找到让自己感到舒畅的条件,找到积极因素,自己说服自己,所谓的阿Q思想、酸葡萄理论等就是反向心理调节法的代表。

(五)克服焦虑

焦虑是十分常见的现象,是一种紧张、害怕、担忧、焦急等混合交织的复杂情绪体验,是个体主观上预料将会产生某种不良后果或出现模糊威胁时的一种不安感。在当前竞争不断增强的社会里,每个人都可能处于一定的焦虑状态中。

大学生在焦虑时经常会表现出烦躁不安、思维受阻、行动不灵活、身体不舒服等症状，严重时会出现焦虑症或胃溃疡等身心疾病。其主要调适方法有以下三种。

①增强自信，相信自己一定会找到解决方法，没有迈不过去的坎，让自己从心态上得到放松，减轻自己内在的压力。

②不怕困难，磨炼意志，无所谓的担忧正是焦虑的本质，所以要分清形势，认真剖析，把握事物的来龙去脉，做充分的分析，不要被莫须有的敌人吓破了胆。

③把注意力从担心失败转移到积极行动争取成功上来。

本章小结

古人云："知人者智，自知者明。"我们既要了解他人，也要了解自我，才能在自己的人生道路上走得更好。人格作为一个个体相对稳定的有一定倾向性的认知、情绪和行为方式的结构组织，是个体适应环境的特有模式，是我们了解他人和自我的重要内容。同时作为心理健康非常重要的一个内容，人格的完善与科学化也是我们调节自我基本状态，理解不同人的不同认知状况、情绪表现和行为方式，从而调节自我与他人关系的重要途径。

健康的心理需要健康的人格，通过人格的基本特征了解个体的人格状况，进而对个体进行适当的必要的调节，是塑造健康人格的科学方法；通过对一些异常状况的了解避免出现不良倾向是大学生进行自我人格调适，营造健康心理环境的有效途径。大学期间是个体身体和思想素质内核形成的关键时期，通过科学有效的方法改善自己的人格和人格环境对个体的健康成长和良好发展有着非常重要的意义。

本章讨论

1.你觉得你的人格属于哪种类型？为什么？
2.你觉得自己在人格完善方面还需做哪些努力？
3.你觉得应该怎样利用本章所学知识处理好人际关系？

推荐阅读

卢锦璇,苗晓雯,苗洪霞.自恋型人格对大学生手游冲动消费的影响[J].惠州学院学报,2023,43(1):87-93.

张又文,张涛.回避型人格障碍的特征、成因、测量及治疗[J].西华大学学报(哲学社会科学版),2022,41(4):105-112.

刘阳杨,王娟涓.依赖型人格障碍问题成因及对策研究[J].晋城职业技术学院学报,2019,12(4):69-71,76.

汪浩,宁淑娥.走近不宜望文生义的偏执型人格障碍[J].秦智,2022(7):49-51.

第六章　职业生涯规划

只有经过长时间完成其发展的艰苦工作，并长期埋头沉没于其中的任务，方可有所成就。

——黑格尔

☆本章导读

人生就是一次有去无返的旅途，作为漫漫历史中的短暂过客，我们需要能量与动力、目标与方向。10年前，生涯规划在国内还是一个崭新的名词，现在它已变成现代人必修的人生课题。在美国，有一本名为《你的降落伞是什么颜色》的最畅销的职业指导书籍，被列为全球"25本影响人们生活的著作"。由此可见，人们对于生涯规划开始重视了。

【案例导入】

小王是建筑工程技术专业大三学生，他出生于一个经济困难的家庭。在校期间，小王学习态度端正，能够按时完成老师布置的各项任务，各科成绩良好。生活中，小王为人正直诚恳，乐于助人，但其性格腼腆、不善交际。高校秋招季始初，小王积极主动参加学校组织的各类招聘活动，投出大量简历，也获得了一些企业的面试机会，经过多轮面试，小王频频碰壁，始终未找到理想的工作。眼看着秋招即将结束，就业机会越来越少，小王开始变得自卑、焦虑，不再主动找工作，而是整天宅在宿舍与游戏为伴，成为一名典型的就业困难学生。由此，小王便成了学院重点关注的就业困难帮扶对象。

第一节　职业生涯规划

"生涯"一词由来已久，"生"原意为"活着"，"涯"为边际，合起来就是"终其一生"的意思。目前大多数学者所接受的生涯定义来自舒伯的论点：生涯是生活中各种事件的演进方向和历程，它统合了人一生中的各种职业和生活角色，由此表现出个人独特的自我发展形态。所以"生涯"可以理解为介于"生命"和"职业"之间的概念，其内容是比较宽泛的，具有丰富的内涵与特性。

职业生涯规划是指个人和组织相结合,在对一个人职业生涯的主客观条件进行测定、分析、总结研究的基础上,对自己的兴趣、爱好、能力、特长、经历及不足等各方面进行综合分析与权衡,结合时代特点,根据自己的职业倾向,确定其最佳的职业奋斗目标,并为实现这一目标做出行之有效的安排。职业生涯规划是一个持续的过程,个体评估自己和环境,确定实现职业选择的步骤,并能够在做出职业方向决策时进行思考,成为德才兼备、全面发展的高素质人才。

一、职业生涯发展阶段论

生涯发展理论是由美国职业生涯发展管理专家舒伯提出的。他将人的职业生涯发展划分为四个主要阶段。

(一)成长阶段(0~14岁)

在这一阶段,个人通过对家庭成员、朋友和老师的认同以及与他们之间的相互作用,逐渐建立起了自我的概念。在这一阶段的一开始,角色扮演是极为重要的,在这一时期,儿童将尝试各种不同的行为方式,而这使他们形成了人们如何对不同的行为做出反应的印象,并且帮助他们建立起一个独特的自我概念或个性。到这一阶段结束的时候,进入青春期的青少年(这些人在这个时候已经形成了对他们的兴趣和能力的某些基本看法)就开始对各种可选择的职业进行带有某种现实性的思考了。

(二)探索阶段(15~24岁)

在这一时期中,个人将认真地探索各种可能的职业选择。他们试图将自己的职业选择与他们对职业的了解以及通过学校教育、休闲活动和工作等途径中所获得的个人兴趣和能力匹配起来。在这一阶段的开始时期,他们往往做出一些带有试验性质的较为宽泛的职业选择。然而,随着个人对所选择职业以及对自我的进一步了解,他们的这种最初选择往往会被重新界定。到了这一阶段结束的时候,一个看上去比较恰当的职业就已经被选定,他们也已经做好了开始工作的准备。

人们在这一阶段以及以后的职业阶段需要完成的最重要的任务也许就是对自己的能力和天资形成一种现实性的评价。类似地,处于这一阶段的人还必须根据来自各种职业选择的可靠信息做出相应的教育决策。

(三)确立阶段(24~44岁)

它是大多数人工作生命周期中的核心部分。有些时候,个人在这一期间(通常是希望在这一阶段的早期)能够找到合适的职业并随之全力以赴地投入到有助于自己在此职业中取得永久发展的各种活动之中。人们通常愿意(尤其是在专业领域)早早地就将自己锁定在某一已经选定的职业上。然而,在大多数情况下,在这一阶段人们仍然在不断地尝试与自己最初的职业选择所不同的各种能力和理想。

确立阶段又分三个子阶段。

1.尝试阶段(25~30岁)

在这一阶段,个人确定当前所选择的职业是否适合自己,如果不适合,他或她就会准备进行一些变化。

2.稳定阶段(30~40岁)

在这一阶段,人们往往已经定下了较为坚定的职业目标,并制订较为明确的职业计划来确定自己晋升的潜力、工作调换的必要性以及为实现这些目标需要开展哪些教育活动等。最后,在30多岁和40多岁之间的某个时段上,人们可能会进入一个职业中期危机阶段。

3.中期危机阶段(30~40岁)

在这一阶段,人们往往会根据自己最初的理想和目标对自己的职业进步情况做一次重要的重新评价。他们有可能会发现,自己并没有朝着所梦想的目标靠近,或者已经完成了他们自己所预定的任务之后才发现,自己过去的梦想并不是自己想要的全部东西。在这一时期,人们还有可能会思考,工作和职业在自己的全部生活中到底占有多大的重要性。通常情况下,在这一阶段的人们第一次不得不面对一个艰难的抉择,即判定自己到底需要什么,什么目标是可以达到的及为了达到这一目标自己需要做出多大的牺牲。

(四)下降阶段(45~64岁)

当退休临近的时候,人们就不得不面临职业生涯中的下降阶段。在这一阶段,许多人都不得不面临这样一种前景:接受权力和责任减少的现实,学会接受一种新角色,学会成为年轻人的良师益友。再接下去,就是几乎每个人都不可避免地要面对的退休,这时,人们所面临的选择就是如何去打发原来用在工作上的时间。

二、困扰大学生择业的常见的心理问题

由于缺乏就业经验和就业市场竞争激烈,许多大学生备受就业问题困扰。他们在寻找工作的过程中或焦虑不安,茫然不知所措;或情绪亢奋,四面求职,一旦碰壁,又灰心丧气或怨天尤人;还有的学生优柔寡断,患得患失,整日心绪不宁,以致影响了正常的生活和学习。青年存在的主要问题与心理资本的自信、希望、乐观、韧性等构成要素的缺失密切相关,心理资本已成为影响青年职业生涯发展的重要因素。

(一)盲目求高心理

部分大学生单向考虑自己的就业理想,用人单位的工资、福利、住房、地理位置、工作环境,无不在其考虑之中,却忽视了如此完美的单位能否接纳自己。在学生的求职意向中,理想中的择业标准有三高,即高起点、高薪水、高职位。对工作的具体要求有"六点":名声好一点、牌子响一点、效益高一点、工作轻一点、离家近一点、管理松一点。这是一种明显贪图安乐、追求享乐、怕吃苦的表现。有的同学抱着宁高勿低、宁缺毋滥的心理去求职,先是大城市、省会城市,然后是中等城市,进不了大城市,许多同学宁愿毕业后死守在那里打

工漂泊,也不愿屈身往县城里去。虽然企业无疑打开了大学生通往未知世界的大门,但大学生职业经验不足,初出茅庐的大学生很难在第一家公司找到理想的职位,抑或能收获到满意的薪酬。在求职应聘中,正是这种盲目攀高心理主宰着其行为,往往导致大学生求职的屡屡失败。

(二)攀比心理

大学生在择业过程中常表现出虚荣和攀比心理,所谓"这山望着那山高,到了那山又不高"。受虚荣心的驱使,有的同学在择业时,往往把自己所选择的用人单位与同寝室或同班级的其他同学相比,在这种心理的作用下,即使某单位非常适合自身发展,但因某个方面比不上其他同学选择的就业单位,就彷徨放弃,事后却后悔不已。贪慕虚荣,不从实际出发,不考虑自己的竞争能力,不考虑自己的真实水平,其结果要么是超越现实,被用人单位拒之门外;要么是侥幸进去以后,难以适应,致使自己的才能得不到发挥,最终遭到淘汰,不得不重新就业。

(三)焦虑心理

有的大学生由于心理承受力、自控能力比较差,当面临毕业时,在各种压力面前,心理失衡,难以自控,表现出焦虑、烦躁不安。大学生就业的焦虑,是由于意识到就业的客观形势与自我主观条件的矛盾而产生的体验。引起毕业生焦虑的问题主要有:自己的理想是否能实现;能否找到一个适合自己专业特长、工作环境优越的单位;用人单位能否选中自己;屡屡被用人单位拒之门外怎么办;自己看中的单位,父母或恋人不同意怎么办;到单位后不能胜任怎么办;等等。特别是一些学习成绩不佳,没有什么特长的学生会更加焦虑。同时,获取职业信息对大学生来说面临着诸多困难。在信息爆炸时代,如何从海量的信息中筛选出对自身职业发展有用的部分是一项重要的技能。他们无法及时获取有效的职业信息,这使他们在做出职业决策时感到困难和无助。处于焦虑状态的学生,情绪上往往会表现出紧张烦躁、心神不宁、意志消沉、萎靡不振;学习上得过且过、穷于应付、反应迟钝;生活上食不甘味、卧不安席。一般来说,适度的焦虑可以产生压力,这种压力是对自身的督促,它可增强人的进取心,产生求胜的心理和行为。但是,如果心理上过度焦虑,又不能在一定时间内化解这些情绪,则会干扰人的正常活动,易导致严重的心理障碍或疾病。

(四)自卑心理

在竞争激烈的求职场上,部分大学生因所学专业不景气,或因自己专业知识、技能不如其他同学,或因求职屡次受挫,产生了强烈的自卑感,进而转化为自卑心理。有这种心理的毕业生往往没有信心和勇气面对用人单位,不能适当地向用人单位展示自身的长处,从而严重影响了就业与择业。

(五)不平衡心理

有的毕业生受社会不良风气的影响,看不到光明的一面,只看到社会上存在的种种不良现象,在择业时,看到各方面不如自己的同学(实际上不一定如此)竟然找的工作单位比自己强,就产生了强烈的嫉妒心理;有的毕业生或因自身素质和能力不足,或因时机把握不准而找不到理想的工作单位,但他们往往不客观地归纳原因,反而怨天尤人,从而产生不平衡的心理。

(六)依赖心理

中国传统教育模式在大学生心中留下了"在家靠父母,在校靠老师,出门靠朋友"的陈旧观念。在市场经济大潮下,竞争日趋激烈,于是"学好数理化,不如有个好爸爸""学得好、干得好,不如嫁得好"的观念在部分毕业生中存在。这些毕业生往往放弃了主动择业的机会,放弃了竞争,在择业过程中不把主要精力放在提高职业能力、择业技巧上,而极端地认为求职的竞争就是关系的竞争,择业与自身素质关系不大,把希望寄托于托关系、走后门,寄托于父母和亲友身上,自己不主动去选择用人单位,也不愿意接受用人单位的选择,使自己失去择业中检验自己、磨炼意志、了解和适应社会的机会。这其实是一种缺乏自信心的表现,不相信自己的能力和实力,只相信"关系""面子",只相信别人。在依赖心理的作用下,毕业生把择业的权利交给别人,而不是主动地、有目的地去选择人生的道路。许多大学生在面对未来的职业选择时,往往显得迷茫和不知所措。他们缺乏对职业生涯规划的正确理解,对自己的职业目标和发展方向缺乏明确的认知。

第二节　大学生求职应保持的心态

为了及时消除在就业中出现的心理障碍和心理疾病,不仅要学会自我调适,更要以积极的心态面对就业。对学生来说,当前的职业发展时不我待,需要长时间的厉兵秣马磨合心理状态,补齐学生的职业心理缺位,方能树立求职信心,消解内心恐惧的求职心理问题。

一、正视现实,敢于竞争

(一)正视现实

正视现实是择业必备的健康心态之一。正视现实包括正视社会和正视自身两方面的内容。

1.正视社会

现实是客观的,既有有利于自己的一面,也有不利于自己的一面。随着社会主义市场经济的发展,社会越来越尊重知识、尊重人才。社会将会尽可能地为大学生求职择业提供合适的环境,这将为施展自己的才能提供广阔的天地,有利于大学生的发展与成才。

2.正视自身

常言道:知人为聪,知己为明;知人不易,知己更难。一个不能正确认识自己的人,就不能把主观愿望和客观条件有机地结合起来,从而选择实际的目标。正视自身,首先要对自己有充分的认识,如思想表现、专业学习状况、各种能力、身心素质等。对自己有充分的认识,有助于将主观愿望与客观实际结合起来。这里需要指出,对自身个性心理特征充分的、客观的认识,在择业时有着重要的参考作用。职业生涯规划的重要前提就是认识自我,认识自我是对自我深层次的剖析,了解自己能力的大小,明确自己的优势和劣势,根据过去的经验经历,选择推断未来可能的工作方向。

(1)兴趣与择业

兴趣是指一个人力求认识、掌握某种事物,并经常参与该活动的心理倾向。人的兴趣在职业活动中起着非常重要的作用。据有关研究资料表明,如果一个人对某一工作感兴趣,能发挥他的全部才能的80%~90%,并且长时间保持高效率也不会感到疲劳。相反对工作没有兴趣的人,只能发挥全部才能的20%~30%,也容易精力疲乏。另外,兴趣还可以开发智力,是成才的起点。

(2)气质与择业

气质是人的一种心理特征,它包括人与外界事物接触反映出来的感受性、耐受性、反应的敏捷性、情绪的兴奋性以及心理活动的内向性与外向性等特点。它是与生俱来的一种特性。

①多血质型。多血质型属于活泼、好动、敏感的气质类型。多血质的人工作能力强,容易适应新环境,适应面较广泛,适合做政府及企事业管理工作、外事工作、公关工作、驾驶员、医生、律师、运动员、新闻工作者、演员、公安侦查员、服务员等。多血质的人不适宜做过细的工作,单调机械的工作也很难胜任。

②胆汁质型。胆汁质型属于热情、直率、外向、急躁的类型。胆汁质的人适合做导游、勘探工作者、推销员、节目主持人、外事接待人员、演员等工作,他们适应热闹、繁杂的工作环境,对长期静坐的细致工作很难胜任。

③粘液质型。粘液质型属于稳重、自制、内向的类型。粘液质型的人适合做外科医生、法官、财会、统计、播音员等工作。

④抑郁质型。抑郁质型属于好静、情绪不易外露、办事认真的类型。抑郁质型的人适合人事、机要、秘书、编辑、档案、化验、保管等工作,也适合从事研究工作和艺术造型工作等。

(3)性格与择业

性格是指一个人在先天生理素质的基础上,在社会实践活动和不同环境的熏陶下逐渐形成的比较稳定的心理特征。由于人们从事的职业各自具有不同的特点,因而对从业人员的性格特点也会提出不同的要求。一般说来,开朗、活泼、热情、温和的性格,比较适合于从事外贸工作、涉外工作、文体工作、教育工作、服务工作及其他同人群交往多的职业;多疑、好问、倔强的性格,比较适合于从事科研、治学方面的工作;深沉、严谨、认真的性格,比较适合做人事、行政、党务工作;而勇敢、沉着、果断与坚定是新型企业家和管理者不可缺少的性格。

(4)能力与择业

从心理学的角度看,能力是指影响活动效率、使活动顺利完成所必须具备的个性心理特征。要顺利、成功地完成某项活动,单靠某一种能力是不够的,它需要多种能力的有机结合。对自己现有能力或潜在能力的自我认识和评价,对职业定向与职业选择往往起着筛选和定位的作用。一个人能力的大小及个别差异主要表现在以下三个方面。

①能力的量的差异与职业选择。从量的方面来讲,能力的个别差异表现在能力发展水平的高低,以及不同能力优势的趋向等方面。在职业定向上,能力因素起筛选作用,每个人根据能力的高低和能力优势确定其职业意向。

②能力的质的差异与职业选择。能力的质的差异表现为每个人有不同的特殊能力和才能的类型差异。任何一种职业活动都要求与该职业相吻合的几种能力的特殊结合,这就是职业对特殊能力的要求。

③心理承受能力和应变能力与职业选择。任何职业都需要一定的知识与能力才能胜任,而科技的发展、社会的进步又使这种知识与能力成为一个变量,即随职业内涵的发展而变化。应变能力强者能根据职业需要迅速地做出自我调整。心理承受能力强的学生必然会首先从这沉甸甸的压力中解脱出来,变压力为动力,在激烈的择业竞争中很快找到理想的工作岗位,即使求职遇挫,他们也能及时做出必要的调整。应变能力是指能随时调整知识与能力的结构,与职业需要保持最大适应性的能力。

(二)敢于竞争

1.敢于竞争

学生就业制度的改革,为毕业生和用人单位提供了"双向选择"的机会,充分体现了竞争机制的优势,使学生能够根据国家赋予自己的权利,结合自己的专业、爱好、性格、特长、愿望等挑选工作岗位,可以通过适当的途径和方式展示自己、推荐自己,获得用人单位的青睐。学生应该珍惜这个机遇,敢于竞争,努力实现自己的抱负。

大学生敢于竞争,要有竞争意识,敢想、敢说、敢干,有敢为天下先的精神,还要从实际出发,充分考虑到自己的专业、性格、气质、爱好等,扬长避短,并且要靠真才实学,而不能靠纸上谈兵、夸夸其谈,更不能互相拆台或互相嫉妒,竞争应是在互相学习、互相勉励、共同进步中进行。同时还要准备经受挫折,求职择业的过程中充满竞争,失败在所难免,有了充分的思想准备就会成为竞争中的强者。

2.善于竞争

要想在求职与择业中取得成功,仅仅敢于竞争是不够的,还必须善于竞争。善于竞争体现在具备良好的心理素质、实力和良好的竞技状态。在求职面试时情绪一定要轻松。在面试时,要克服情绪上的焦虑和波动。如果一个人自始至终地以良好的情绪对待学习、工作和生活,那他就有可能在竞争中获胜。要做到善于竞争,还要做到在面试时仪表端庄,举止得体,给人留下良好的第一印象;锻炼出较好的口才,交流时口齿伶俐、表述清晰;合理利用有关规则等。毕业生尤其要学会推销自己。

【职业素质测评】

请仔细阅读,选择一个和你个性、情况最符合的答案,全部作答完毕后,再根据计分方式算出总分。

1——完全不像我

2——不太像

3——无所谓像不像我

4——很像我

5——完全像我

1.我喜欢和大家一起工作,可以互相帮助。

2.看到别人开好车,会令我想超越对方,买辆更好的。

3.我总想比同事穿戴得更好。

4.看到老朋友比我成功,会激励我更加努力。

5.我并不拿自己和别人相比来衡量是不是成功。

6.我的运动器材和家用电器都是顶尖超群的。

7.有人问我问题时,即使不懂我也会装懂。

8.有人问我的个人生活时,即使不怎么样我也会说很棒。

9.运动竞技只是好玩,输赢我并不在意。

10.我喜欢单挑,不喜欢团体战,因为无法确定我的"队友"表现如何。

11.我常梦想和比我强的人易地而处。

12.对于我了解的事,我最讨厌有人不懂装懂,在我面前班门弄斧。

13.我宁可表现平平,也不愿牺牲太多个人的时间去变成"超级巨星"。

14.我最得意的是:有个吸引众多同事的异性和我关系非同一般。

15.我最讨厌听人说:"凡事不必太竞争,因为人总有所长、有所短。"

16.我认为比我成功的人很少事事都很优越,所以没什么好比的。

17.如果能受到特别的肯定,作为一个工作狂是值得的。

18.即使周遭的人都想表现,我也觉得做好我能称职的事就令人满意了。

19.当事情变得越来越棘手时,我认为应退一步考虑是不是值得争强求胜。

20.我喜欢起步时不顺,但最后超越那些跑在前头的人。

21.如果不可能获胜,我就放弃不参与。

22.人生当中有太多比争强求胜更重要的事。

23.为了引人注目,我会自愿做一些别人考虑都不考虑的工作。

24.我认为不必把别人踩在脚下也可以往前迈进。

25.当我独处时,我喜欢以一些小事测试自己。

计分方法

计算总分时,请注意第1、5、9、13、16、18、19、22、24题是反向计分。即答5得1分,答4得2分,答3得3分,答2得4分,答1得5分。其余各题为正向得分,你的答案就是得分,各题得分相加就是你的总分。

得分很低者(25~51分):企图心不强,并强烈害怕成功,这种害怕和伴随而来的焦虑,很可能就是不愿意竞争的主要因素。要完全了解竞争性如此低的理由并不容易,有时候可能是情绪上缺乏安全感造成的。得分很低的人会觉得,要在成功大道上迈开大步实在很困难。

得分低者(52~70分):曾想避免竞争,得分落在此组的人当中,很多是年纪较大的人,或许,他们觉得没必要像过去一样辛苦地在竞赛中奔跑。得分低的人在商业场合中也比较容易有罪恶感,他们希望别人喜欢他们甚于自己去求胜获取成功。

得分中等者(71~86分):不会事事争强好胜,他们通常视情况而决定是不是参与竞争。虽然不是无所不争,但若有很高的成功率,就会增加他们的竞争性。得分落在此组的人很容易受"报酬""奖赏"的影响,只要有足够的报酬,他们不但会参加竞赛,而且希望表现优异。他们会为值得的报偿去竞争,虽然不太可能成为很成功的人,但只要愿意拼,成功仍然在望。

得分高者(87~97分):开放、引人注目、企图心强、知识丰富、有见地,属于成功导向的人。通常有正面的自我形象,愿意承担风险,对获取成功的能力有坚定的信心。对他们而言,竞争是一种生活态度,本身就是一种有意思的挑战。得分高者在迈向成功的竞赛中占有很大的优势。

得分很高者(98分以上):通常是为竞争而竞争,而且几乎无所不争,对他们而言,竞争的过程比为何竞争的理由和赢得胜利更重要。这类人通常是好斗士,而且成功几乎是手到擒来,但是,把世界视如战场却很危险——他们只有战友和敌人,没有朋友和同伴。

二、不怕挫折,放眼未来

(一)不怕挫折

挫折是指个人在从事有目的的活动过程中,遇到的干扰和障碍,致使动机不能实现时的情绪状态。生活中的挫折是造就强者的必由之路,挫折是锻炼意志、增强能力的好机会。

(二)放眼未来

1.就业前景光明

虽然近几年来使尽浑身解数,然而毕业几年还未找到工作的大有人在,这给了人们一种印象,似乎大学生已经过剩了。但据统计,我国每一万名劳动者具有初级以上职称的人员仅640人,人才资源密度仅为5.1,满足不了经济腾飞对人才资源密度的要求,即达到每一万名劳动者具有初级以上职称的人员为796人或以上。现实生活中,化学、物理、历史、哲学等基础性学科已出现人才断层,国家不得不采用基地培养的方式来补充人才,改变青黄不接的局面。在机关、事业单位和大城市人才饱和的同时,边远地区、中小城市、艰苦行业中处于基层、一线的中小单位却是求贤若渴。在目前较为严峻的就业环境下,大学生求职面临着较以往更大的压力。面对社会适应期的焦虑,新就业形态是一种缓冲,是一种柔性进入职场的选择可能。新就业形态拓展了虚实交错的就业新空间,也因数字化技术的赋能,使元宇宙、数字人、虚拟办公室等概念与就业环境新名词不断迭代更新着现实就业环境。

2.调整就业心态

初出校门的大学生应该把眼光放远一些。"一次就业定终身"的桎梏早已被打破,要把第一份工作看成是聚集实力和竞争资本的好机会。毕业生择业时也要杜绝盲目攀比的风气,心理价位尽量向市场价值靠拢;应该排除趋热、趋利的择业误区,有走向基层、走向农村、走向第三产业、走向老少边穷地区的准备和决心;把目标从求轻松和求舒适转到重视拼搏奉献、报效祖国、重视自我创业、实现自我价值上来。应该看到,乡镇企业具有灵活的机制,是锻炼能力、磨炼意志、增长才干、丰富阅历、了解民情的最好课堂,但却面临着人才短缺的尖锐问题。现实中,一些有眼光、有实干精神的大学生已把目光转向了基层农村,纷纷应聘街道居委会主任和农村村干部等职位;以跻身于民营高科技企业而自豪;有些大学生在大学毕业之际报名支援边疆。学生择业应从大处着眼,从长远着眼,这才是改变择业难的关键所在。

3.调整择业期望值

调整择业期望值,通常采取"分步达标"和自我调整的办法。"分步达标"是确定一个总的期望值,再将总的期望值分解成几个阶段性目标逐步付诸实施。在该过程中,如果发现自己所选择的阶段期望值过高,就把它移作下一阶段的期望目标。自我调整,就是自己对职业位置的希望按其主次分成不同的层次,首先满足主要的需求,然后根据实际情况依次进行必要的调整,直到个人意愿与社会需求两者相吻合。

总之,大学生要看到不管怎样,职业是自己生活的新起点,全身心地投入其中才能使自己不断成长、发展,并得到充实、满足,从而实现人生的目的,实现服务于社会的目标。有理想、有抱负的青年学生,应该怀着一腔热血,到祖国最需要的地方去建功立业、奉献青春。我国人事制度也正在进行着较大的改革,人才流动的机会将越来越多。首次择业未成功或未能如愿,还可以有第二次、第三次甚至更多的择业机会。越来越开放的人事流动制度,将为毕业生提供更为广阔的就业前景。

第三节　时间管理概述

【生活个案】

　　小李是大一新生,进入校园后对什么都感觉很新鲜,他充满着对大学生活的向往和热情,加入了很多学生组织。经过几轮角逐,现在他既是班级的学习委员,又是校学生会的干部,还是社团的骨干,平时总是需要面对许多的学习与工作任务,但是小李觉得生活忙碌而充实。那是一个周一的早晨,小李刚走进教室,便碰到几个隔壁班的班委,他们对小李说:"今天吃完午饭,12:15辅导员要开班委会,让我们互相通知。"刚踏进教室之后又看到教室黑板上写着:"今天12:20—13:10,学校将进行'心灵剧大赛'的初选。"他这才想起自己上周报了名。这时门外突然一个学生会的干部找到他说:"小李,团委傅老师让你今天中午12:30召集大一年级全体学习委员开会,商量明天演讲比赛的事情,他也要来参加。"刚坐到位子上,手机响了,是社团的社长打来的,她说今天中午12:35让他们社的成员碰个头,商量一下周六户外拓展活动的事情。电话刚挂断,早自习的辅导老师通知说,中午12:25放学大家留一下,把上次课的作业讲解一下。小李一听,顿时觉得,今天怎么这么多事情都凑到一起了啊,要先做什么呢?怎样才能把时间安排好不出问题呢?

　　今天中午要做的事情:

　　①12:15辅导员开班委会。

　　②12:20"心灵剧大赛"初选。

　　③12:25老师讲解作业。

　　④12:30召集学习委员开会,关于明天演讲比赛。

　　⑤12:35社团开会。

　　问题:

　　如果你是小李,那天中午你将选择去做哪件事情呢?为什么?有什么办法可以把这五件事情中的内容都安排好呢?大家根据时间管理的学习,来帮助小李进行时间管理吧!

一、时间管理的概念

时间管理是指通过事先规划并运用一定的技巧、方法与工具实现对时间的灵活及有效的运用，从而实现个人或组织的既定目标。它包含详细周到地考虑工作计划，确定实现工作目标的具体手段和方法，预定出目标的进程及步骤；善于将一些工作分派和授权给他人来完成，提高工作效率；制订工作计划，将事务整理归类，并根据轻重缓急来进行安排和处理；为计划预留时间，掌握一定的应对意外事件或干扰的方法和技巧，准备应变计划。如果个人有很强的时间管理倾向，其自身能够合理安排学习和运动的时间，那么其生活质量及身体、心理健康也会随之上升。

二、时间管理发展历程

时间管理的发展经历了四个阶段，人们从认识到时间管理的重要性，到开始进行时间管理，其间也经历了管理方式和管理重点的转移。

(一)第一代：时间的增加和备忘录

第一个阶段称为时间的增加和备忘录。时间的增加是指当时间不够用，而工作任务比较多的时候，就单纯地加班加点，延长工作时间。备忘录就是把所有要做的项目列出来，制作成一个工作任务清单，做一件，勾掉一件，以此种方式进行时间的分配和使用管理。

(二)第二代：工作计划和时间表

第二个阶段称为工作计划和时间表，即在所有要做的工作任务开始之前，把清单列出来，在每一项任务之前定一个时间的期限，例如，早晨8—9点做什么，9—10点做什么，下午1—2点做什么，每一项任务都有开始和结束的时间，在这个时间段中完成规定的某项任务。这个方法有时候也称为行事历时间管理法。

(三)第三代：排列优先顺序以追求效率

第三个阶段的时间管理称为排列优先顺序以追求效率的时间管理。当工作任务越来越多，多到在规定的时间里没有办法彻底做完的时候，就要求对时间管理的内容进行一定的更改。第一，对工作任务要做一些取舍。第二，对工作任务要排优先顺序，比如，先做哪一件，后做哪一件；重点做哪一件，非重点做哪一件；主要做哪些，次要做哪些；做哪些，不做哪些，等等。描述这个取舍和优先顺序的办法可以通过象限法进行。

如果按照重要程度的轴来标记横坐标，按照紧急程度的轴来标记纵坐标，可以构成A、B、C、D四个象限：A象限是既重要又紧急的事情；B象限是重要但不紧急的事情；C象限是紧急但不重要的事情；D象限是既不重要也不紧急的事情，如图6.1所示。

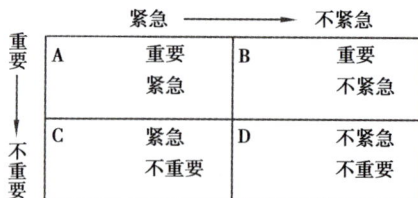

图6.1 第三代时间管理象限示意图

1.A类工作:既重要又紧急的事情

假设用一个统一的标准把所有的工作任务做明确清晰的划分,然后对A、B、C、D四大类的工作做一个排序,显而易见,首先应做A类工作,因为A类是既紧急又重要的,这类工作一般属于突发事件。当工作中出现了突发事件的时候,应该放下手头所有的工作,全身心地扑上去解决,这种行为被形象地称为救火行动。例如,消防队接到警报,就要马上去处理现场。

2.B类工作和C类工作

当重要又紧急的突发事件被处理之后,接下来是应该处理C类紧急但不重要的工作,还是B类重要但不紧急的工作? 有人认为C类工作很紧急,应先期处理;也有人认为B类工作很重要,应优先处理。按照时间占用的顺序来划分,也就是按照时间的紧急程度来说,专家认为应先处理B类工作。

为了对B类工作和C类工作完成时间进行分析,可通过假设分析不做C类工作,会导致整个时间管理出现怎样的状况,而如果不做B类工作,又会导致整个时间管理出现怎样的状况。透过这两种状况的不同比较,就可以清晰地看到两种选择的差别。

B类工作重要但不紧急,如果不做的话,B类工作会随着时间的进一步推移,越来越紧急,直到突破一定的极限,变成A类工作,所以,B类重要但不紧急的工作一旦被拖延下去,就会变成突发事件。C类工作如果不断地被拖延,随着时间的不断推移,它也会变得越来越紧急,当越过一定的极限以后,C类工作就可能因为失去时机而消失,由此就会遭受一定的损失,承担一定的责任,工作本身也可能会因此而消失。

(四)第四代:以重要性为导向

第四代时间管理的代表是时间管理的二八定律。意大利经济学家帕累托认为,万事万物都可以分为重点的小部分和一般的大部分,这就是通常所说的二八定律,即80%的结果源于20%的努力,也就是80%的结果是20%的关键因素所致。

所谓"打蛇打七寸,擒贼先擒王,好钢用在刀刃上",用最有效率的时间去做20%的最有效率的工作,在这些时间段,注意力要高度集中,一口气把事情干完,不要中间停止,从而达到一种高效率。同时,要调整生物钟,控制好工作的节奏,使效能最高。

那么当代大学生如何将自己的职业生涯发展与时间管理相结合呢?

【知识链接】 番茄时间管理法

　　番茄时间管理法,也被称为番茄工作法,是一种由意大利大学生Francesco Cirillo 在20世纪80年代提出的时间管理方法。这种方法通过使用定时器(如番茄形状的闹钟)将工作和学习时间划分为一系列时长为25分钟的工作块(称为"番茄时间")和时长为5分钟的休息时间。每个番茄时间内,个人需要全身心地投入到任务中,不能从事任何无关活动。如果番茄时间被打断,那么这个番茄必须废弃,并从新的25分钟开始重新计时。每进行四个连续的番茄时间后,会进行一个更长的休息时间,通常为15~30分钟。

　　番茄时间管理法的核心在于通过25分钟专注工作和5分钟休息,提高个人的集中力和注意力,减少中断,从而最大程度地提升工作和学习效率。此外,这种方法还能增强决策意识,唤醒激励和持久激励,巩固达成目标的决心,完善预估流程,改进工作学习流程,以及强化决断力。

　　如何具体实施番茄时间管理法,以下是一些建议。

　　1.在每天开始时,规划要完成的任务,并将它们列在任务清单中。

　　2.设定番茄钟,确保每个番茄时间为25分钟。

　　3.在一个番茄时间内,专注于完成一项任务,避免任何形式的分心。

　　4.每完成一个番茄时间后,休息5分钟,然后进行下一个番茄时间。

　　5.每四个连续的番茄时间后,进行一个更长的休息时间。

　　需要注意的是,番茄时间管理法并非适用于所有情境。有些任务可能需要更长时间的连续工作,而有些情境则可能不适合频繁地中断。因此,在使用这种方法时,需要根据具体情况进行调整。

　　此外,实施番茄时间管理法时,还需要注意以下三点。

　　1.避免在非工作时间内使用此方法,以免干扰休息和放松。

　　2.不要将自己的番茄数据与他人的进行比较,因为每个人的工作效率和工作量都是不同的。

　　3.番茄的数量并不能决定任务的最终成败,关键在于如何利用好每个番茄时间。

　　大学生可以利用番茄时间管理法来培养自己的自律性和专注力,为未来的学习和工作打下坚实的基础。

三、时间管理与当代大学生职业生涯发展

（一）全心投入工作

当你工作时，一定要全心投入工作，不要浪费时间，不要把工作场所当成社交场合。把头完全埋进工作里，用工作填满所有时间，如果你能长期实践这个秘诀，就能使你的生产力加倍。

（二）工作步调快

养成一种紧迫感，一旦投入工作，维持一种快速的节奏，一次专心做一件事，并且用最快的速度完成。一项工作完成之后，立刻进入下一项工作。养成这习惯后，你会惊讶地发现，一天所能完成的工作量居然是如此惊人。

（三）专注于高附加价值的工作

你要记住工作时间的多寡，不见得与工作成果成正比例。精明的老板或上司，他们关心的是你的工作数量及工作品质，工作时间并非关切的重点。因此聪明的员工，会想办法找出对达成工作目标及绩效标准有帮助的高价值活动，然后投入最多时间与心力在这些事情上面。投入的时间越多，每分钟的生产力就越高，工作绩效也会提高，自然会赢得老板及上司的赏识与重用，加薪与升迁必然在望。

（四）熟练工作

当你找出最有价值的工作项目后，要通过不断学习、应用、练习，直到熟练所有工作流程与工作技巧，累积属于自己的工作经验。当你工作越纯熟，工作所需的时间就越短，你就可以比经验不足的同事更快完成相同的工作。当你技能越熟练，你的生产力也就越能不断提升。

——◆ 本章小结 ◆——

2023年，我国高校毕业生超过1 100万人，大学毕业生就业问题受到社会多层面、多角度的广泛关注。党的二十大报告指出："实施就业优先战略，强化就业优先政策，健全就业公共服务体系，加强困难群体就业兜底帮扶，消除影响平等就业的不合理限制和就业歧视，使人人都有通过勤奋劳动实现自身发展的机会。"大学生职业生涯规划，换个角度理解，就是对我们心中的那个蓝图的描绘。我们对自己的职业生涯进行规划，就是给自己的梦想插上翅膀。远大的理想总是建立在坚实的土地上的，青春短暂，从现在起，就力争主动，好好规划一下未来的路，去描绘这张生命的白纸。任何目标，只说不做到头来都会是一场空。然而，现实是未知多变的，定出的目标计划随时都可能遭遇问题，要求有清醒的头脑。一个人，若要获得成功，必须拿出勇气，付出努力、拼搏、奋斗。实现目标的历程需要付出艰辛的汗水和不懈的追求，不要因为挫折而畏缩不前，不要因为失败而一蹶不振；要有屡败屡战的精神，要有越挫越勇的气魄。在生活以及学习的过程中，合理的时间管理也可以帮助我们进行自我管理，节省时间，避免时间的浪费。制订合理的职业规划，利用时间管理的合理方

法,朝着这个规划的目标前进,以满腔的热情去获取最后的胜利。

本章讨论

1.你为自己做过职业规划吗? 你的职业规划是什么?

2.你认为当代大学生求职应该保持什么心态?

3.期中考试即将来临,请针对课程学习制作一个时间管理计划。

【电影欣赏】

《阿甘正传》:通过阿甘这个智商只有70的角色,电影展示了平凡人如何通过自己的努力和坚持,最终获得非凡的成就。它告诉人们,成功并不只属于那些天赋异禀的人,每个人都可以通过自己的努力实现自己的梦想。这部电影对于那些在职场上追求成功的人来说,具有很强的启示意义。

推荐阅读

窦雅琴.论高校生涯教育与学风建设的有效互动[J].学校党建与思想教育,2020(16):83-85.

王孝琴.新媒体时代高校辅导员加强大学生职业生涯规划指导的策略探究[J].新闻研究导刊,2024,15(3):206-208.

陈祎翀,何波.新就业形态对大学生求职心态的影响及教育引导:蛰居之困还是奋斗之盼[J].大学,2023(25):185-188.

张伽伽.当前大学生求职过程中存在的心理问题及对策分析[J].西部素质教育,2019,5(1):90.

秦启文,张志杰.时间管理倾向与生活质量关系的调查研究[J].心理学探新,2002,22(4):55-59.

许木珠.高校大学生常见异常心理及应对策略的研究[J].课程教育研究,2018(5):23-24.

习近平.高举中国特色社会主义伟大旗帜为全面建设社会主义现代化国家而团结奋斗:在中国共产党第二十次全国代表大会上的报告(2022-10-16)[J].中国人力资源社会保障,2022(11):7-26.

第七章 大学生学习心理

学习的敌人是自己的满足，要认真学习一点东西，必须从不自满开始。对自己，"学而不厌"，对人家，"诲人不倦"，我们应取这种态度。

——毛泽东

☆本章导读

从中学到大学，是人生的重大转折，大学生活的重要特点表现在：生活上要自理，管理上要自治，思想上要自我教育，学习上要求高度自觉。尤其是学习的内容、方法和要求上，比起中学的学习发生了很大的变化。要想真正学到知识和本领，除了继续发扬勤奋刻苦的学习精神外，还要适应大学的教学规律，掌握大学的学习特点，选择适合自己的学习方法。大学的学习既要求掌握比较深厚的基础理论和专业知识，还要求重视各种能力的培养。大学教育具有明显的职业定向性要求，大学生除了扎扎实实掌握书本知识外，还要培养研究和解决问题的能力。因此，要特别注意自学能力的培养，学会独立地支配学习时间，自觉地、主动地、生动活泼地学习。还要注意思维能力、创造能力、组织管理能力、表达能力的培养，为将来适应社会工作打下良好的基础。

【案例导入】

小李在高中时是个遵守纪律、学习成绩优秀的好学生。刚上大学时，她很有雄心壮志，立志一定要在大学里混出个人样儿来。但她的志向是模糊的、笼统的，具体应该怎样去做，她没有想那么多。她虽然上了自己喜欢的专业，但仍然很失望，甚至有些气愤。大一的课都是基础课，不太合她的胃口。她原来憧憬的大学课堂，是充满知识、智慧和艺术的，教材博大精深、新颖独特，教师才华横溢、幽默风趣。而现在，她发现教材不少是20年前编的，内容陈旧乏味，老师也呆板枯燥，毫无激情，课堂上冷冷清清，不少同学逃课。有的人即使在教室，也在看课外书、写信、打瞌睡。她很无奈，自己喜欢的专业就是这个样子，她不知道该追求什么，觉得很没劲，没有学习热情，无所事事，加之来自各方面的压力与干扰，使曾经是学习尖子生的她变得不爱说话，参加集体活动不积极，在宿舍待的时间比较长，喜欢一个人听音乐，不爱和同学聊天，经常错过吃饭时间，情绪低落，上课注意力不太集中。

第一节　大学生学习特点与心理机制

按照我国的学制,大学生一般在18~25岁,处在身心发展的黄金时期。这一阶段,大学生的身体发展逐步成熟,生理上已经成人化,在身体状态上从生长发育期进入生长稳定期,身体机能趋于完善,特别是神经系统和大脑发育渐趋成熟和健全;在心理方面,感知和观察能力达到较高水平,记忆力达到最佳水平,特别是逻辑记忆能力持续发展,思维的独立性和批判性大大增强,思维的独创性日益发展,思维的深度、广度及灵活性和敏捷性显著提高,个性心理品质趋于稳定、成熟、完善。

大学生的身心发展是研究大学生一切问题的前提和基础。探索大学生的学习特点和规律,不仅要遵循大学生身心发展的规律,还要遵循大学生的成才规律。在大学学习生活中,一般大学生要经历适应期、稳定期、奋斗期、探索思考期四个阶段。适应期,除思想情绪、生活环境的适应外,为数较多的学生在学习上主要表现为学习目标模糊,学习情绪波动,学习效率低下,学习方法盲从,学习时间随意。稳定期,学习目标逐渐清晰,学习情绪逐渐稳定,学习效率逐渐提高,学习方法逐渐掌握,学习时间逐渐自主。奋斗期,绝大多数学生的学习目标已经确立,学习情绪稳定,学习效率大为提高,学习方法已经成熟,学习时间充分利用。探索思考期,学习目标正在设法实现,学习劲头得以强化,学习效率不断提高,学习方法得到优化,学习时间合理使用。这四个阶段的长短因人而异,但总的趋势不会改变。为了更好地指导大学生的学习,促进大学生健康成长,增强大学生的实践能力和创新精神,培养高素质的合格人才,有必要探究大学生的学习特点。

一、当代大学生学习的主要特点

大学生的学习是一个庞大而复杂的运作体系,涉及因素多,时间跨度长,专业门类细,学习手段多样,难以全面概括。在此仅讨论大学生学习的主要特点。

(一)学习主体的变化

中、小学时期的学习以教师为主,以教师组织教学为主,大学生学习是以教师为主导、学生为主体进行的,这就决定了大学的学习带有一定的创造性,即学生不仅需要举一反三,还要能提出自己的独到见解,活化所学知识。

(二)学习的自主性

无论从学习内容、学习时间及学习方式等方面都更加强调个体在学习活动中承担的角色,主要强调学习的自觉性与能动性。大学生学习的能动性表现在两个主要方面。第一,大学生对学习内容具有较大的选择性,特别是随着高等教育改革的深化,大学的课程安排更加科学合理,既有公共必修课、专业基础课,还有辅修课程及大量选修课,学生可以根据自己的专长、爱好、兴趣自由选择。大学生选择课程学习内容主要考虑以下几方面:学科内容与职业的契合性、学科的实用性、自己的兴趣、将来的职业生涯选择及对自身素质的拓展等。如计算机、外语始终是学生学习的重点与热点,就是因为科技发展日益显示出其重要性。再者,大学生可以控制自己的学习时间、学习方法与学习内容。自学能力已经成为衡量大学生学业拓展能力的重要指标。第二,高校更加重视学习知识活化能力,即知识应用能力,课程设计、学年论文、毕业设计与毕业论文都体现着知识的运用能力,也充分体现学生的主观能动性。

(三)知识的专业性

大学阶段是学生成长过渡的关键期,是步入社会前系统、全面学习的最后阶段。高等教育是专业教育,学习具有较高层次的职业性。在我国现行教育管理体制下,大学生在入学前或入学之初就确定了专业方向。而这一专业性特点是区别于中学生学习活动的根本特点,也是由我国大学要为社会培养各级各类专门人才的任务和目标决定的。

专业性不仅体现在大学的学科体系、课程结构、教学内容、教学实践和学习方式方法上,还体现在培养大学生的知识结构、智力结构、能力结构和心理品质结构"四大结构系统"上。因此,专业性是大学生学习的显著特点之一。

强调大学生学习的专业性,要处理好三个关系。第一,专业性与基础性的关系。大学的课程设置包括基础课、专业基础课、专业理论课、专业技能和毕业设计(或毕业论文)。基础性包括前两者,它是由科学的、基本的、系统的知识组成,包括基础知识、基本概念、基本原理和基本方法等。没有系统扎实的基础性,便谈不上专业性。第二,专业性与多元性关系。教育体制改革正在促进大学生在学习选择上的多样性,学有余力的大学生,可以选修其他专业,获得第二学位,或可修满学分提前毕业;有的大学生还把专业作为基础工具,毕业后转行进入其他领域,实现从单一专业向多元专业转化,从单学位向多学位转化。第三,专业性与综合性的关系。现代科学技术发展的一个重要表现就是专业种类越分越细,但从事任何一项专业所需的知识技能的综合性、渗透性又很强,这就要求大学生在打好基础、学好专业的同时,又要注重边缘学科、交叉学科的学习,注重综合能力的培养。事实证明,成果往往出自边缘学科、交叉学科、学科前沿、空白领域以及综合学科等方面。

(四)学习方式的多样化

信息时代,教师不再是知识的中心,学习获取知识的多元化带动了学习方式的变迁,网络又开辟了一条学习的新途径。大学开放式的教学为学生提供了多种多样的成功之路,除课堂教学外,课外实习、课程设计、科研训练计划、学年论文、专家讲授、学术报告及走向社会的社会实践、咨询服务等都为大学生学习提供了广阔的道路。

(五)知识学习与能力、素质的培养并重

无知必然无能。目前正在进行的高等教育改革一再强调知识技能的学习与实践能力的培养同样重要。受长期应试教育的影响,那种只重视学生学习具有实用价值的知识,忽视学生创造能力的培养方法,必须摒弃。

（六）大学生学习的研究探索与创新性

大学生学习已具有一定的探索性，即对书本之外的新观点、新理论进行深入的钻研与探索。大学学习不仅在于掌握知识，更在于探究知识的形成过程与科学的研究方法，了解学科发展前沿、存在的问题及解决的思路。目前，高等学校普遍加强大学生创新能力的培养，在课程设置、课程安排、课程衔接上突出学生的主体地位，体现创新，加大了学生实践环节的培养，旨在提高大学生的创新能力。

二、大学生学习心理机制

（一）记忆

1.记忆的概念

记忆是过去经验在人脑中的反映。记忆是一个复杂的心理过程，从"记"到"忆"包括识记、保持、再认或回忆三个基本环节。从信息加工观点来看，记忆就是对输入信息的编码、贮存和提取的过程。

2.记忆表象

感知过的事物不在面前，头脑中再现出来的形象，叫记忆表象。表象具有直观性。表象是感知留下的形象，所以具有直观性的特征。表象具有概括性，它反映着同一事物或同一类事物在不同条件下所经常表现出来的一般特点，而不是某一次感知的个别特点。表象的直观性和概括性是密切联系在一起的。从表象的直观性来看，表象和知觉相似；从表象的概括性来看，表象又和思维相似。但是，表象既不是知觉，也不是思维，而是介于知觉和思维之间的中间环节。

3.记忆的分类

（1）按记忆的内容分类

①形象记忆：以感知过的事物形象为内容的记忆。

②逻辑记忆：以概念、公式和规律等的逻辑思维过程为内容的记忆。

③情绪记忆：以体验过的某种情绪或情感为内容的记忆。

④运动记忆：以做过的运动或动作为内容的记忆。

在实际生活中，上述四种记忆是相互联系的，只是为了研究的需要，才做这样的分类。

（2）按记忆活动特点分类

①感觉记忆：又叫瞬时记忆，在感觉记忆中记忆信息保持的时间很短，为0.25~2秒。

②短时记忆：记忆信息保持的时间在一分钟以内的记忆。

③长时记忆：记忆信息的保持从一分钟以上直到许多年甚至保持终身的记忆。长时记忆是一个真正的信息库，记忆容量极大，保持的时间长。

(二)学习动机

1.学习动机的含义与结构

(1)动机及其功能

动机是指引起和维持个体的活动,并使活动朝向某一目标的内在心理过程或内部动力。动机具有三种功能:①激活功能,即动机会促使人产生某种活动;②指向功能,即在动机的作用下,人的行为将指向某一目标;③强化功能,即当活动产生以后,动机可以维持和调整活动。

不同的动机可以通过相同的活动表现出来,不同的活动也可能由相同或相似的动机所支配,并且人的一种活动还可以由多种动机所支配。

(2)学习动机及其基本结构

学习动机是指激发个体进行学习活动、维持已引起的学习活动,并致使行为朝向一定的学习目标的一种内在过程或内部心理状态。学习动机有两个基本成分:学习需要和学习期待。

①学习需要有内驱力。

学习需要指个体在学习活动中感到有某种欠缺而力求获得满足的心理状态。

内驱力指由于需要引起的有机体内部产生的一种能量和冲动,它激励行为去获得需要的满足。学习需要即为学习的内驱力。

奥苏伯尔认为,学校情境中的成就动机主要由以下三个方面的内驱力构成。

a.内部动机:认知的内驱力(以求知为目标,从知识的获得中得到满足)。

b.外部动机:自我提高的内驱力(把学业成就看作赢得地位和自尊的根源)。

c.附属内驱力:为了从长者或同伴那里获得赞许和接纳。

儿童早期:附属内驱力最突出;青年期:自我提高的内驱力成为决定性的组成部分。认知内驱力在各个时期都是成就动机的主要成分。

②学习期待与诱因。

学习期待是个体对学习活动所要达到目标的主观估计。

影响学习期待的因素:父母对子女的要求(正相关);学生原来的学习成绩(正相关);学生在班级中的成绩排名;教师对学生的期望水平。

学习期待就其作用来说就是学习的诱因。学习需要和学习期待是学习动机心理结构中的两个基本成分,学习需要是个体从事学习活动的最根本的动力,学习期待则指对学习需要的满足,促使个体去达到学习目标。

2.学习动机的种类

①高尚的动机与低级的动机(根据学习动机内容的社会意义划分)。高尚的学习动机的核心是利他主义,低级的学习动机的核心是利己的、以自我为中心的。

②近景的直接性动机和远景的间接性动机(根据学习动机的作用与学习活动的关系划分)。直接性动机是与学习活动直接相连的,来源于对学习内容或学习结果的兴趣;间接性动机是与学习的社会意义和个人的前途相连的,是社会要求在学习上的反映。

③外部学习动机和内部学习动机(根据学习动机的动力来源划分)。外部动机是指个体由外部诱因所引起的动机,动机不在学习活动本身而在学习活动之外。内部动机是指个体内在的需要引起的动机。例如,学生的求知欲、学习兴趣等内部动机因素。外部学习动机和内部学习动机的划分不是绝对的。由于学习动机是推动人从事学习活动的内部心理动力,因此任何外界的要求、外在的力量都必须转化为个体内在的需要,才能成为学习的推动力。

【测一测】 学生学习动机简易量表

指导语:本测验每一道题都有三个可供选择的答案,请你仔细阅读每道题,选出你认为最符合实际情况的答案。难以确定时,请选出与你较接近的答案。

1.你是否想在学习上成为班级第一名?(　　)

　　A.不想　　　　　　　B.有时想　　　　　　　C.经常想

2.你考试获得好成绩时,是否想得到老师的表扬?(　　)

　　A.经常想　　　　　　B.有时想　　　　　　　C.不想

3.你是否认为,学习上遇到不懂的地方,只要努力钻研一定会弄明白?(　　)

　　A.不认为　　　　　　B.有时认为　　　　　　C.经常认为

4.你是否想在和同学的学习竞赛中获胜?(　　)

　　A.经常想　　　　　　B.有时想　　　　　　　C.不想

5.你是否认为,只要用功学习,成绩就会有所提高?(　　)

　　A.不认为　　　　　　B.有时认为　　　　　　C.经常认为

6.你是否认为,只要努力学习,即使不喜欢的功课也会变得有兴趣?(　　)

　　A.经常认为　　　　　B.有时认为　　　　　　C.不认为

7.你在专心学习的时候,是否对周围发生的事不在意?(　　)

　　A.不在意　　　　　　B.有时在意　　　　　　C.经常在意

8.你是否认为,平时好好学习,考试时就会得到好成绩?(　　)

　　A.经常认为　　　　　B.有时认为　　　　　　C.不认为

9.你是否认为,在测验和考试期间,可以不参加运动和游戏?(　　)

　　A.不认为　　　　　　B.有时认为　　　　　　C.经常认为

10.你是否认为,学习紧张的时候,可以不和同学玩?(　　)

　　A.经常认为　　　　　B.有时认为　　　　　　C.不认为

11.你是否在疲劳的时候,还想再查看一遍已经做完的功课?(　　)

　　A.不想　　　　　　　B.有时想　　　　　　　C.经常想

12.你是否想在平时就复习好功课,以便能随时回答老师的提问?(　　)

　　A.经常想　　　　　　B.有时想　　　　　　　C.不想

大学生心理健康教育 *DAXUESHENG XINLI JIANKANG JIAOYU*

计分与分数解释

以上各题，凡奇数题1、3、5、7、9、11，选A得1分，选B得2分，选C得3分；凡偶数题2、4、6、8、10、12，选A得3分，选B得2分，选C得1分，各题得分相加得测验总分。

总分12~21分，学习动机较弱；总分22~27分，学习动机中等；总分28~36分，学习动机较强。中强度的学习动机最利于学习，也利于心理健康。

【实验】 德西效应

心理学家德西让大学生在实验室里解答有趣的智力难题。

第一阶段，所有的被试者都无奖励。

第二阶段，将被试者分为两组，实验组的被试者完成一道难题可得到1美元的报酬，而控制组的被试者跟第一阶段相同，无报酬。

第三阶段，在休息时间，被试者可以在原地自由活动。实验者在这一阶段是否继续解题作为喜爱这项活动程度的指标。实验组（奖励组）被试者在第二阶段确实十分努力，而在第三阶段继续解题的人数很少，表明兴趣与努力的程度在减弱，而控制组（无奖励组）被试者有更多人花更多的休息时间在继续解题，表明兴趣与努力的程度在增强。

【分析】心理学研究表明，人们本来会在内在动机的激励下进行某种活动，但是当他们在有了为此而得到外部强化的经验之后就可能发生变化，变得没有外部奖励就不再进行那个活动了。

【启示】①外部奖励可能会削弱动机。激发儿童的学习动机，慎用物质性奖赏。

②教育最重要的是激发学生对学习活动本身的动机。

③学习动机与学习效果的关系。

把学习动机、学习行为、学习效果三者放在一起才能看出它们之间的关系，见表7.1。

表7.1 学习动机、学习行为和学习效果的关系

项目	正向一致	负向一致	正向不一致	负向不一致
学习动机	+	–	–	+
学习行为	+	–	+	–
学习效果	+	–	+	–

注："+"表示好或积极，"–"表示坏或消极。

第二节　大学生学习能力的培养及潜能开发

"学习能力"是未来社会人类要具备的头等本领,从这个意义上来说,"学习能力"的强弱直接决定了大学生的学习、成长乃至就业。随着国际竞争的加剧及科学技术的迅猛发展,迫切要求高校教育既要培养学生具有系统的文化科学知识,又要培养学生具有独立学习和敢于创新的能力。因此,培养学生的学习能力已成为高校教育的重要任务之一,大学应该通过创新性教育,培养和训练大学生的学习能力,使之成长为创新型人才,是社会对教育改革的要求。

一、培养大学生的学习能力的必要性

目前,社会需要的人才已经不仅仅是学好自己本身专业的好学生,更多的是全面型人才,这样才可以汲取别的学科的知识,进行更宽思路的创新。学习能力的提升会有效地促进知识的积累和技能的提高,反过来又会促进学习能力的增强,使学习能力始终保持持续提升的状态。在大学,我们不否认专业知识的重要性,毕竟毕业后我们从事的行业需要专业知识。但是从长远的角度来看,锻炼自身的能力和综合素质才是更重要的,有了学习能力也就有了获取知识的更多途径和能力。传统的学校教育无法根据每个大学生的个性采取针对性的引导,大学生也无法有意识地按照个性发展自己,这样,学生的学习能力或能力的发展会受到相应的束缚。只有让大学生利用所有可能利用的时间去丰富和完善自己的个人素质,才能提高自身的学习能力及对传统高等教育缺陷做有益的补充。

大学生作为十分宝贵的人才资源,是国家与民族发展的希望和未来,即将成为各级领导干部队伍的后备军和各条战线上的中坚力量。当代大学生只有具备自主学习的意识和能力,不断地对自身的思维模式和知识结构进行调整,加强综合素质的培养,使综合素质与社会竞争力形成相互的融合与补充,才能成长成为国家和社会创造精神、物质财富的人才,中国才能在知识经济时代赶超世界先进水平,成为真正的世界强国,才能赢得未来。关注学生的学习适应、学习过程与强化学习过程管理是高校全面提高人才培养质量的关键性因素,也是现阶段推动我国高等教育改革与发展的重要前提。

二、培养大学生学习能力的方法及途径

(一)在教学中渗透学习能力

学生能否主动学习及养成良好的学习习惯,很大程度取决于教师的引导。在教学过程中,要尊重、信任学生,讲求民主,变单一传授为师生相互促进、启发,让学生从学习负担中解放出来,抬起头来听课,抬起腰板走路,有充足想象与创造时间,不能只表扬顺从、听话的学生,应关爱敢提问、有新观念的学生,使其创造个性得到充分发展。老师要树立目标,即根据学科的特点和要求,制订本学科学习能力培养目标,有机地渗透培养学习能力和内容,

同时激发学生学习动机，即在教学中调动学生求知、求思、求解和讲究学习方法的积极性，使学生产生有意识探索学习方法、培养学习能力的强烈愿望。在教学相长的过程中，教师应该与学生共同探讨和分析一些问题，并引导和帮助学生克服困难、排除障碍，助其在学习和发展的关键时刻迈过难关，步入坦途。全国教育大会也强调："要在培养奋斗精神上下功夫，教育引导学生树立高远志向，历练敢于担当、不懈奋斗的精神，具有勇于奋斗的精神状态、乐观向上的人生态度，做到刚健有为、自强不息。"

(二)强化师风师德建设，提高师资水平

高校老师和辅导员要"以全面提高教师队伍素质为中心，建设一支结构优化、素质良好、富有活力的高水平的教师队伍"。具体措施包括加强职业道德教育、提高教师的职业技能水平、提高教师的学历、加强教师的教育科研能力开发四个方面。高校教师应转变教育观念，明确大学教育的根本作用是提高学生的学习能力；充分发挥教师的教学主导作用，建立新型的教与学关系，将以培养大学生学习能力为导向的教育教学模式融入教学组织的全过程中。教师的教学应当是教师和学生心灵与心灵的交流。用真心去唤醒、去点燃学生的内心，为学生创设更为良好的情绪认知及情绪理解，这在环境复杂、知识复杂的高等教育阶段是极其重要的。

(三)激发学生兴趣的同时尊重和培养学生的个性

如今人类社会已悄然步入知识经济时代，学习正面临着一场严峻的挑战和重大变革。新时代的教育者应当"因时而化"，自觉更新教育观念，主动迎接学习的革命，把学习的主动权交给学生，让学生能够进行自主学习。兴趣是支持一个人积极探究的巨大内动力，有兴趣就会怀着一种愉悦的心情学习和思考，变苦学为乐学，使学生拥有良好的学习动机并克服学习中的困难。而在日常生活和学习过程中，教师和辅导员应该尊重学生的不同个性，个性化学习能力培养是从学生个性的特点出发，由老师带着学生探求知识。根据学生的目标意识、学习的自信程度、学习的兴趣、学习的毅力、学习的习惯和适合学生自己的学习方法，即便不能做到每个学生都有不同的方法，但至少应该遵循学生的个性化差异来进行鼓励或教育。

(四)充分运用现代化教学手段及资源

①利用在线学习平台。现代教学技术为大学生提供了丰富的在线学习资源。他们可以通过在线教育平台参与课程学习，这些平台往往提供视频讲座、在线测试和互动讨论等功能。通过利用这些资源，大学生可以随时随地学习，打破传统课堂的限制，更加灵活自主地安排学习时间。基于新媒介素养的内涵，可以明确在线学习能力是其中一个重要分支——在线学习就是"把数字技术用于服务学习"，包括"在线教育资源的使用和研发能力"。

②使用学习应用程序。有许多学习应用程序可以帮助大学生提高学习效率。这些应用可以提供个性化学习计划、知识点梳理、学习提醒等功能。通过使用这些应用，大学生可以更加高效地掌握知识，提升学习成果。

③参与互动式教学。现代化教学注重学生的参与和互动。大学生可以积极参与课堂

上的讨论、小组活动和实践操作等,与同学和老师进行互动交流。这种互动式教学有助于激发学习兴趣,提高学习效果。

第三节　大学生常见的学习心理障碍及调适

所谓大学生学习心理,是指在大学生学习过程中,在感觉、知觉、记忆、想象、思维等心理认识过程中所表现出来的学习动机、学习兴趣、学习注意力、学习行为方式等方面的个性心理特征。在大学生群体中,一些学生存在不良的学习心理,已经影响到了其自身的学习质量。把握大学生的不良学习心理,有针对性地进行矫治,对于提高大学生学习的效果具有重要意义。大部分学习困难学生意志薄弱,学习毅力和耐力较差,不愿意努力学习和探索问题,情绪脆弱,耐挫能力较差,经不起失败和挫折的考验,自我调节能力弱。

一、大学生常见的学习心理障碍

(一)学习动机不当

动机是心理的动力系统。没有动机,人的行为就失去了动力源泉。心理学的研究表明,人的动机强度并非越高越好,动机强度过高或过低都不利于学习效率的提高。学习动机不当包括学习动机不足和学习动机过强两种。学习动机不足的主要表现为无明确的学习目标,存在"为学习而学习"的不良心态,甚至厌倦学习和逃避学习。学习动机过强的主要表现为成就动机和奖励动机过强。学业不良的大学生出现的学习障碍大多是学习动机不足。由于动机水平过低,致使其缺乏学习的动力。也有一些学业优良的大学生出现学习障碍,大都是因为学习动机过强。这种动机的心理成分大多是来自学习者的学习自觉性,即对学习目的的认知,而非个人兴趣爱好。这种由外在诱因驱动的动机需要不断地取得优良成绩来作为维持学习的动力。尽管强烈的学习动机可以转化为巨大的学习动力,但是,动机强度与学习效率之间并不是简单的直线关系。研究表明,过强和过弱的学习动机同样都会降低人的学习效率。因为在过分强烈的动机状态下,人的动机不当水平也随之升高,这将导致"个人的注意力和知觉范围变得过分狭窄,思维效率降低,正常的学习活动受到抑制,因而导致学习效率降低",有时还可能随之出现一些诸如失眠、记忆力下降、思维和想象受限等现象。

【生活个案】

宁宁家有兄妹三人,但因为宁宁小时候身体不好,所以父母对她有点溺爱,从不要求她做什么,宁宁也一直很听话。父母从不问成绩,也很少叫宁宁去学习。从小到大很多东西都是父母安排的,宁宁对成绩一直没有什么概念,觉得只要不是太差就好。

小学到初中,宁宁的老师中总有人是她们家的亲戚,所以老师比较关注,成绩一直都很好。高中,宁宁第一次有了自己的手机,就开始沉迷于手机,看小说,聊QQ,成绩开始下降,所以在调班的时候,被调到差一点的班级。之后,她又放下手机努力学习,但是没有赶上去,没能进入之前的班级。宁宁觉得很大一部分原因是之前的班里插了老师的亲戚,人够了,而她自己没有人脉,努力也没什么用,就放弃了学习,一直沉迷于手机。高三她也没努力,所以考上大学觉得很幸运。

上大学之后,宁宁很少把时间跟精力放在学习上。她觉得现在上学也就是为了以后能找个好一点的工作,学校和专业都不是自己选的,感觉现在所学的知识在生活中很难运用,对以后找工作没什么大的帮助。她从不旷课,按时交作业,期末抓紧时间复习(虽然效率不高)的很大一部分原因是不想挂科,因为不想交重修费,想拿助学金和奖学金。她只要心情不好的时候就不愿意听课,而且对有些课的内容不感兴趣,上课的时候会玩手机,注意力分散。宁宁没有什么学习方法,将自己的学习成绩归因于试卷的难易程度、运气等。她没有明确的学习目标,对未来没有规划,很迷茫。

[资料来源:李琴义. 大学生学习心理问题的个案分析[J]. 现代交际, 2018(11):134-135.]

(二)注意力分散

注意力是心理活动对一定对象的指向。注意力是人类活动的前提,具有指向性、选择性和集中性等特点。注意力分散的主要表现为:上课时不能专心听讲,大脑开小差,有时眼睛盯着黑板心里却想着别的事情;易受环境的干扰,教室外的小小动静都能引起注意力的转移,而且长时间不能静心;参加活动如看一场电影后,会久久地沉浸在情节的回忆之中。曾有学术研究小组进行了问卷调查,调查结果显示,90%的学习困难学生在课堂上注意力不集中、缺乏毅力、易受干扰、多动、冲动。在课堂上,学习困难的学生常常会出现上课不专心听讲、学习动力不足、不重视学习、不能有效排除干扰因素等诸多问题。

大学生注意力分散的主要原因有三:一是他们正处于青春发展时期,事务多等导致压力与心理冲突加剧,特别是恋爱等更容易引起注意力分散;二是一些生活事件导致心理处于应激状态,如考试失败、家庭发生重大变故等造成的思想负担过重而导致的注意力不集中;三是学习动机不足使他们缺少压力与紧迫感而造成精力不集中。高中时,部分学生受到老师和家长的督促,从外部加强了学习行为。进入大学后,来自外界的强化变少,自由管理时间变多,学生思想懈怠,存有侥幸心理,以至于学习效果受到影响。

(三)考试焦虑

考试是一种复杂的智力劳动,要求考生的头脑清醒稳定。考试焦虑是一种严重影响学生考试水平发挥的情绪反应。考试焦虑产生的主要原因之一是求胜心使求胜动机在大脑皮层的某一区域形成了占主导地位的兴奋中心,致使其附近区域处于抑制状态,破坏了知识联系,妨碍了考生对知识的编码与提取,造成记忆暂时中断。而记忆的暂时中断往往会加重焦虑情绪,从而加重对考试失败的忧虑。在焦虑状态下,学生的分析、综合、概括等具体思维能力无法正常发挥,容易造成错答或不知如何作答的现象,因而导致考试失败。

考试焦虑的具体表现为:①情绪上表现为担忧、焦虑、烦躁不安;②认知上表现为注意力不集中、记忆力下降、看书效率低、思维僵化;③行为上表现为坐立不安、手足无措;④生理上表现为头痛、食欲下降、恶心、心慌、睡眠不好等。

考试焦虑的学生在考前会出现过分担忧、恐惧、失眠健忘、食欲下降、腹泻等症状;在临近开考时有可能出现心慌气短、手足出汗、发抖、判断力下降、大脑一片空白等现象;有时会出现视力障碍,导致看不清题目、看错题目;有时表现为动作僵硬、手不听使唤、笔误等。

(四)学业自卑

学业自卑是指轻视自己,自认为学习基础不好、先天不足、不如他人;对学习持有忧愁、恐慌和惧怕的自卑心,致使学习情绪不稳定,学习成绩时好时差。自卑心理的重要危害是使学生遇事退缩,容易自暴自弃。一位来自山区的贫困大学生曾这样描述自己的自卑心理:"我是一位来自山区的家庭经济困难的大学生,以前的学习成绩一直非常优异。上大学后,我看到那么多学习优秀、家庭条件优越的学生,忽然感觉到心中十分茫然,总觉得自己方方面面都不如别人,简直一无是处,学习没有了动力,生活也没有了目标。那时候,想到辍学在家的妹妹和年迈的父母,我也恨自己不争气,可是我的确找不到奋斗的目标和学习的动力。我不是因为喜欢上网才荒废了学业,而是因为实在没劲才去上网聊天、打游戏。"大学生在"学习内卷化"背景下,朋辈之间在互相比较时,发现自己越努力越辛酸,"学习剥夺感"尤其明显,从而逐渐产生了放弃努力学习的习得性无助心理。

二、大学生学习心理障碍的调适

辩证唯物主义认为,内因是事物发展变化的主因,外因是通过内因起作用的。因此,完善大学生的人格,提升大学生的心理健康水平,是解决大学生学习心理障碍的必要前提,而优化家庭、学校和社会环境则是解决大学生学习心理障碍必不可少的外在保障。

(一)端正学习动机

心理学实验表明,在一般情况下,人只能发挥其潜能的0%~30%,如果受到强烈的激励,可提升到80%~90%。因此,我们可采用目标激励、情感激励、榜样激励和教师行为激励等方法来端正学生的学习动机。倘若学生对学科具有充足的学习兴趣,那么学生会跟随自身的求知欲对知识进行探索发掘。教师要以情感沟通和鼓励为手段,用目标和情感来强化学生的学习动机。

第一,教师帮助学生正确认识学习的价值与大学的目标,重新规划自己的学业与人生。

第二,引导学生调整心态,以积极的心态对待学习,特别是在学习中遇到挫折与困难时,要用自己的坚强意志战胜惰性,改进学习方法,提高学习效率。对学生而言,端正学习动机,一是要正确认识自己的潜能,不好高骛远,制定恰当的学业目标与学业期望,保持合理的成就动机水平,踏实地、循序渐进地向目标迈进;二是淡化外在奖励特别是学业成就的诱因,正确对待荣誉和考试成绩;三是端正学习态度,树立远大理想,保持旺盛的学习热情。

(二)强化注意力的自我调节

要不断培养积极的意志品质。大学生在学习过程中,在碰到一定的困难时,易产生注意减弱、注意涣散等注意障碍。教师要善于引导学生做好自我调节。①学会注意力转移,遇到生活应激事件与挫折,能够尽快从中解脱出来;②强化学习动机,保持适度的学习压力,并进行积极的自激励与自我暗示;③养成良好的学习习惯和生活习惯,保持旺盛的精力;④选择理想的学习环境,减少与学习无关的活动,并适当地进行自我监控。教师也可以采用提示或暗示的方法,引起学生注意。所谓暗示是指教师在无对抗状态的条件下,用含蓄、间接或不明显的方式向学生发出某种信息,使学生产生心理和行为的附和,形成与教师期望相统一的结果。暗示的方式较多,教师在课堂教学和练习过程中都可以用不同的暗示方式对学生的心理或行为进行调整,以使之注意力能够保持适度集中。

(三)教育学生正确认识并科学应对考试

①要教育学生正确对待考试结果,不以一次考试成败论英雄。一门学科考试结束后,对结果过于担心、焦虑不但于事无补,而且会影响其在其他学科考试中个人水平的正常发挥。

②要让学生有充分的复习准备。80%的人的考试焦虑是由准备不充分引起的。因此,牢固掌握知识是克服考试焦虑的根本途径。教师要教导学生正确评价自我,确立恰当的学业期望,并不断增强自信心。

③要适时地开展考前心理辅导。对于一些敏感、抗挫折能力差和有心理障碍的学生,教师可以在考试前对其进行有针对性的心理辅导,以缓解其心理压力,使其客观地认识自己,提高心理素质;增强自我心理调节能力,有效化解外来压力,在考试中发挥出自己应有的水平。

④加强学校与家庭之间的沟通与交流。大学不同于中小学,出于距离、文化和沟通方式等原因,学校与家庭之间的沟通、交流相对较少。要加强学校与家庭的联系与沟通,及时了解和掌握大学生的思想动态,有的放矢地对其进行教育和引导,为其减压。在这个问题上,学校可以通过设立学生心理档案、搭建家校联系平台等方式,确保能与家长进行及时有效的沟通与交流。

(四)培养学生的自信心

对于家庭贫困的大学生,尤其要关注其心理健康,合理排解他们因家庭贫困引发的自卑等不良心理。对于缺乏独立性的大学生,要注意加强其自我管理能力、独立生活能力和自信心的培养,鼓励其进行自我决策,提高其自信心。

具体方法包括以下三种。

1.适度强化

利用积极或消极的强化方法,培养学生的积极行为,消除其不良行为。积极的强化是正强化。学生总是求上进的,如发现学习心理有障碍的学生稍有进步,就加以适当的鼓励和赞美,以肯定、巩固他们取得的一点进步。运用批评、惩罚的负强化是消极的强化。负强化要考虑学生的心理承受能力,坚持与人为善的原则,注意弄清事实,坚持不说过头话。

2.榜样示范

由辅导教师示范正确的行为或选取同学的正确行为做榜样,以供需矫正心理障碍的学生模仿、学习。对于有波动、依赖、厌学等障碍的学生来说,其自我调控能力不强、情绪不够稳定,需要有正确的示范作为参照,使之成为他们稳定情绪的向导,促使他们改变不良的学习行为,养成良好的学习习惯。

3.自信训练

通过帮助学生不断地增强学习信心,来达到矫正不良学习行为的目的。首先,帮助学生找出学习上的不良行为;其次,让他们采取正确的学习行为,确定参照榜样;再次,制订出近期努力计划,用新的学习态度与方法去实施;最后,每天进行自我评估,每周找老师谈话、汇报,并再建新的行为目标。经过几轮循环反复,一般便可完全矫正学生的不良行为。

本章小结

大学生的学习是一个庞大而复杂的运作体系,涉及因素多,时间跨度长,专业门类细,学习手段多样,这让学生有点不知所措。在大学学什么、怎么学成了大学生的难题,随之出现了各种各样的心理障碍。本章从大学生学习特点与心理机制探究到大学生的学习能力培养及潜能开发,从大学生常见的学习心理障碍探究到学习心理障碍调适,给予大学生学习问题以良好的指导和帮助。

本章讨论

1.从身边案例出发,探讨大学生的学习特点。

2.结合实例,探讨如何培养大学生的学习能力。

3.从身边案例出发,探讨大学生常见的学习心理障碍及原因。

4.结合实例,说一说大学生学习动机不当的调适。

课后阅读

【阅读材料】　　　　　　　　　　　学习的延伸

与学习相关的延伸知识涉及多个方面,包括学习理论、学习技巧、学习习惯和工具等。以下是一些学习相关的延伸知识,你可以考虑在大学期间探索和应用。

1. 学习理论

(1)行为主义:强调外在刺激对学习的影响,通过强化或惩罚来促进学习。

(2)认知主义:关注学习者的思维过程,强调知识的组织、理解和应用。

(3)建构主义:强调学习者主动构建知识,通过与他人合作和互动来学习。

2. 学习技巧

(1)精细复习:在学习后及时复习所学内容,并在接下来的几天、几周内定期复习,巩固记忆。

(2)分散学习:将学习时间分散到多个短时间段,而不是长时间集中学习,提高学习效率。

(3)自我测试:通过自我测试(如做题、默写、总结等)检查自己的知识掌握程度。

(4)思维导图:使用思维导图整理知识点,帮助理解和记忆复杂内容。

3. 学习习惯

(1)设定学习目标:制定明确的学习目标,帮助你保持专注和动力。

(2)创建学习环境:建立一个安静、整洁、有序的学习空间,减少干扰。

(3)保持专注:使用番茄工作法(25分钟专注学习,然后休息5分钟)等方法保持专注。

4. 学习工具

(1)数字笔记:使用数字笔记工具(如Evernote、Notion等)记录和整理学习内容。

(2)在线学习平台:利用在线课程和教育资源(如Coursera、edX等)学习新的知识和技能。

(3)协作工具:使用协作工具(如Google Docs、Microsoft Teams等)与同学和团队合作学习。

5. 学习心理学

(1)动机和自信:了解激发自己的学习动机的方法,以及如何建立自信心。

(2)记忆和认知:学习有关记忆和认知的知识,了解如何提高记忆力和理解能力。

通过了解和应用这些学习相关的延伸知识,你可以提高学习效率和效果,取得更好的学业表现和个人发展。

推荐阅读

王佳卉.职业生涯规划在大学生就业指导工作中的应用研究[J].产业创新研究,2023(21):173-175.

周隆华,徐建华.大学生"学习躺平"的心理样态及教育策略探析[J].黑龙江教师发展学院学报,2023,42(9):153-156.

文雯,李黎.大学生学习心理与学习效果的关系浅析[J].心理月刊,2021,16(3):207-208.

傅道麟,吕林海.调控好自己的情绪对大学生的学习有何助益?:基于N大学问卷调查的实证分析[J].教学研究,2024,47(2):10-18.

蓝燕玲,刘司航.新媒介素养视域下大学生在线学习能力的提升策略研究[J].传媒,2024(3):81-83.

任素燕.大学生心理资本与学习适应关系研究[J].黑龙江科学,2023,14(21):70-73.

申银燕.高中数学学困生的成因分析及转化对策[J].当代教育论坛,2006(24):98-99.

周黎明.学困生学习心理障碍分析及对策研究[J].大学,2021(41):155-157.

康明已.大学生学习心理障碍与调适策略[J].学校党建与思想教育,2009(20):62-63.

第八章　大学生情绪管理

成功的秘诀就在于懂得怎样控制痛苦与快乐这股力量,而不为这股力量所反制。如果你能做到这点,就能掌握住自己的人生;反之,你的人生就无法掌握。

——安东尼·罗宾斯

☆本章导读

情绪如四季般自然地发生,一旦情绪产生波动时,个人会表现愉快、气愤、悲伤、焦虑或失望等各种不同的内在感受,假如负面情绪常出现而且持续不断,就会对个人产生负面的影响,如影响身心健康、人际关系或日常生活等。虽然每个人都有情绪,但人们大都对情绪缺乏必要的了解和关注。消极情绪若不适时疏导,轻则败坏情致,重则使人走向崩溃,而积极的情绪则会激发人们对工作的热情和潜力——各种情绪不同程度地影响着大学生的学习和生活。只有了解了情绪,才能管理并控制情绪,才能发挥其积极作用。通过本章有关情绪管理相关知识的学习,帮助大学生学会辨认情绪、分析情绪和管理情绪,从而维护大学生的心理健康。

【案例导入】

2010年10月20日23时许,药家鑫驾驶红色雪佛兰小轿车从西安长安区送完女朋友返回途中,当行驶至西北大学长安校区外西北角学府大道时,撞上前方同向骑电动车的张妙。药家鑫下车查看,发现张妙倒地呻吟,因怕张妙看到其车牌号后找麻烦,便产生杀人灭口之恶念,遂转身从车内取出一把尖刀,上前对倒地的被害人张妙连捅数刀,致张妙当场死亡。杀人后,药家鑫非常恐慌,驾车飞速逃走,不久又撞伤一对情侣,再度逃逸时被附近群众抓获。

在同学的印象中,药家鑫普通、安静、胆小,"平淡得几乎让人想不起来"。他的手纤细修长,那是一双音乐家的手,没人相信那是一双拿刀的手。可就是这双手,在被害人身上留下了八刀,致命一刀在胸前。这桩交通肇事杀人案,让所有人吃惊。药家鑫是家中独子,张妙结婚不过四年,家中尚有两岁的幼儿。一起并不严重的交通肇事,因为当事人极端错误的想法和冲动的情绪,酿成了两个家庭的悲剧。

药家鑫的事件引发了我们怎样的思考？如果他能够及时控制好自己的情绪，也许后果不至于此。由此可见，情绪管理对大学生的学习与生活有着非常重要的影响。

第一节　情绪概述

一、情绪的概念

情绪是我们生活满意度和心理健康的重要指标，保持一个稳定积极的情绪状态对我们的生活具有重要意义。

情绪，是对一系列主观认知经验的统称，是人对客观事物的态度体验以及相应的行为反应，一般认为，情绪是以个体愿望和需要为中介的一种心理活动。

情绪是个体对外界刺激主观的有意识的体验和感受，具有心理和生理反应的特征。我们无法直接观测内在的感受，但是我们能够通过其外显的行为或生理变化来进行推断。意识状态是情绪体验的必要条件。

情绪是身体对行为成功的可能性乃至必然性在生理反应上的评价和体验，包括喜、怒、忧、思、悲、恐、惊七种。行为在身体动作上表现得越强就说明其情绪越强，如喜会手舞足蹈，怒会咬牙切齿，忧会茶饭不思，悲会痛心疾首等，就是情绪在身体动作上的反应。情绪是信心这一整体中的一部分，它与信心中的外向认知、外在意识具有协调一致性，是信心在生理上一种暂时的较剧烈的生理评价和体验。美国哈佛大学心理学教授丹尼尔·戈尔曼认为："情绪意指情感及其独特的思想、心理和生理状态，以及一系列行动的倾向。"

二、情绪的三要素

情绪是一种复杂的心理现象，包含情绪体验、情绪行为、情绪唤醒等多维复杂成分。情绪是体验形式、生理活动和表情等要素的统合，由客观事物与人的需要交互作用而产生。上述对情绪的界定都较为系统地概括了情绪发生和发展的三个要素：主观体验形式（如喜悦、愤怒、哀伤、恐惧等感受色彩）、外部表现（如面部表情），以及生理唤醒（如皮层下特定区域的活动以及眨眼、战栗等），因而得到多数学者的认可。

（一）主观体验

情绪的主观体验是人的一种自我觉察，即大脑的一种感受状态。人有许多主观感受，如喜、怒、哀、乐、爱、惧、恨等。人们对不同事物的态度会产生不同的感受。人对自己、对他人、对事物都会产生一定的态度，如对朋友遭遇的同情，对敌人凶暴的仇恨，对事业成功的欢乐，对考试失败的悲伤。这些主观体验只有个人内心才能真正感受到或意识到，如我知道"我很高兴"，我意识到"我很痛苦"，我感受到"我很内疚"等。

人们对情绪状态的自我感受，是在强度、紧张度、激动度和确信度四个维度上的心理感受。强度表示这种情绪是否强烈；紧张度表示情绪的心理激活水平，即外界刺激对个体的影响程度;激动度表示个体对情绪、情境出现的突然性,即个体缺乏预料和缺乏准备的程度;确信度表示个体胜任、承受感情的程度。它同认知不同,不是对客观事物本身的反映,而是带有主观色彩的反映。

(二)外部表现

情绪是一种内部的主观体验,但在情绪发生时,又总是伴随着某种外部表现。这种外部表现也就是可以观察到的某些行为特征。这些与情绪有关的外部表现,叫表情。

外部表现即表情,包括面部表情、姿态表情和语调表情。面部表情是由眼部肌肉、颜面肌肉及嘴部肌肉构成的,三种成分相互协调作用产生不同的情绪表现。一般来说,面部各个器官是一个有机整体,协调一致地表达出同一种情感。当人感到尴尬、有难言之隐或想有所掩饰时,其五官将出现复杂而不和谐的表情。

姿态表情是指面部表情以外的身体其他部分的表情动作,包括手势、身体姿势等,痛苦时顿足捶胸,愤怒时摩拳擦掌;语调表情是通过言语的声调、节奏和速度等方面的变化来表达的,高兴时语调高、速度快,痛苦时则相反。朗朗笑声表达了愉快的情绪,而呻吟表达了痛苦的情绪。言语是人们沟通思想的工具,同时,语音的高低、强弱、抑扬顿挫等,也是表达说话者情绪的手段。例如,当播音员转播乒乓球的比赛实况时,他的声音尖锐、急促、声嘶力竭,表达了一种紧张而兴奋的情绪;而当他播出某位领导人逝世的讣告时,语调缓慢而深沉,表达了一种悲痛而惋惜的情绪。

(三)生理唤醒

情绪产生时伴随着相应的生理变化,如心跳加快、呼吸急促、血压升高等。情绪是个体对客观事物是否符合自己需要的态度体验,是重要的心理过程之一。近十几年来,由于它对人的认知和行为的影响作用而备受重视,心理学界一度掀起情绪研究的热潮。20世纪90年代,沙洛维和梅耶提出的情绪智力的概念又将情绪的研究推向了高潮。根据情绪智力的内涵,人们已清楚地认识到,情绪不只是个体的心理现象,同时也是社会现象。情绪有其社会接受方式、社会沟通方式和社会支持方式,因此,情绪需要管理。

三、情绪管理的界定

情绪管理,指通过研究个体和群体对自身情绪和他人情绪的认识,培养驾驭情绪的能力,并由此产生良好的管理效果。情绪管理,就是用对的方法,用正确的方式,探索自己的情绪,然后调整自己的情绪,理解自己的情绪,放松自己的情绪。简单地说,情绪管理是对个体和群体的情绪感知、控制、调节的过程,其核心必须将人本原理作为最重要的管理原理,使人性、人的情绪得到充分发展,人的价值得到充分体现;是从尊重人、依靠人、发展人、完善人出发,提高对情绪的自觉意识,控制情绪低潮,保持乐观心态,不断进行自我激励、自我完善。

情绪的管理不是要去除或压制情绪,而是在觉察情绪后,调整情绪的表达方式。有心理学家认为情绪调节是个体管理和改变自己或他人情绪的过程。在这个过程中,通过一定的策略和机制,使情绪在生理活动、主观体验、表情行为等方面发生一定的变化。总之,情绪固然有正面有负面,但真正的关键不在于情绪本身,而是情绪的表达方式。以适当的方式在适当的情境表达适当的情绪,就是健康的情绪管理之道。

情绪管理就是善于掌握自我,善于调节情绪,对生活中矛盾和事件引起的反应能适可而止地排解,能以乐观的态度、幽默的情趣及时地缓解紧张的心理状态。

情绪不可能被完全消灭,但可以进行有效疏导、有效管理、适度控制。

情绪无好坏之分,一般只划分为积极情绪和消极情绪。由情绪引发的行为则有好坏之分,行为的后果有好坏之分。所以说,情绪管理并非消灭情绪,也没有必要消灭,而是疏导情绪,并合理化之后的信念与行为。这就是情绪管理的基本范畴。

"情绪管理"即以最恰当的方式来表达情绪,如同亚里士多德所言:"任何人都会生气,这没什么难的,但要能适时适所,以适当方式对适当的对象恰如其分地生气,可就难上加难。"据此可知,情绪管理指的是要适时适所,对适当对象恰如其分地表达情绪。

对情绪管理的界定,通常存在如下三种观点。第一种看法,认为情绪管理的出发点和落脚点应为适应社会现实。例如,米歇尔认为,情绪管理是以一种社会可以容忍的方式,灵活地对一系列情绪(包括积极的和消极的)发展要求做出反应的能力,以及在需要的时候延缓反应的能力。再如,汤普森指出,情绪管理是一种适应社会现实的活动过程,它要求人们的情绪反应具有灵活性、应变性和适度性,以使人们能以有组织的、建设性的方式,迅速而有效地适应变化的社会情境。第二种看法,认为突出情绪管理旨在服务个人的目的。例如,马斯特斯指出,情绪管理是一种服务于个人目的、有利于自身生存与发展的活动。采用这种界定方式的研究者强调,情绪管理不仅是一个简单地或被动地适应社会情境要求的活动,还是一个与自身利益密切相关的活动。再如,Hochschild 和 Thompson 等学者更加看重情绪与环境之间的关系,认为情绪管理是为了更好地适应、融入当前所处的环境而对自身具有的情绪进行的一种调节、控制等行为的活动。Goleman、Mayer 和 Salovey 等研究人员认为,情绪管理是一种可以帮助个人获得更好发展的技能。第三种看法,从情绪管理的某一特征或特性着手对之加以界定。例如,道奇从其操作过程着手,认为情绪管理是激发一种活动以调节另一种活动的过程。而伊扎德强调情绪管理的动力特性,认为情绪管理是一个发生在意识内外的,包括生理、认知、体验和行为反应的动力组织系统,其功能是驱动和组织行为,以从一个或多个方面(生理、认知、体验和行为)适应特定情境。虽然三种界定方式是从不同角度、不同侧面对情绪管理的本质加以认识的,但事实上它们之间是相互关联的。据此,我们认为情绪管理是对个体的情绪进行控制和调节的过程。它研究人们对自身情绪和他人情绪的认识、协调、引导、互动和控制,是对情绪智力的挖掘和培植,是培养驾驭情绪的能力,建立和维护良好的情绪状态的一系列过程和方法。即情绪管理跟我们的价值观、成长经历、人交往的能力等都有关。价值观影响我们如何看待事物,成长经历塑造了我们的情感,而与人交往的能力决定着我们如何与他人互动,这些都影响我们如何管理情绪。

第二节　大学生的情绪及其特点

一、大学生情绪的特点

喜怒哀乐是人之常情,是伴随认知过程产生的,是"一种由客观事物与人的需要相互作用而产生的包含体验、生理和表情的整合性心理过程"[1]。由于是与人的需要是否得到满足密切相关的心理活动,因此,若需要得到满足,那么则会有兴奋、愉快、满意等主观体验,这些被称为正面情绪;反之,需要得不到满足,则会出现沮丧、愤怒、悲伤等主观体验,这些被称为负面情绪。大学生一直在学校这个相对比较单纯的世界里生活,他们的交往对象比较固定,交往范围较窄,生活经验比较少,他们"心理发展相对缓慢,心理调节机制不完善,缺乏对心理活动调节和支配的意志和能力,因此大学生的生理和心理的发展出现了某种程度的不平衡"[2]。因此,一方面,大学生的情绪体验强烈,情绪表达会很直接,他们不会有太多的掩饰,情绪表达一般会真实地反映他们的心理活动,情绪具有冲动性、直接性的特点。另一方面,与之前相比,大学生需要更多地去考虑自己的感情、学业、人际关系及就业等,在这一过程中自我意识逐渐成熟,也逐渐地学着调适自己的情绪,情绪及其表达开始逐渐趋于成熟。通过心理普测我们发现,大学生存在的主要情绪困扰有自卑、人际关系敏感、孤僻、焦虑、抑郁、易怒等,这些负面的情绪对大学生的身心、生活造成了不良的影响。

二、负面情绪对大学生的危害

负性情绪作为个体心理健康的重要因素,往往作为个体知觉到压力的负面结果出现。实证研究表明,大学生抑郁、焦虑等负性情绪往往出现在应对压力事件的过程中,并且,知觉到更多压力的个体所产生的负性情绪水平更高。因此,大学生个体如果长期处于压力威胁下将会出现许多心理健康问题。

(一)损害大学生的身体健康

情绪是一种包含生理的心理过程,情绪上的每一次变化都能引起生理上的一系列反应,如激动时会有血压升高、呼吸急促、瞳孔变大、胃肠蠕动减弱、心跳加快、血管收缩、面部潮红等变化。现代医学认为,人类的大部分疾病都与情绪有关,"如果我们经常处于消极或紧张的情绪状态之中,就可能使体内器官和组织陷于不正常的活动状态,久而久之造成心理、生理的紊乱"[3]。如容易激动、脾气暴躁的人就容易患高血压等疾病。我国传统的中医

---

① 蔡秀玲,杨智馨.情绪管理[M].合肥:安徽人民出版社,2001.

② 孟昭兰.情绪心理学[M].北京:北京大学出版社,2005.

③ 丹尼尔·戈尔曼.情感智商[M].耿文秀,查波,译.上海:上海科学技术出版社,1997:33-44.

也认为情志过极或持续时间过长,就会导致五脏气机紊乱而生病,如喜伤心,怒伤肝,思伤脾,忧伤肺,恐伤肾,惊伤心胆。另外,情绪还与某些疾病的转化有关,正面情绪对某些疾病如癌症的好转有辅助作用,而负面情绪则会导致疾病的恶化。

(二)影响大学生的心理健康

负面情绪是指个体对客观刺激做出消极的主观体验,对人的心理与行为产生消极影响,它表现为抑郁、焦虑、痛苦等。中科院心理所发布的《2022年大学生心理健康状况调查报告》发现,大学生群体中抑郁和焦虑风险的检出率分别大约是21.48%和45.28%,说明大学生抑郁和焦虑等消极情绪问题凸显,长期处于消极情绪状态对个体内部的心理健康产生影响,具有高水平焦虑情绪个体易形成消极的自我图式,从而产生自我判断偏差。此外,严重的负面情绪可能会产生攻击性行为、情绪性饮食和非自杀性自伤等行为。

负面情绪会干扰大脑正常的活动,破坏人的正常判断力,甚至导致各种神经和精神病。据调查,常见的如焦虑、抑郁症、神经衰弱等心理问题大多数与负面情绪有着密切的关系。大学生长期处于负面情绪的状态中,缺乏良好的调节,就很容易沉浸在过分痛苦、空虚、无聊的状态中不能自拔。为了寻找心理上的寄托,就会在酗酒、吸毒、网络游戏、伤害自己甚至伤害他人等行为中沉沦,"这些事物都让我们的情绪变得冷漠或麻木,在我们低潮时,为我们带来舒服、愉快的感觉,让我们感觉到自己还活着;另一方面,借着沉溺于这些事务也可以免除忧郁和失落感、寂寞和孤独感,使我们不需面对真实的痛苦,因而也就觉察不到任何与伤害有关的情绪"[①]。用这种自欺欺人的行为来逃避痛苦无疑是走上了一条不归路,不但无法根治不愉快感,而且严重损害心理健康。

(三)导致大学生学业不良

进入大学后,面对教师授课方式、学习环境的改变,大学生们需要一个适应的过程,在这一过程中难免会出现一些适应不良的问题,"如果学习中的某些'困难'是在伴随着消极情绪体验的活动中产生的,那么学生通常会将之视为一种痛苦、难受的差使和负担,甚至视为对自尊心和安全感的障碍和威胁,因而他们会表现出退缩、厌倦甚至抵触的倾向,至多尽义务式地或应付性地进行一下意志努力"[②]。作为大学生,他们从道理上完全明白学习的目标指向,他们也会为自己的逃课等不良行为而感到悔悟。但是一部分同学自制力、意志力差,不能及时调整情绪状态,出现不及格现象,进而通过沉迷网络游戏等进行自我麻痹,从而逃避学习不良给自己情绪带来的不适。

(四)造成大学生人际关系紧张

人具有社会属性,需要在与他人的交往中获得社会归属感,而和谐融洽的人际关系不但能使人从感官上感受到轻松愉快,更是事业发展、生活幸福所不可或缺的。和谐的人际关系是建立在融洽的双方情绪基础之上的。易发怒,缺乏同理心,不能以宽容、友善的态度

① 　默里卡·帕德丝,等.心灵导师:情绪管理全书[M].包黛莹,等译.北京:经济日报出版社,1997:73-99.
② 　杨敏杰.谈大学生情绪的自我调节[J].教育探索,2002(12):86.

与他人交往,看不到他人长处,斤斤计较,而且不善于调控自己的消极情绪来约束自己的行为,就很可能导致人际关系的紧张和失败。人际关系紧张,对周围人充满敌意,长此以往,与周围人关系紧张冷漠,缺乏沟通交流的对象,更不利于不良情绪的宣泄,精力都浪费在不良情绪的消耗上,也会成为学业进步的绊脚石。

(五)影响大学生的人生观、价值观

负面情绪是人生中不可缺少的,也并非完全无益,只要能在适度的时候及时调整,就会保持健康的情绪状态。但若不能及时调整,则会形成情绪恒常性,即"个体从小表现和养成的经常出现的情绪色调。这种经常性往往镶嵌在成长中的人的个性之中,成为一个人个性的情绪特征,情绪特征是构成个性的主要成分"。长期稳定的情绪表现,被看作相应的人格特质,如多疑的、忧郁的、悲观的等,这些以负面情绪占主导的人格特质不仅对身心、学习、工作都是不利的,而且经常以此种心态来认识周围的事物,会影响大学生的人生观、价值观。

第三节　加强大学生情绪管理能力的培养

国内对于大学生情绪管理能力的研究主要集中在情绪管理能力培养的意义、影响和关系研究,如情绪管理能力对就业、自我效能感影响、社交关系影响、心理健康、人格发展等方面的影响研究,陈益民等学者通过对南京林业大学663名应届本科毕业生进行问卷调查,结果显示大学生的情绪管理能力与就业机会呈负相关关系,分析认为情绪稳定并控制能力强的学生,择业时心态也更稳定,对于就业规划有着更充足的心理准备,从而较少尝试多种就业机会。关于大学生情绪管理能力调查研究发现,大学生对于情绪管理能力提升的需求明显,在学者罗文的研究中论述到,致使近期大学校园频繁发生学生恶性伤人事件的重要原因,是处于青春期的大学生遇事容易情绪冲动,情绪控制能力弱,学校辅导员也多次表示提升大学生情绪管理能力更有助于开展日常学生管理工作。

一、情绪认知能力的培养

认知在情绪产生中起着重要的作用。认知是否合理、客观,在很大程度上决定着情绪是否正常、适宜。美国著名心理学家艾利斯提出的"ABC理论"强调认知、情绪、行为三者有明显的交互作用及因果关系,特别强调认知在其中的作用。一般来说,不合理观念有三个特征:绝对化的要求、过分概括化和糟糕至极。绝对化的要求是指人们认为某件事必定会发生或不会发生,如我必须获得成功,别人必须很好地对待我,等等。客观事物的发生、发展都是有一定规律的,不可能按某一个人的意志去运转。当某些事物的发生与其对事物的绝对化要求相悖时,他们就会感到受不了,感到难以接受和适应并陷入情绪困扰。过分概括化是一种以偏概全的不合理思维方式。例如,我们常常因为自己不能做某事,没有某方面的能力,而别人在某方面能力很强,就认为对方很了不起,其结果常常会导致自责自罪、自卑自弃心理的产生以及焦虑和抑郁的情绪,这还可能导致一味地责备他人以及产生敌意和愤怒等情绪。糟糕至极是一种认为如果一件不好的事发生将是非常可怕、非常糟糕的想法。这种想法会导致个体陷入极端不良的情绪体验,如陷入耻辱、自责自罪、焦虑、悲观、抑郁的恶性循环之中而难以自拔。这就要求我们在解释事情的时候,不极端化地思考,不过分强调负面事件的重要性和影响力,不仅要看到消极的一面,更要看到积极的一面,尽可能地以合理的信念代替不合理的信念,从而最大限度地减少不合理的信念给情绪带来的不良影响。

二、情绪的合理表达

情绪表达是一门学问,也是一种艺术,表达时要掌控得恰到好处。情绪表达具有相通性或相互感染性。即使没用语言的交流,一个人的表情、声调、姿态和动作所表达的情绪,也会影响周围的人。情绪表达不仅影响自己的身心健康,而且关乎人际交往。如果不合理地表达情绪,可能会带来更多困扰。因此,我们要合理地表达情绪。 合理表达情绪,要做到以下两点。①要先察觉自己和他人的情绪。能随时随地觉察自己情绪、掌控自我感觉的人才能成为生活的主宰,只有先察觉自己的各种情绪才能精确传达出自己的感受。能够觉察自己情绪的同时,还要进一步能做到觉察他人的情绪,从细微处觉察识别他人的情绪,能设身处地地站在别人的立场,为别人设想,善解人意,这样会特别具有同情心,同时也为良好的人际关系奠定了基础。②要适时适度表达情绪。了解了自己的真实感受后,要恰到好处地表达出来。要如亚里士多德所强调的"适时适所表达情绪":在极端情绪状态时为避免说出日后会后悔的话或做出后悔的行为就暂停情绪表达,不要当众表达自己的不满或愤怒情绪,在适当的场所以不伤人的方式适度表达内心的不满。

三、情绪的合理化宣泄

(一)学会倾诉

当遇到不愉快的事时,不要自己生闷气,把不良心境压抑在内心,而应当学会倾诉。当产生不良情绪时,朋友们聚一聚,一壶清茶,一杯咖啡,就事论事倾诉一番,把自己积郁的消极情绪倾诉出来,以消除紧张心理,恢复心理平衡。

(二)高歌释放

高声歌唱,是排除紧张、激动情绪的有效手段。当人们的不满情绪积压在心中时,不妨自己唱唱歌,曲的旋律,词的激励,唱歌时有节律地呼吸与运动,都可以缓解紧张情绪。

(三)以静制动

当人的心情不好,产生不良情绪体验时,内心都十分激动、烦躁,坐立不安。此时,可默默地莳花弄草,观赏鸟语花香,或挥毫书画,垂钓河边,通过清静雅致的态度平息心头怒气,从而排除沉重的压抑感。

(四)痛哭一场

哭是人类的一种本能,是人的不愉快情绪的直接外在流露。痛哭使悲痛情绪畅快淋漓地宣泄出来,同时流出的眼泪把情绪紧张或悲伤时体内产生的有害物质排出体外,可释放压抑。

(五)找到合适的出口

将情绪通过写作、绘画、唱歌、跳舞等方式表达出来,可以帮助我们释放压力和负面情绪。这些创造性的活动可以提供一个出口,让我们将情绪转化为艺术作品。

(六)适当运动

当情绪不佳的时候,通过锻炼身体来释放情绪,如爬山、跑步、打羽毛球等。在释放情绪的同时,还可以增强身体素质,提高精气神。

第四节　大学生不良情绪的表现

情绪会影响个人的精神状态和行为表现,在面对外界事物时,最常见的是喜悦、愤怒、悲哀、恐惧这四种情绪。不良情绪,就是情绪表现中对个人产生负面影响的情绪,如愤怒、悲哀、恐惧等。简单来说,情绪也可以看作个人需求是否被满足的一种表现,也就是说,当我们在看待某一事物时,这一事物能否达到自己的需要,是否满足自己的期待。如果能够满足,那么个体就不会产生不良情绪;如果得不到满足,那么个体就会把自己内心消极的体验表现出来。

一、自卑

自卑是个体出于某种原因(生理的或心理的缺陷或其他原因)而产生的对自我认识的一种消极的情绪体验,表现为对自己能力或品质评价过低、怀疑自己、看不起自己、担心失去他人尊重。个体会由于用一些生理、经济水平、社会层级等客观因素(也就是不由自己主观意志可以发生改变的因素)和他人进行比较,然后产生消极的认知,认为自己不如其他人,导致低的自我认同感。自卑的个体不管在生活中遇到什么问题,总是下意识地认为是因为自己,从而产生责备自己、认为自己能力不足等消极错误的自我认知。最后,个体被消极的情绪状态所包围,导致下一次遇到问题依然没办法解决,最终形成恶性循环。大学生自卑主要表现为害怕失败、遇事退缩、封闭自己等。也有的学生用另外一种方式表现出来,如不承认自己的不足并竭力掩饰,以使他人觉察不到自己的自卑,为此常常夸大自己的行为,故作炫耀,总想一鸣惊人;有时还表现出较强的虚荣心,对自己的不足和别人的评价很敏感,这一切都表现为自负,其实是为了掩饰自己的自卑。

二、焦虑

当前社会飞速发展,大学生面对的学业、就业、社交、经济等多重压力空前巨大,再加上互联网时代的信息爆炸可能使大学生面临选择困难和对未来的不确定感,导致许多大学生焦虑情绪严重。焦虑是人们在生活中预感到一些可怕的、可能造成危险的,或者需要付出努力和代价的事物将要来临,而又感到对此无法采取有效措施加以预防和解决,因此产生紧张期待的心情,表现出忧虑和不安、担心和恐慌。简言之,当人们对一件事情情况不明,感到没有把握,无能为力,而产生担心、紧张的情绪就是焦虑。在大学生中,焦虑常常表现为闷闷不乐、性情大变、脾气古怪、注意力不集中等,产生的主要原因有担心考试、学习、适应和就业等。例如,有的学生平时没有好好学习,担心考试不及格,出现焦虑情绪。有的学生面对严峻的就业压力,担心毕业就失业,从而产生焦虑现象。

【测一测】　　　　　　　　　　**焦虑症自测量表(SAS)**

【要求】

1.独立的、不受任何人影响的自我评定。

2.评定的时间范围,应强调是"现在或过去一周"。

3.每次评定一般可在10分钟内完成。

【填表注意事项】

下面有20条文字,请仔细阅读每一条,把意思弄明白,然后根据您最近一星期的实际情况,勾选适合的选项,A没有或很少时间,B小部分时间,C相当多时间,D绝大部分或全部时间。

1.我觉得比平时容易紧张或着急。A B C D

2.我无缘无故地感到害怕。A B C D

3.我容易心里烦乱或感到惊恐。A B C D

4.我觉得我可能将要发疯。A B C D

*5.我觉得一切都很好。A B C D

6.我手脚发抖打颤。A B C D

7.我因为头痛、颈痛和背痛而苦恼。A B C D

8.我觉得容易衰弱和疲乏。A B C D

*9.我觉得心平气和,并且容易安静坐着。A B C D

10.我觉得心跳得很快。A B C D

11.我因为一阵阵头晕而苦恼。A B C D

12.我有晕倒发作,或觉得要晕倒似的。A B C D

*13.我吸气呼气都感到很容易。A B C D

14.我的手脚麻木和刺痛。A B C D

15.我因为胃病和消化不良而苦恼。A B C D

16. 我常常要小便。A B C D

*17. 我的手脚常常是干燥温暖的。A B C D

18. 我脸红发热。A B C D

*19. 我容易入睡并且一夜睡得很好。A B C D

20. 我做噩梦。A B C D

计分

1. 正向计分题A、B、C、D按1、2、3、4分计；

2. 反向计分题按4、3、2、1计分。反向计分题号：5、9、13、17、19。

3. 结果分析：将20个项目的各个得分相加，即得总粗分。标准分等于总粗分乘以1.25后的整数部分。分值越小越好。

4. 标准分正常上限参考值为50分。标准分50~59分为轻度焦虑，60~69分为中度焦虑，70分以上为重度焦虑。

三、抑郁

抑郁是一种持续时间较长的低落、消沉的情绪体验，它常常与苦闷、不满、烦恼、忧愁等情绪交织在一起，一般表现为情绪低落、心境悲哀，甚至会出现对生活的无望感和强烈的无助感。在大学生中有抑郁现象的比较多，究其原因，主要是受到了这样那样的不顺心、不顺利及一些负性生活事件的影响，如学习成绩落后、失恋、人际关系紧张等。一般这样的学生情绪都比较低落，不稳定，不爱搭理人，做事情没有兴致，时间长了，容易造成心理情绪积聚，对学习、生活肯定会造成影响，严重的则会患上抑郁症。如果没有找到正常渠道发泄，可能会沉迷于一些自己觉得是正确的事物上面，例如网络。

【测一测】　　　　　　　　　　　**抑郁自评量表SDS**

下面有20条文字，请仔细阅读每一条，然后根据您最近一星期的实际情况，勾选适合的选项，A没有或很少时间，B小部分时间，C相当多时间，D绝大部分或全部时间。

1. 我觉得闷闷不乐，情绪低沉(忧郁)。A B C D

*2. 我觉得一天中早晨最好(晨重夜轻)。A B C D

3. 一阵阵哭出来或觉得想哭(易哭)。A B C D

4. 我晚上睡眠不好(睡眠障碍)。A B C D

*5. 我吃得跟平常一样多(食欲减退)。A B C D

*6. 我与异性密切接触时和以往一样感到愉快(性兴趣减退)。A B C D

7.我发觉我的体重在下降(体重减轻)。A　B　C　D

8.我有便秘的苦恼(便秘)。A　B　C　D

9.心跳比平常快(心悸)。A　B　C　D

10.我无缘无故地感到疲乏(易倦)。A　B　C　D

*11.我的头脑和平常一样清楚(思考困难)。A　B　C　D

*12.我觉得经常做的事情并没有困难(能力减退)A　B　C　D

13.我觉得不安而平静不下来(不安)。A　B　C　D

*14.我对未来抱有希望(绝望)。A　B　C　D

15.我比平常容易生气激动(易激惹)。A　B　C　D

*16.我觉得做出决定是容易的(决断困难)。A　B　C　D

*17.我觉得自己是个有用的人,有人需要我(无用感)。A　B　C　D

*18.我的生活过得很有意思(生活空虚感)。A　B　C　D

19.我认为如果我死了,别人会生活得更好(无价值感)。A　B　C　D

*20.平常感兴趣的事我仍然感兴趣(兴趣丧失)。A　B　C　D

2、5、6、11、12、14、16、17、18、20为正向评分题,依次评为1、2、3、4分;1、3、4、7、8、9、10、13、15、19为反向评分题,依次评为4、3、2、1分。待评定结束后,把20个项目中的各项分数相加,即得总粗分,然后将总粗分乘以1.25以后取整数部分,就得标准分。

结果解释

按照中国常模结果,SDS标准分的分界值为53分,其中53~62分为轻度抑郁,63~72分为中度抑郁,73分以上为重度抑郁。

SDS总粗分的正常上限为41分,分值越低状态越好。标准分为总粗分乘以1.25后所得的整数部分。我国以SDS标准分≥50为有抑郁症状。抑郁严重度=各条目累计分/80。结果:0.5以下者为无抑郁;0.5~0.59为轻微至轻度抑郁;0.6~0.69为中至重度;0.7以上为重度抑郁。仅做参考。

四、恐惧

这里所说的恐惧是指病态的恐惧,即对常人一般不害怕的事物或情境感到恐惧,或者恐惧体验过于强烈,持续时间太久,远远超出常人的反应范围。常见的大学生恐惧症主要是"社交恐惧",也就是大学生在人际交往时,害怕见生人,特别是人多的场合或有异性在场的情况下,产生紧张、焦虑、出汗现象,以致手足无措、语无伦次的情绪反应,从而形成令人尴尬的场面。小明是一名大一新生,来自一个小城市。在高中时期,他是一个内向而害羞的学生,总是喜欢独自一人做事情,很少参与班级活动。他对于与他人交流感到十分不安,经常觉得自己会说错话或做出尴尬的举动。

在大学的新生迎新会上,小明感到十分焦虑和不安。当他看到陌生人时,心跳加快,汗水不断涌出，甚至出现呼吸急促的症状。他不敢主动和别人打招呼，总是躲在角落里默默地看着别人聊天。即使有人主动和他交谈，他也会表现得很羞涩和局促不安，很难与他人建立起良好的关系。

在上课、实验、宿舍乃至食堂，小明总是感到被别人注视和评判，他害怕和别人交流，甚至想方设法逃避社交场合。他经常因为参加班级聚餐、社团活动或者做报告而感到极度的不安和压力，甚至做噩梦。由于无法与同学建立亲密的友谊，小明在大学的生活中感到孤立和失落，对未来感到十分悲观。

大部分人也会遇到像小明所经历的"社交恐惧"相类似的情况，这是一个正常现象，但是如果不对这些不良情绪表现进行调整，对我们各个方面都将产生重大影响。

五、愤怒

愤怒是当客观事物与人的主观愿望相悖时产生的强烈的情绪反应。如容易发火、脾气暴躁等。发怒对一个人的身心健康有伤害，当人发怒时，心跳加速、心律失常，严重时会导致心脏骤停，甚至猝死。另外，发怒会降低人的理智水平，阻塞思维，导致损物伤人，甚至违法犯罪。大学生中一些违法违纪事件大多是在发怒失控的情绪下发生的。

六、嫉妒

嫉妒是指因他人在某些方面胜过自己而引起的不快甚至是痛苦的情绪体验。其主要特征是把别人的优势视为对自己的威胁，因而感到心理不平衡，甚至恐惧和愤怒，于是借助贬低、诽谤以至报复的手段来求得心理的补偿或摆脱恐惧和愤怒的困扰。如在求职问题上，看到别人某些方面求职条件好，或找到比较理想的工作时，产生羡慕，进而痛苦又不甘心的心态，甚至为了不让他人超越自己而采取背后拆台等不良手段。

第五节　大学生不良情绪的自我调适

一、合理情绪疗法

合理情绪疗法也叫认知疗法，心理学家艾利斯认为，人的情绪和行为障碍不是由于某一激发事件直接引起的，而是由于经受这一事件的个体对它不正确的认知和评价所引起的信念，最后在特定情境下的情绪和行为结果。[①]艾利斯认为，人们要认识自己常有的不良情绪，并善于发现自己这些不合理的认知方式。最常用的方法是反诘，经常问一下自己："一定就是这样的吗？"如果一时想不清楚，就先把事情放一边，将自己的思考过程写下来，会发现其实这里面就包含各种不合理的信念。经常这样问问自己，培养一种良好的自省习惯，不良的情绪自然也就少了许多。

---

① 程绍珍，费鹤翔.大学生心理健康教育导论[M].郑州：河南医科大学出版社，2008.

大学生运用合理情绪疗法时要把握三点:第一,要认识到不良情绪不是源于外界,而是由于自己的非理性信念所造成的;第二,情绪困扰得不到缓解是因为自己仍保持过去的非理性信念;第三,只有改变自己的非理性信念,才能消除情绪困扰。

二、适度宣泄法

水管阻塞了,如果不及时疏导,可能会有破裂的一天;情绪也是如此,如果不及时将不良情绪释放出来,郁结在心里,将会越积越大,最终导致情感的崩溃。宣泄情绪的方法有多种,最常见的可以概括为七个字:哭、笑、喊、说、听、写、动。适时地哭出来,让眼泪冲洗内心的忧伤;大笑、微笑,放松肌肉,消除紧张;大吼出来,让内心的愤怒得到最大限度的抒发;找个信任的人尽情地倾诉自己内心的不快乐;信手涂鸦,劲笔挥墨,以文字和图画表达出自己的心情;运动起来,发泄多余的能量。这些都是不错的途径。

三、自信心训练法

在做每一件事之前都要积极自信、从容不迫。要看到自己的优势和长处,这是树立自信心的第一步。在做每件事时,要全身心地投入,尽力去做,减少不必要的担心。面对暂时的挫折不要后退,要想方设法战胜困难。几次成功的经验会使你的自信心增强,进而摆脱由于缺乏自信带来的情绪困扰。

四、自我暗示法

心理暗示对人具有很大的影响,它影响人的认识和判断。自我暗示包括积极的自我暗示和消极的自我暗示,前者让人自信乐观,后者令人消沉悲观。因此,我们要学会运用积极的暗示,消除不良的自我意象。特别是对于有自卑情绪的学生来说,可以经常在心里默念"我能行""我会发挥得很好""我一定能成功"等语句,或者写在纸上,或者找个旷野大声地喊出。这些方法对走出自卑、消除怯懦有一定的作用。

五、注意力转移法

注意力转移法即把注意力从消极情绪转移到积极情绪上。当不良情绪出现时,可以采取转移注意力的方法寻找一个新颖的刺激,激活新的兴奋中心以抵消或冲淡原来的兴奋中心,使不良情绪逐渐消失。如听听音乐,参加体育运动,进行自我娱乐,接受大自然的熏陶,参加有兴趣的活动等,使自己没有时间沉浸在由各种原因引起的不良情绪反应中,以求得心理平稳。

六、放松训练法

放松训练法是一种通过练习学会在心理和躯体上放松的方法,常用的有深呼吸、肌肉放松训练、冥想放松训练等放松练习方法。放松练习可以帮助人减轻和消除各种不良身心反应,如焦虑、恐惧、紧张、失眠等。

【互动体验】　　　　　　　　　全场按要求做放松心理训练

请把你的眼睛闭起来,把双脚平放在地面,把双手放在膝盖上。让我们深深地吸口气,慢慢地吐出来。请放松我们的头部,放松我们的颈部,放松我们的肩部,放松我们的背部,放松我们的胸部,放松我们的腰部,放松我们的臀部,放松我们的双臂,放松我们的双手,放松我们的双腿,放松我们的双脚。当我们全身都放松的时候,我们感觉到是那样轻松,是那样愉快。

这时,我们好像独自一人伫立在辽阔的草原上,辽阔的草原一望无际。青青的草地,微风吹来,它吹拂着我们的衣衫,吹拂着我们的黑发。这时,我们感觉到内心是那样惬意,是那样美妙。

悠然间,远处传来骏马的嘶鸣、羊群的欢叫。这时,我们感觉到那声音是那样悦耳,是那样动听。

举头凝望,蓝蓝的天空,飘来白云朵朵。这时,我们感觉到,白云是那样纯洁,是那样明净。

一群大雁从远方飞来,我们注目凝视,凝视着大雁慢慢地远去,慢慢地远去,把我们的思绪也带到了遥远的天边。

同学们,朋友们,在这个美丽的世界上,我们是不是一直在寻找,寻找一种奇妙的境界,现在,你感觉到了吗? 这种奇妙的境界就在你的眼前。

现在,让我们再一次深深地吸口气,慢慢地吐出来,当我们静静地坐下来的时候,当我们把一切思绪、一切压抑全都抛开的时候,我们感觉到是那样轻松,我们感觉到是那样愉快。

下面,我从一数到五,然后,大家把眼睛睁开,感受一下自己现在的心理状态。

课余时间,同学们可以找一个僻静的地方进行自我放松训练。每次10分钟,直到消除紧张为止。

【互动体验】　　　　　　　　　入睡困难,严重失眠

熄灯后,翻来覆去睡不着,浮想联翩,烦恼的情绪总是困扰着自己。长期失眠对我们伤害最大,要认真对待。

治疗失眠最有效的方法是进行自我催眠。

第一步：准备。取卧姿或坐姿，将双手手心贴在腹部。双目微闭，自然呼吸，关注自己的呼吸5~10分钟。

第二步：意念。在意念中把自己放入大自然中，感悟自己的渺小、自然、和谐、放松，达到一种忘我的境界。对事物保持平和的心态，忘记烦恼，消除杂念。

第三步：呼吸。深吸气，并感觉自己最喜欢的花香；深呼气，同时想象高山、大海、天际，从具体到抽象，越远越好。

第四步：通体贯气。想象自己浑身都在吸收大自然的有益气体，同时排除浊气。

第五步：舒展入睡。想象"现在全身已经放松，很无力，很舒服，很想睡觉了"，慢慢地就会自然睡去。

七、音乐调节法

音乐能够给人们带来精神上的愉悦和享受，能够舒缓情绪，调节心理状态，也能唤起内心对美的感知和向往，从而起到净化心灵、促进健全人格的形成和完善。开心快乐时，以音乐助兴；伤心失落时，以音乐慰藉；疲惫不堪时，亦以音乐醒神。时至今日，音乐已经融入生活的方方面面，应用音乐进行情绪疏导得到广泛认同。

在国外，音乐调节已应用到了外科手术和治疗精神病、抑郁症、焦虑症等病症上。如忧郁烦恼时可以听《蓝色多瑙河》《卡门》《渔舟唱晚》等意境广阔、充满活力、轻松愉快的音乐，失眠时可以听莫扎特的优雅宁静的《摇篮曲》、门德尔松的《仲夏夜之梦》等乐曲，情绪浮躁时可以听《小夜曲》等宁静清爽的乐曲。每个人都可以根据自己的情绪状况，选择适合的音乐来调节自己的情绪情感状态。

面对国际日益复杂的经济发展形势，国内大学生就业问题也遇到了前所未有的新挑战，这也为大学生就业带来更多的心理压力。音乐治疗学作为一门新兴的集音乐学、心理学、医学等多种学科为一体的交叉学科，在人的负面情绪干预过程中具有独特优势。将音乐治疗引入大学生就业压力管理之中，运用体系化、规范化、科学化的音乐心理治疗技术，不仅有助于减少大学生就业负面情绪，对于促进大学生心理健康也同样具有积极的现实意义。

本章小结

情绪是一种复杂的心理活动，情绪正负反应，将直接影响到个体的行为变化，而如何抑负扬正，则是保持良好情绪，形成积极向上的竞争意识的前提和基础。情绪管理就是将情绪提升到管理科学和教育理念的层次上进行研究和探讨。诸多科学研究和生活实例表明，人格缺陷和人格障碍往往与人的情绪的消极因素相关。不良情绪的存在，正是人格缺陷和人格障碍的重要诱因,情绪作为与之密不可分的心理过程,对意志、情感、品质的发展具有催化和整合作用。可见,良好的情绪有助于个体形成稳定、积极、乐观的性格。因而高校的情绪管理对于增进大学生心理健康,充分发展学生的智力、情感、意志,并使之协调发展,构成完整人格,增进学生对现实的适应能力都有着极为重要的现实意义。

本章讨论

1.你对情绪管理是如何认识的?

2.你认为情绪管理对每个人的生活起着怎样的作用?

3.你认为情绪失控时,应该如何寻求帮助?

推荐阅读

安其.萌宠对大学生情绪加工的影响[D].开封:河南大学,2022.

丁献华,周红琴,马雪玲.芳香植物缓解大学生焦虑情绪的比较研究[J].现代园艺,2024,47(6):13-15.

胡慧娴,周世杰,许明鉴.智能手机成瘾在大学生无聊倾向与负面情绪中的中介作用[J].延安职业技术学院学报,2024,38(1):19-23.

李梓杰.大学生自卑、自我补偿和炫耀性消费的关系研究[D].石家庄:河北师范大学,2021.

林文霞.大学生道德榜样认同中的情绪影响及其教育应用研究[D].南宁:广西大学,2023.

刘帅,施霞.大学生日常压力与负性情绪的多层分析:情绪调节困难与心理韧性的作用[J].晋城职业技术学院学报,2024,17(1):53-59.

刘智惠.小组互动模式介入大学生情绪管理能力提升的应用研究:以A大学W学院为例[D].包头:内蒙古科技大学,2023.

买合巴·阿布都热西提.寻解治疗模式介入大学生不良情绪的个案研究[D].武汉:华中农业大学,2022.

张勇,邵颖.音乐治疗在大学生就业负面情绪管理中的应用研究[J].当代音乐,2019(12):55-56.

周莉.高校音乐教育对大学生情绪疏导的作用分析[J].中国民族博览,2023(14):107-110.

第九章 大学生人际交往

友情在过去的生活里,就像一盏明灯,照彻了我的灵魂,使我的生存有了一点点光彩。

——巴金

☆本章导读

对于大学生来说,良好的人际关系是心理正常发展、个性保持健康和具有安全感、幸福感和归属感的必然要求。然而,并不是每个大学生都能处理好人际关系,随着社会的不断开放和多元文化的相互融合,大学生在人际交往中会出现很多困惑。大学生的成长是一个"成器"和"成我"的过程,既要深入掌握科学文化知识,又要着力培养人际交往能力。在现实环境中,大学生由于人际关系不和谐,在处理各种交际问题时冲突不断,从而影响学习和生活,需要引起我们的深刻反思。据有关调查表明,大学生心理问题中,关于人际交往的占50%以上。在人际交往过程中,由于受到社会影响,加上家庭教育和自身素质的原因,相当多的大学生都存在着不同程度的人际关系不良和心理障碍问题。本章将帮助大学生了解人际交往方面的相关基本理论和知识,把握人际交往的基本原则和技巧,提高人际交往能力。

【寓言故事】　　　　　　　　　　天堂与地狱的区别

一个人不知道天堂与地狱的区别,于是他去找上帝,上帝先带他去了地狱,他看到所有人都是面黄肌瘦,但面前都是美食,每个人手里都拿着一双长长的筷子,很多人都在努力吃东西,但筷子太长了,永远都吃不进自己嘴里。上帝又带他去了天堂,结果天堂里的人用着同样的筷子,吃着同样的食物,但是个个都红光满面,欢声笑语,原来他们用长筷子吃饭,吃不到自己嘴里,但两个人可以相互喂饭,也其乐无穷。

这个故事包含了人际交往方面的什么寓意呢?

它告诉我们人际交往的重要性:积极的人际关系1+1>2。良好的人际关系可以使我们更好地生活。

第一节 人际关系概述

【心理实验】

> 美国心理学家沙赫特做过这样一个实验:他以每小时15美元的酬金雇人到一个小房间去。这小房间与外界完全隔绝,里面没有报纸、电话和信件,也不让其他人进去,甚至连身上的钱包也不让带。最后有五个人应征参加实验。其中一人在小房间只待了两个小时就出来了,三个人待了两天,另一个待了八天。这个待了八天的人出来后说:"如果让我再在里面待一分钟,我就要发疯了。"实验证明,没有一个人愿意同其他人隔绝。人是很难忍受长时间与他人隔绝的,人们需要人际交往,并且我们每个人对孤独的承受能力都有所不同,对人际交往的需求程度也存在相当大的个体差异。
>
> "人际交往是人的生物本能需要,就像人需要吃饭、睡觉一样。"

良好的人际交往是人们心理需要的重要标志。医学心理学研究的结果表明:长期孤独、独处的人慢慢会变得精神忧郁、变态,其寿命比开朗、爱交往者短。

从心理卫生学角度看,良好的人际交往可以满足人们的安全感、归属感,提高自尊心,增强力量感,获取友谊和帮助,有利于人的身心健康;反之,人际关系失调,会严重影响身心健康,产生不良的情绪反应,诸如焦虑、不安、恐惧、孤独、敌对等。

人际关系的构建和选择对营造良好的社会关系以及生活环境等均具有关键作用,在大学阶段,是大学生身心健康发展的关键。良好的人际交往氛围会促成良好人际交往关系的形成,因此在大学生人际交往路径构建中,应重点把握人际交往氛围对人际交往关系的影响。

事业成功、生活幸福是所有人的奋斗目标。当然,每个人的价值观不同,对于成功和幸福的理解也不相同,但是有一点是共同的,那就是取得成功、获得幸福的基本条件首先是和谐的人际关系。那么,什么是人际关系呢?

一、人际关系的含义

人际关系是人在社会生产和生活中建立的一种社会关系,其产生受环境因素以及心理因素的影响。人际关系,指人与人之间心理上的关系,表现为人与人之间的心理距离,反映人们寻求需要满足的心理状态。人际关系包括的范围非常广泛,朋友、同学、师生相处的模式以及交往的形式都可以被称为人际关系。

一般来说,人的心理分为知、情、意三层结构。知为认知系统,情为动力系统,意为控制系统。这三个子系统相互作用,相互影响,就构成了心理结构的整体系统与功能。人际交往的心理结构也包括人际认知、人际情感和人际行为这样三个具有内在联系的具体层面。

(一)人际认知

人际认知,是指人与人在交往过程中的相互认知,即通过彼此相互感知、识别、理解而建立的一种心理联系。它包括自我认知、对他人的认知、对人际关系的认知三个方面。人际认知是人际交往的基础,因为人际交往的建立首先是从人与人之间的相互认知开始的。同时,人际认知又是一个双向的互动过程,一方面要使自己了解他人,另一方面也要使他人了解自己。为了使他人更好地理解自己,我们就需要一定程度上的"自我暴露",也就是向他人开放一定的自我领域。假如一个人总是像蜗牛一样,身上背着一个厚厚的硬壳,把自身紧紧地包裹在里头,使他人难识其庐山真面目,他人也就根本无从与其深入交往。当然,真正的人际认知是一件十分困难的事情,几乎谁都无法完全理解他人内在的精神世界。故人们可随着交往频率的增多,逐步加深对他人的了解。

(二)人际情感

人际情感是指人际交往中各自的需要是否得到满足而产生的情绪、情感体验。通常情况下人们将人际情感分为积极(正情感)和消极(负情感)两种类型。前者是指导致人相互亲近、融合的情感,诸如喜欢、喜爱等,而后者是指导致人相互疏远、分离的情感,例如厌恶、仇视等。但是在现实的生活中人们之间的情感除了上述两种类型外,还有一种若即若离、不即不离的中性情感,而且在人际交往中这种中性情感大量存在着。由于人际交往在心理上总是以彼此满意不满意、喜爱不喜爱等情感状态为特征,因此,人际情感就成为人际交往的核心,它是人际交往中最本质、具有决定性影响的因素,是衡量人际关系的晴雨表。"问世间情为何物,直教人生死相许。"人际情感相当细腻微妙、敏感、易碎、善变,需要小心呵护,悉心培育,精心经营。

(三)人际行为

人际行为是指双方在相互交往过程中的外在行为的综合体现,它包括人们的仪容仪表、服饰打扮、言谈举止、礼仪礼节等。在人际交往中,不论是认知因素还是情感因素,都要通过人际行为表现出来。人际行为是人际交往的调节杠杆,人们可以通过各种行为调节、修补、完善人际关系。

二、人际关系的类型

人际关系的复杂性使心理学家对人际关系的分类莫衷一是,下面列举几种较有代表性的分类方式。

(一)按人际关系的媒介分类

在社会交往中,人与人之间形成了不同层次的人际关系,这些关系反映了人与人之间相互吸引的程度。按照人际关系的媒介不同,可以将其分为血缘人际关系、地缘人际关系、业缘人际关系和趣缘人际关系。

血缘人际关系是一种天然的人际关系。这类关系是在具有血缘关系和姻亲关系的家庭(家族)内部进行的。人们与父母、兄弟、姐妹、姑舅姨亲等的关系均属此类。这些关系又因关系媒介联系而划分为不同层次,构成一个个横竖交错的血亲关系网。血缘性是人际交往中最基本、最直接、最普遍的交往。尤其是在我国这个以家庭为本位的国度里,血缘关系在人际交往中占了极大的分量。

在与父母的关系上,许多同学都存在着矛盾心理。一方面觉得上大学就可以独立了,不再受父母约束了,尤其是空间上的距离确实可以使人感受到这种自由;但另一方面,由于上学的经济来源主要还是父母,心理的不成熟,无论是在物质上还是心理上仍脱离不开父母,以各种方式与父母保持着复杂和极具情感色彩的关系,而与父母的关系又不同程度地影响着大学生的自我成长。

地缘人际关系是因人们共同生活的空间和地域相同或接近的缘故而形成的人际关系,如邻里关系、同乡关系等。正因为交往双方都有着共同的地域文化背景,如语言、风俗、习惯、观念等,自然会产生彼此的相互认同。人们常说:美不美,家乡水;亲不亲,故乡人。"老乡见老乡,两眼泪汪汪",此种乡情情节也会油然而生。在大学生中,尤其是刚入学的新生中,最常见的一种形式就是同乡会,因为它能使新生们在异地感到乡情的温暖。

业缘人际关系是以共同的职业、学业、行业、专业、事业为纽带而形成的人际关系,如同学、同事、战友、师生等交往关系。血缘性和地缘性是以情感色彩占主导地位,但在业缘性的人际关系中利益的色彩更为突出,合作与竞争是永恒的主题。因而其在整个人际交往中所占的比例最大,对社会影响也最大。在大学校园里,以学业为纽带形成的人际关系包括师生关系、同学关系、宿舍关系等。同学关系是大学生业缘人际关系中最主要的关系。大学生尤为重视同学关系,更愿意以同学的行为作为参照标准,更在意同学的评价,更看重同学的肯定与认可,对同学关系的重视是因为它可以给自己以归属感。随着人的自我成长特别是到了青春期,被同龄人和身边的团体所接纳是归属感的重要满足,并且希望把同学关系发展成朋友关系,多交朋友。

趣缘人际关系指人们以共同的兴趣、爱好为主而结成的人际关系,由于趣味相投而乐于交往,表现为知己、朋友、棋友、酒友等。大学里的诗社、各类兴趣小组、协会等均属于此类。"道不同,不相为谋"。趣缘性交往一般以志同道合为基础,以情感上的依恋为主要特征。

(二)按照互动的方式分类

美国心理学家雷维奇曾经对一千多对夫妇进行研究,并把人际关系分成八种类型:主从型、合作型、竞争型、主从-竞争型、主从-合作型、竞争-合作型、主从-合作-竞争型、无规则型。在这八种类型中,主从型人际关系是最基本的一种,几乎所有的人际关系都有主从型人际关系的成分。如果我们仔细观察,会发现生活中有些人较为喜欢支配别人,而有些人则相反——愿意服从别人的支配,如果两者碰到一起就成就了主从型人际关系,周瑜打黄盖——一个愿打一个愿挨。竞争型人际关系是指交往的双方为了各自的目标而相互竞争、互相排斥的人际关系。人们较为推崇的人际关系是合作型的人际关系,指交往的双方为了达到共同的目标而达成的互相配合、互相忍让的人际关系。需要指出的是,现实生活中人际关系的区分并非泾渭分明,而是彼此杂糅。

(三)按照人际反应倾向分类

按人际关系的需求分为三类:包容的需求、支配的需求、感情的需求。在人们的交往行为中每个人对别人的需求方式是不一样的,这也使每个人对他人的基本反应倾向有所不同,这种基本的反应倾向叫作人际反应特质。

三、人际关系发展过程的心理阶段

勒温格等人认为,关系的发展有三个阶段:第一是单向注意阶段,双方没有互动。第二是表面接触阶段,双方有初步的、浅层的互动,但是还没有相互卷入,也就是说没有走进彼此的私我领域。一般的泛泛之交就停留在这一阶段。第三是相互卷入阶段,双方向对方开放自我,分享信息和感情,这是友谊发展的阶段。

阿特曼等人提出了社会渗透理论(Social Penetration Theory)来解释关系发展的过程。他们认为人际交往主要有两个维度:一是交往的广度,即交往或交换的范围;二是交往的深度,即交往的亲密水平。关系发展的过程是由较窄范围内的表层交往,向较广范围内的密切交往发展。人们根据对交换成本和回报的计算来决定是否增加对关系的投入。阿特曼等认为,良好的人际关系的发展,一般经过四个阶段:定向阶段、情感探索阶段、情感交流阶段、稳定交往阶段。

(一)定向阶段

这个阶段包含着对交往对象的注意、抉择和初步沟通等多方面的心理活动。在熙熙攘攘的大千世界中,我们并非同任何人都能建立良好的人际关系,而是对交往对象具有高度的选择性。通常情况下,当我们进入一个交际场合,能够引起我们特别注意的只有那些具有某种会激起我们兴趣的特征的人,而对另外一些人则视而不见,或者只是礼貌性地打个招呼。注意也是选择,因它本身反映着某种需要倾向,但这种选择是自发的、非理性的。与注意不同,抉择是理性的决策。我们究竟决定选择谁作为交往对象,并与之保持良好的人际关系,往往要经过自觉的选择过程。只有那些在我们的价值观念上具有重要意义的人,我们才会选作交往和建立人际关系的对象。

初步沟通是我们在选定一定的交往对象之后,试图与这一对象建立某种联系的实际行动。目的是对别人获得一个最初步的了解,以便使自己知道是否可以与对方有更进一步的交往,从而使彼此之间人际关系的发展获得一个明确的定向。由于初步沟通实际上是试图建立更深刻关系的尝试,因此,尽管我们所暴露的是最表面的有关自我的信息,如谈谈自己的职业、工作、对最近发生的新闻事件的看法等，但我们都希望在初步沟通过程中给对方留下良好的第一印象，以便使以后关系的发展获得一个积极的定向。

人际关系的定向阶段，其时间跨度随不同的情况而不同。邂逅而相见恨晚的人，定向阶段会在第一次见面时就完成。而对于可能有经常的接触机会而彼此又都有较强的自我防卫倾向的人，这一阶段要经过长时间沟通才能完成。

(二)情感探索阶段

如果在定向阶段双方有好感，产生了继续交往的兴趣，那么就可能进入情感探索阶段。这一阶段的目的，是彼此探索双方在哪些方面可以建立真实的情感联系，而不是仅仅停留在一般的正式交往模式。此时随着交往双方共同情感领域的发现，彼此间的沟通也会越来越广泛，同时自我暴露的深度和广度也会逐步增加。在这一阶段人们在双方关系上已经开始有一定程度的情感卷入，但是还不会涉及私密性的领域，自我暴露也不涉及自己根本的方面。此外，双方的交往还会受到角色规范、社会礼仪等方面的制约，彼此注意自己表现的规范性，具有很大的正式交往的特征。

(三)情感交流阶段

如果在情感探索阶段双方能够谈得来，建立了基本的信任感，就可能发展到情感交流阶段，此时双方关系的性质开始出现实质性变化，彼此的人际关系安全感已经得到确立，并有比较深的情感卷入，谈论一些相对私人性的问题，例如相互诉说工作、生活中的烦恼，讨论家庭中的情况等。在这一阶段，双方的表现已经超越了正式规范的限制，比较放松，比较自由自在，此时，人们会相互提供真实的评价性的反馈信息，提供建议，彼此进行真诚的赞赏和批评，如果有不同意见也能够坦率相告，没有多少拘束。但是如果关系在这一阶段破裂，将会给人带来相当大的心理压力。

(四)稳定交往阶段

情感交流如果能够在一段时间内顺利进行，人们就有可能进入更加密切的阶段——稳定交往阶段。在这一阶段，人们心理上的相容性会进一步增加，自我暴露也更广泛深刻，此时彼此双方已经可以允许对方进入自己高度私密性的个人领域，分享各自的生活空间、情感、财物等，相互关心也更多。但是在实际生活中，能够达到这种境界的关系相当少，许多人同别人的关系并没有在第三阶段的基础上进一步发展，而是仅仅在第三阶段的同一水平上简单重复。这也就是人们常说的"人生难得一知己，千古知音最难觅"。

由此可见，好的人际关系是需要时间发展，需要耐心培养的。

第二节　大学生人际交往及影响因素

人际交往是大学校园生活的一部分，是每一位大学生的必修课。拥有良好的人际关系，进行适当的人际交往，有利于大学生的身心健康及个人综合素质的发展。

一、大学生人际交往的基本特点

作为人类社会的一个组成部分,大学生是一个比较特殊的群体,主要表现在以下三个方面:首先从成长过程来说,他们正处于从学校走向社会的过渡阶段;其次从心理发展来说,他们正处于走向成熟而又未真正成熟的阶段;最后从生活环境来说,大学校园这个相对单纯的内部环境和社会这个复杂得多的外部环境交织在一起,构成了大学生特殊的生活环境。这一切导致了大学生的人际交往具有特殊性。

(一)人际交往需求的迫切性

人际交往是人的基本需要之一,青年大学生思想活跃、精力充沛、兴趣广泛,与其他年龄段的人相比,这种需要更为迫切。此外,大学生随着知识的增长,心理的逐步成熟,成人感也日益增强,加之进入了一个全新的人际环境,因而他们迫切希望别人了解自己,渴望得到他人的尊重和承认,也急于了解他人和社会。

(二)人际交往的平等性

随着自我意识的发展,独立和自尊的要求日益增强,于是产生了强烈的"成人感",对交往的平等性要求越来越高。他们既对他人平等相待,又希望他人对自己也一视同仁。所以大学生更多地选择与同辈交往而远离父母,经常回避居高临下的教训,渴望平等交往。而那些傲慢无礼,不尊敬他人,操纵欲、支配欲、嫉妒、报复心强的人常常不受欢迎。

(三)人际交往的理想性

大学生的人际交往具有浓厚的理想色彩,比较重思想,纯洁真诚。无论是对朋友,还是对师长,都希望不掺任何杂质,以理想标准要求对方,一旦发现对方某些不好的品质就深感失望。与其他人群相比,大学生人际交往的挫折感较强,致使大学生中出现渴求交往和自我封闭的双重性。

(四)人际交往对象的易变性

大学生虽然思想观念初步建立但不够稳定,交往的对象、内容、方式都容易发生变化。

(五)人际交往的情感性

大学生的交往对象大部分是同学,交往中涉及的内容以学习、思想、娱乐等为主,增进感情和友谊是交往的主要目的。此外,由于性生理的成熟,对异性交往存在好奇和敏感性。

(六)人际交往的不成熟性

主要表现在两个方面,即行为上的不成熟和心理上的不成熟。前者如缺乏交往技巧,后者如过分关注自我需要和形象,或自卑,或自负等。此外,部分大学生还存在着这样或那样的交往障碍。

大学生人际交往除了具有以上特殊性,其发展的趋势主要表现在两个方面:从交往目的看,情感型交往与功利型交往并重且交往范围逐渐扩大;从交往方式看,以宿舍为中心,社会工作和网络社交占主导。

二、大学生人际交往的影响因素

大学生良好人际关系的建立,受到各种因素的制约和影响,其中有外在的环境因素,也有个体自身的心理因素。

(一)环境因素

近年来,随着互联网技术的飞速发展和社交媒体的普及,大学生人际交往面临着新的挑战。特别是作为"00后"一代的大学生,他们在成长过程中面临着与前几代不同的社会环境和价值观念的影响。与此同时,他们也面临着个人主义观念的兴起、虚拟社交媒体的影响以及人际沟通技巧的欠缺等问题。这些问题对于大学生的人际关系和心理健康产生了重要影响,需要引起我们的关注和重视。

随着我国经济的发展和全球化的日益加深,人们的思维方式、价值观念、行为举止等都发生了巨大的变化,逐步呈现多元化的趋势。有人对大学生交友的目的做了调查,结果显示,有50%的学生交友是为了丰富大学生活,有18%的学生表示交一些有用的朋友有利于将来事业发展。在大学生的交友中,享乐主义、拜金主义等错误思想有蔓延的趋势,相当一部分同学对人际关系现状感到迷惘,70%以上的人在人际交往中感到缺乏信任感和安全感。

(二)心理因素

1.认知因素

这是大学生人际交往障碍中比较突出的问题。大学生在建立良好人际关系过程中的认知因素,包括对自己的认知、对他人的认知和对交往本身的认知。青年期自我意识迅速增强,青少年愿意主动交往,但其社会阅历有限,接触社会也有限,不了解人的整体面貌,心理上也不够成熟,因此交往中常带有理想的模型,并以此在现实生活中寻找知己,一旦理想与现实不符,则产生交往困难,有的甚至发展为人际交往障碍。

在大学生的人际交往中存在两种对立的认知态度:一种是极端地以自我为中心,我行我素,清高自傲;一种就是过分自卑,一味地迁就、忍让。对自己认知的关键是自我评价是否恰当,过高地评价自己,会引起骄傲自大,在人际交往中盛气凌人,或不屑交往;而过低地评价自己,则会引起自卑,害怕与他人交往,导致人际交往的恐惧心理,如社交恐惧等。

2.情绪因素

人际交往有浓重的情感色彩,情感的好恶决定着交往者今后彼此间的交往行为,这是处于青年期大学生人际交往的一大特点。大学生感情丰富,情感变化较快,缺乏稳定性,有时对人对事过于敏感,有时又很容易冲动,很容易凭个人一时的好恶改变对人的看法,产生一些不良的情绪和行动,导致人际关系缺乏稳定性,造成人际交往困难或障碍。

3.人格因素

人格因素是人际关系中的重要因素,人格缺陷容易给对方以不良的评价,导致人际交往障碍。大学生在交往中,应努力塑造一些积极的人格特征,如尊重、宽容、真诚、富有同情心等,尽量避免如虚伪、自私、嫉妒、猜疑、固执等消极的人格特征,逐渐形成健全完善的人格,为建立良好的人际关系打下坚实的基础。

第三节　大学生人际交往原则与技巧

一、大学生人际交往原则

良好人际关系的建立需要交往双方在交往过程中遵循一定的原则,人际交往的原则主要表现在以下五个方面。

(一)平等原则

这是人们在交往过程中首先需要坚持的一大原则,平等是建立良好人际关系的基石。平等包括交往双方人格上的平等、付出与收获的平等、需求与满足程度的平等。人际交往作为人们之间的心理沟通,是主动的、相互的、有来有往的。人都有友爱和受人尊敬的需要,都希望得到别人的平等对待,人的这种需要,就是平等的需要。中国有句古语"己所不欲,勿施于人",其实传达的就是一种平等的理念。像电影《相助》中,大部分白人看不起黑人。而作为主人公的米妮就是黑人,米妮也曾遭遇过种族以及其他方面的歧视和不平等对待。米妮在希莉家做保姆做了很久也做得很好,但是,就因为使用了希莉的厕所,米妮在大雨天被赶了出去,后来还被希莉冤枉说她偷东西,以至于无人再雇佣她,还害得她被老公家暴。

米妮后来遇到的雇主西莉亚不被镇上的女人们接受,觉得她虽然是白人但太粗俗了,就是个乡下人。但她对米妮却很好,从来没有觉得米妮低人一等。她光着脚出来迎接米妮,并且她愿意和米妮在同一张桌子上吃饭,还会很温柔地帮米妮擦拭遭遇家暴后的伤口。米妮也会给西莉亚做很多好吃的,也会在西莉亚伤心难过的时候陪伴着她,照顾着她。从中可以看出,西莉亚平等对待、尊重米妮,没有因为其是黑人而歧视她。

(二)相容原则

相容主要指人际交往中的心理相容,即指人与人之间的融洽关系,与人相处时的容纳、包涵、宽容及忍让。要做到心理相容,应注意增加交往频率、寻找共同点、谦虚和宽容。为人处世要心胸开阔,宽以待人。要体谅他人,遇事学会设身处地地为别人着想。学会了宽容别人,也就善待了自己,因为宽容是人和人之间必不可少的润滑剂,宽容有助于扩大交往空间,滋润人际关系,消除人与人之间的紧张和矛盾。校园中每个人都有自己的个性、缺点和不足,在人际交往中也难免遇到一些不愉快的事情,出现一些矛盾和误解,这就需要我们学会宽容、克制和忍让,要承认同学间的差异,允许不同的观点、见解和方式的存在,尊重和理解别人的选择。

(三)交互原则

心理学家霍曼斯提出,人与人之间的交往本质上是一个社会交换过程。交换的原则是:个体期待人际交往对自己是有价值的,即在交往过程中的得大于失,至少等于失。人们的一切交往行动及一切人际关系的建立与维持都是双方根据自己的价值观进行选择的结果。如果一方只索取不给予,交往就会中断。互利性高,交往双方关系就稳定、密切;反之,双方关系就疏远。阿伦森等通过大量的实验研究发现,人际关系的基础是人与人之间的相互重视、相互支持。任何人都不会无缘无故地接纳我们、喜欢我们。别人喜欢我们是有前提的,那就是我们也要喜欢他们,承认他们的价值,对他们起支持作用。人际交往当中喜欢与厌恶、接近与疏远是相互的。在一般情况下,喜欢我们的人,我们才会喜欢他们;愿意接近我们的人,我们才愿意接近。而对于疏远我们、厌恶我们的人,我们的反应也是相应的,对他们会疏远或厌恶。

(四)信用原则

信用即指一个人诚实、不欺骗、遵守诺言,从而取得他人的信任。人离不开交往,交往离不开信用。要做到说话算数,不轻许诺言。信任作为社会交往的基石,直接关系到各个领域的合作和协同。在当今社会,信任是各领域关系发展的基础。孔子的"言而有信"原则对于社交网络、商业合作等领域的人际关系建设至关重要。与人交往时要热情友好,以诚相待,不卑不亢,端庄而不过于矜持,谦逊而不矫饰做作,要充分显示自己的自信心。一个有自信心的人,才可能取得别人的信赖。处世果断、富有主见、精神饱满、充满自信的人就容易激发别人的交往动机,博取别人的信任,产生使人乐于与你交往的魅力。《立木为信》就体现了这一原则。

公元前356年,商鞅任秦孝公之相,欲为新法。为了取信于民,商鞅立三丈之木于国都市南门,招募百姓有能把此木搬到北门的,给予十金。百姓对这种做法感到奇怪,没有敢搬这块木头的。然后,商鞅又布告国人,能搬者给予五十金。有个大胆的人终于扛走了这块木头,商鞅马上就给了他五十金,以表明诚信不欺。这一立木取信的做法,终于使老百姓确信新法是可信的,从而使新法得以顺利地推行实施。

(五)理解原则

理解主要是指体察了解别人的需要,明了他人言行的动机和意义,并帮助和促成他人合理需要的满足,对他人生活和言行的有价值部分给予鼓励、支持和认可。从大学生人际交往的角度来看,就是能站在对方的立场思考问题,不以自我为中心,能进行换位思考,从而充分感受对方的思想、情绪,使沟通的过程更加深入和顺畅。要想建立良好的人际关系,就应多为他人着想,如古人所说:"己欲立而立人,己欲达而达人;己所不欲,勿施于人。"孔子借伞就体现了这一原则。

春秋时期,孔子及他的弟子经常到其他国家游学。有一次,孔子到晋国游学,途中,天空乌云密布,大雨就要来临。于是,子路就去向附近的一户人家借伞。可是,这户人家生活贫困,如果是雨天,要么不外出,要么摘莲叶或芋叶挡雨,根本用不起雨伞,更别说有雨伞可以借给别人了。子路一脸无奈,只好无功而返。

子贡听说子路借不到伞,便自告奋勇地再次去借伞。他来到另外一户人家,见房舍整齐,牛羊成群,鸡鸭绕户,心中暗暗自喜,这下肯定能借到了。可是这家主人看到是陌生人,语言又不通,只是一个劲儿赶他走,子贡根本没有机会与他交流,只好失望而归。

正在大家一筹莫展之际,子路突然说:"先生,子夏家就在附近,咱们到他家去借伞吧。"孔子一听,连忙摇摇头说:"不要去!不要去!"子路着急地说:"先生,我们连续去了两家,都借不到伞。子夏是你的弟子,肯定能借到。"孔子摸着胡子,微微一笑,说:"我们还是到另外一家去借吧。"孔子带领子路他们,继续向下一户人家走去。

事后,子路请教孔子,孔子感慨地说:"子夏是个护财的人,如果看到是老师来借伞,就会勉强借给我,但他内心会很痛苦;如果他不借,别人就会说他吝啬,说他不尊敬师长。我不去借伞,既可以让他不痛苦,又可以保全他的名声,何乐而不为?"子路若有所思地点点头。

这则小故事告诉我们:在与人相处时,不能只站在自己的角度上想问题。如果我们能站在别人的角度思考问题,就会减少很多麻烦。与人沟通的方式是要有合理的余地,不要按自己的意愿做事,一意孤行。要充分了解他人,多换位思考,要知道别人的短处和长处,不要用别人的短处来相处和考验,否则就会友谊不长久。

上述这些人际交往的基本原则,是处理人际关系不可分割的几个方面。运用和掌握这些原则,是处理好人际关系的基本条件。

二、学会积极人际交往,构建和谐人际关系

美国著名学者卡耐基曾说:"一个人事业上的成功,15%靠他的专业技术,85%靠他的人际关系和处世技巧。"卡耐基一语道出了人际关系的重要意义,人际关系是人之基本社会需求,可助自我了解,可达到自我实现与肯定。每个人都希望自己能够拥有良好的人际关系,能够拥有很多知心朋友,但是由于受到各种主观因素和客观因素的影响,交往双方在交流信息、沟通思想时往往会不太顺利,产生各种障碍,甚至会造成人际关系紧张等问题。如果我们能够在充分展示自我魅力的基础上,主动掌握一些有效的人际交往技巧,那么在解决人际冲突、改善人际关系方面就会如鱼得水,收放自如。

(一)树立良好的第一印象——用最佳印象打好长期交往的基础

有位名人曾经说过:"一见面就让别人喜欢你,绝对是一项可以受益终身的本领,也是走向成功的一大资本。"人际交往是从首次印象开始的,第一印象往往鲜明和强烈,并决定

了个体最初的吸引力,也常意味着交往能否继续下去以及交往的质量。给人留下良好的第一印象是交往成功的第一步,因为第一印象一经建立,对于后来获得信息的理解和组织有着强烈的定向作用。由于人的认知平衡和心理平衡的作用,人们必须使后来获得信息的意义与已经建立起来的观念保持一致,这就是首因效应。如一位大学生刚入大学,出色的自我介绍在同学们头脑中留下了良好的第一印象,即使以后表现不如以前也会被认为是不够尽力而非能力问题。一般情况下,第一印象首先来自外部特征,如仪表、言谈举止等,因此我们首先应该注意自己外表和体态语言的塑造,具体要做到穿着得体、举止大方、文雅、礼貌、谦虚、面带微笑等。古语有云:"新官上任三把火""早来晚走""恶人先告状""先发制人""下马威"等都是不乏利用首因效应占得先机的经典案例。而人们常说的"给人留下一个好印象",一般就是指的第一印象,这里就存在着首因效应的作用。在交友、招聘、求职等社交活动中,可以利用这种效应,展示给人一种极好的形象,为以后的交流打下良好的基础。当然,这在社交活动中只是一种暂时的行为,更深层次的交往需要加强在谈吐、举止、修养、礼节等各方面的素质,不然则会导致另外一种效应的负面影响,那就是近因效应。

人们在交友、招聘、求职等社交活动中自觉地利用这一社会心理效应,展示给人一种极好的第一形象,能为现实生活和实际工作服务,帮助人们顺利地进入人际交往,为以后的交流打下良好的基础。以求职为例,大部分大学生的就业方式是借助人才市场,与用人单位"供需见面""双向选择"完成的。实践证明,在"双向选择"过程中,毕业生给用人单位的"第一印象"对其就业和择业至关重要。在择业过程中,大学生根据首因效应原理,做好各项面试准备,力争把自己的知识、才华和良好的态度综合表现出来,赢得良好的第一印象。

在日常交往过程中,尤其是初次交往时,要注意给人留下美好的印象。第一,要注重仪表风度,一般情况下人们都愿意同衣着干净整齐、落落大方的人接触和交往。第二,要注意言谈举止,言辞幽默,侃侃而谈,不卑不亢,举止优雅,会给人留下好的印象。这些虽是一个人外露的品质特征,但却是内心美的呈现,是人际关系中不可忽略的因素。此外,也要建立良好的自信,勇于向别人表达、展示自己的优点,大方地接受别人的夸奖。

(二)学会积极有效的倾听

"听"的繁体字是由耳、王、十、目(横)、一、心所组成的。其中的含义是需要眼到、口到、心到,并且要做到用眼看、用口说、用心记。还有更重要的一层含义:王在这里解释为"玉",只有耳朵带玉的人(尊贵的人)才是真正的听者,所以"听"这一项行为在古代就已经被人们尊崇为最高尚的行为。我们可以理解为用最好的耳朵,十只眼睛,一心一意地听。可能古人已经理解了听的真谛,故把听的宗旨全都包含在了这个字里。造物主给了我们两只耳朵一张嘴也是要我们少说多听,在人际交往中,专心听取对方的讲话,并适时给予对方回应。

1.专注的表情和眼神

常言道"眼睛比嘴巴更会说话",听别人说话时做出的表情反应是彼此感情交流的重要手段。据专家研究,不同文化背景的人尽管听不懂对方的语言,但是对表现幸福、惊讶、厌恶、悲哀、愤怒、恐惧的表情认识却十分准确,对方从你表露的神色中可以感受出你的爱意、同情、惊喜等情感。因此,我们在倾听他人谈话时,要让自己的表情和眼神传达出你正在专心听对方讲话,并用自己的表情变化不时地肯定和鼓励对方继续说下去。

2.积极反馈,适当提问

在倾听的时候要点头或发出"嗯、哦"等声音以示回应,这样一方面可以表示自己在认真倾听,同时也能激起说话者进一步讲话的兴趣。当然,认真倾听并非一言不发或是一味地附和对方的观点,而应在认真倾听的同时,得体地向对方表达自己的观点和意见,这样不仅不会得罪人,反而会受到对方的欢迎。

此外,我们在倾听的同时也可以适时地提问,及时查证自己是否了解对方,而且也可以让对方感觉到我们对他的谈话内容感兴趣,同时也能启发对方谈出我们感兴趣的话题。但注意要避免干涉性或盘问性的提问,不探问对方的隐私。就好比小东和小明日常交流一样。

小明:小东最近过得怎么样?

小东:还不错,谢谢关心。最近在学习一些新的东西,感觉挺充实的。你呢?最近有没有什么新鲜事?

小明:我最近参加了一个志愿者活动,去了一个偏远的山区小学教孩子们画画。那里的孩子们虽然条件有限,但他们对艺术的热爱和天赋真的让我很震撼。

小东:(认真倾听)哇!那真的很棒。能去做志愿者,为那些孩子们带去艺术和乐趣,真是太有意义了。你觉得他们的作品怎么样?有没有特别出色的孩子?

小明:每个孩子都有自己的特点,有的画作色彩丰富,想象力丰富;有的则注重细节,画得非常精致。我真的很难决定谁是最好的,因为每个孩子都有自己独特的魅力。

小东:我觉得你的观察很到位。在孩子们的艺术创作中,我们或许可以看到他们内心的世界和对生活的理解。对了,你有没有考虑过将这些作品展示给更多的人看,让更多的人了解到这些孩子们的天赋和努力?

小明:这个想法不错。我确实想过,但一直没有找到合适的途径。你有什么建议吗?

小东:或许我们可以考虑通过社交媒体或网络平台来展示这些作品,吸引更多的关注。你可以尝试联系一些当地的公益组织或者画廊,看看是否可以得到他们的支持和帮助。

小明:谢谢你的建议,我会考虑一下的。真的很感谢你的倾听和反馈,让我有了新的想法和动力。

小东:不客气,很高兴能够帮到你。我觉得人与人之间的交流就是这样,分享自己的经历和想法,同时也能从对方那里得到启发和支持。希望我们可以继续保持这样的交流,共同进步。

小东和小明的对话展现了积极反馈和适当提问在人际交往中的重要性。首先,小东展现出了积极的倾听态度,对小明的分享表示出浓厚的兴趣和支持。这种积极反馈不仅鼓励了小明继续分享,还增强了双方的交流深度。其次,小东在听完小明的讲述后,不仅给予了肯定,还进一步提出了自己的见解和疑问。这种提问不仅促使小明进一步思考和分享更多的细节,还展现了小东对小明话题的真诚关心和思考。这种互动方式有助于双方更深入地了解彼此的想法和观点。

总之,积极反馈和适当提问是人际交往中不可或缺的元素。它们不仅能够增强交流的效果,还能够加深彼此之间的理解和信任。因此,在与他人交流时,我们应该保持积极的态度,善于倾听和提问,以促进更好的沟通和理解。

3.不随意打断对方的谈话

有时候,我们在谈话的过程中并不是一下子就可以抓住要领的,这时候,应该让对方有时间把话说完,然后根据讲话人的情绪流露和声音的情感色彩,一边听一边做情感的呼应,千万不要自己插进来大讲特讲,而要等对方讲完之后再发表自己的见解,中间插话会让人感到扫兴,同时也会给人不被理解、不被尊重的感觉。

(三)学会给人以真诚的赞美

每个人都渴望得到别人的赞美,也会把别人的赞美当成一种美好的精神享受,因此,在人际交往中,应该善于发现别人的优点、长处、成绩等闪光之处,并真诚地、慷慨地赞美他人。那么,大学生怎样在与他人交流时恰到好处地去赞美别人呢?

①善于洞察对方的闪光点,做到有针对性和指向性的赞美。我们在与人交往时,要善于从多个角度去挖掘对方的优点,包括已经表现出来的明显的优点和潜在的"闪光点";同时还应结合不同对象的年龄、性别、个性、知识层次等方面的不同特点,做到有目的、有针对性的赞美。

②注意赞美方式的多样化。赞美可以是直接的也可以是间接的,可以是有声的也可以是无声的。热情洋溢的话语是赞美,微笑的面孔、肯定的姿势甚至是一个轻抚的手势也可以传达出肯定与鼓励。有时候直言不讳地赞扬会使人拒绝,而发自内心的动作和表情更显得真实,使人乐于接受。

③以情动人,增加赞美的力量。我们在赞美他人时要注意情感的投入,明确地说出自己的感受,赞美不是无原则地吹捧,更不是肉麻地恭维,赞美的实质是真诚、善意和有理有据。真诚赞美他人的力量是很强大的。就像喜鹊和啄木鸟发生的故事。

一只啄木鸟在给树木治病,它在树上啄了半天却始终没有捉到虫子,乌鸦看见后,轻蔑地说:"啄木鸟你的嘴不够尖锐,我看你这辈子是捉不到树里的虫子了,你们啄木鸟再也不能为树木做贡献了。"

啄木鸟听了乌鸦的话生气极了，它想要证明给乌鸦看，可是它在树上啄呀啄呀，渐渐没有力气了，它觉得自己的嘴也越来越疼，它心想："也许乌鸦说得对，我不能像爸爸那样成为啄木鸟医生了。"

啄木鸟饿极了，它就在草地上沮丧地捉虫子吃。这时，喜鹊来到枝头休憩，她看到啄木鸟在地上一下一下地捉虫子吃，感觉非常奇怪，于是问："嗨，啄木鸟，你为什么不捉树里的虫子吃呢？"

啄木鸟回答说："因为我的嘴不够尖锐，吃不到树里的虫子。"

喜鹊说："啄木鸟，你的嘴非常尖锐，你天生就是捉树虫的高手。"

啄木鸟听完，眼中闪过一丝光亮，可是它又消沉地低下头。

"你再试试看。"喜鹊鼓励道。

啄木鸟飞到树旁，看到大树上的一个虫眼，它开始啄起来。

喜鹊惊喜地说："哇，啄木鸟，你一口就能啄这么深呀，相信你马上就能啄到虫子了，加油！"

啄木鸟越发有力地啄起来，不一会儿，真的就捉到了虫子，啄木鸟美滋滋地吃了起来。喜鹊也在树上为它喝彩，并欢快地歌唱："啄木鸟医生，森林的好帮手。"

啄木鸟不好意思地说："喜鹊，多谢你一直鼓励我，要不然我可能早就放弃了。"

(四)恰当的自我暴露

自我暴露就是把自己私人性的方面展示给别人。奥特曼等人研究发现，良好的人际关系是随着自我暴露的增加而发展起来的，随着信任程度和接纳程度的提高，交往的双方会越来越多地暴露自己，因此自我暴露的广度和深度可以看作人际关系尝试的晴雨表。但是，无论关系多么亲密，每个人都有自己不愿意暴露的领域，我们不能因为关系亲密就期待对方完全敞开心扉，更不应该随意侵入对方不愿意暴露的区域，否则会让对方产生强烈的排斥情绪，从而降低对我们的接纳水平。

第四节　大学生常见人际关系困扰及调适

"00后"大学生群体青春蓬勃，个性独立张扬，好奇心强，受多元文化影响，他们视野更加开阔，乐于接受新鲜事物和新观点，同时思维也更加活跃，积极向上。这些特点及优势特征能够帮助他们在处理人际问题时带来一定的机遇和优势。但受各种因素影响，大多数"00后"大学生社交能力普遍较弱，从而产生多种交往困扰，严重者甚至影响心理健康。当前大学生常见的人际交往困扰主要表现为以下四方面。

【测一测】 　　　　　　　　大学生人际关系综合诊断量表

　　这是一份人际关系行为困扰的诊断量表,共有28个问题,请仔细阅读每一题,然后在"是"(打√)和"否"(打×)中选择一个适合自己的答案。请根据自己最近一个月的情况认真作答。

　　1.关于自己的烦恼有口难言。　　是　　否

　　2.和生人见面感觉不自然。　　是　　否

　　3.过分羡慕和嫉妒别人。　　是　　否

　　4.与异性交往太少。　　是　　否

　　5.对连续不断的会谈感到困难。　　是　　否

　　6.在社交场合感到紧张。　　是　　否

　　7.时常伤害别人。　　是　　否

　　8.与异性来往感到不自然。　　是　　否

　　9.与一大群朋友在一起,常感到孤寂或失落。　　是　　否

　　10.极易受窘。　　是　　否

　　11.不能与别人和睦相处。　　是　　否

　　12.不知道与异性相处如何适可而止。　　是　　否

　　13.当不熟悉的人对自己倾诉他的生平遭遇以求同情时,自己常感到不自在。是　否

　　14.担心别人对自己有什么坏印象。　　是　　否

　　15.总是尽力使别人赏识自己。　　是　　否

　　16.暗自思慕异性。　　是　　否

　　17.时常避免表达自己的感受。　　是　　否

　　18.对自己的仪表(容貌)缺乏信心。　　是　　否

　　19.讨厌某人或被某人所讨厌。　　是　　否

　　20.瞧不起异性。　　是　　否

　　21.不能专注地倾听。　　是　　否

　　22.自己的烦恼无人可申诉。　　是　　否

　　23.受别人排斥与冷漠。　　是　　否

　　24.被异性瞧不起。　　是　　否

　　25.不能广泛地听取各种意见、看法。　　是　　否

　　26.自己常因受伤害而暗自伤心。　　是　　否

27.常被别人谈论、愚弄。 是 否

28.与异性交往不知如何更好地相处。 是 否

表9.1 计分表

I	题目	1	5	9	13	17	21	25	小计
	分数								
II	题目	2	6	10	14	18	22	26	小计
	分数								
III	题目	3	7	11	15	19	23	27	小计
	分数								
IV	题目	4	8	12	16	20	24	28	小计
	分数								
评分	标准	打"√"的给1分,打"×"的给0分,总分求和。							

测查结果的解释与辅导

如果你得到的总分是0~8分,那么说明你在与朋友相处上的困扰较少。你善于交谈,性格比较开朗、主动,关心别人,对周围的朋友都比较好,愿意和他们在一起,他们也都喜欢你,你们相处得不错,而且,你能够从与朋友相处中得到乐趣。你的生活是比较充实而且丰富多彩的,你与异性朋友也相处得比较好。一句话,你不存在或较少存在交友方面的困扰,你善于与朋友相处,人缘很好,获得许多的好感与赞同。

如果你得到的总分是9~14分,那么,你与朋友相处存在一定程度的困扰。你的人缘很一般,换句话说,你和朋友的关系并不牢固,时好时坏,经常处在一种起伏波动之中。

如果你得到的总分是15~28分,那就表明你在同朋友相处上的行为困扰较严重;分数超过20分,则表明你的人际关系困扰程度很严重,而且在心理上出现了较为明显的障碍。你可能不善于交谈,也可能是一个性格孤僻的人,不开朗,或者有明显的自高自大、讨人嫌的行为。

以上是从总体上评述你的人际关系。下面将根据你在每一横栏上的小计分数,具体指出你与朋友相处的困扰行为及其可资参考的纠正方法。

记分表中I横栏上的小计分数,表明你在交谈方面的行为困扰程度。

如果你的得分在6分以上,说明你不善于交谈,只有在极需要的情况下你才同别人交谈,你总难于表达自己的感受,无论是愉快的还是烦恼的;你不是个很好的倾诉者,往往无法专心听别人说话或只对单独的话题感兴趣。

如果得分在3~5分,说明你的交谈能力一般,你会诉说自己的感受,但不能讲得条理清晰;你努力使自己成为一个好的倾听者,但还是做得不够。如果你与对方不太熟

悉,开始时你往往表现得拘谨与沉默,不大愿意跟对方交谈,但这种局面在你面前一般不会持续很久。经过一段时间的接触与锻炼,你可能主动与同学搭话,同时这一切来得自然而非造作,此时,表明你的健谈能力已经大为改观,在这方面的困扰也会逐渐消除。

如果你的得分在0~2分,说明你有较高的交谈能力和技巧,善于利用恰当的谈话方式来交流思想感情,因此在与别人建立友情方面,你往往比别人获得更多的成功。这些优势不仅为你的学习与生活创造了良好的心境,而且常常有助于你成为伙伴中的领袖人物。

记分表中Ⅱ横栏上的小计分数,表示你在交际方面的困扰程度。

如果你的得分在6分以上,则表明你在社交活动与交友方面存在着较大的行为困扰。比如,在正常集体活动与社交场合,你比大多数伙伴更为拘谨;在有陌生人或老师存在的场合,你往往感到更加紧张而扰乱你的思绪。你往往过多地考虑自己的形象而使自己处于越来越被动、越来越孤独的境地。总之,交际与交友方面的严重困扰,使你陷入"感情危机"和孤独困窘的状态。

如果你的得分在3~5分,则往往表明你在被动地寻找被人喜欢的突破口。你不喜欢独自一个人待着,你需要朋友在一起,但你又不太善于创造条件并积极主动地寻找知心朋友,而且,你心有余悸,生怕遭遇再次主动行为后的"冷"体验。

如果得分低于3分,则表明你对人较为真诚和热情。总之,你的人际关系较和谐,在这些问题上,你不存在较明显持久的行为困扰。

记分表中Ⅲ横栏的小计分数,表示你在待人接物方面的困扰程度。

如果你的得分在6分以上,则往往表明你缺乏待人接物的机智与技巧。在实际的人际关系中,你也许常有意无意地伤害别人,或者你过分地美慕别人以致在内心妒忌别人。因此,其他一些同学可能会以冷漠、排斥,甚至是愚弄回报你。

如果你的得分在3~5分,则往往表明你是个多侧面的人,也许可以算是一个较圆滑的人。对待不同的人,你有不同的态度,而不同的人对你也有不同的评价。你讨厌某人或被某人所讨厌,但你却极喜欢另一个人或被另一个人所喜欢。你的朋友关系中某些方面是和谐的、良好的,某些方面却是紧张的、恶劣的。因此,你的情绪很不稳定,内心极不平衡,常常处于矛盾状态中。

如果你的得分在0~2分,表明你比较尊重别人,敢于承担责任,对环境的适应性强。你常常以你的真诚、宽容、责任心强等个性获得众多的好感与赞同。

记分表中Ⅳ横栏的小计分数表示你跟异性朋友交往的困扰程度。

如果你的得分在5分以上,说明你在与异性交往的过程中存在较为严重的困扰。也许你存在着过分地思慕异性或对异性持有偏见。这两种态度都有它的片面之处。

也许是你不知如何把握好与异性同学交往的分寸而陷入困扰之中。

如果你的得分是3~4分，表明你与异性同学交往的行为困扰程度一般，有时可能会觉得与异性同学交往是一件愉快的事，有时又会认为这种交往似乎是一种负担，你不懂得如何与异性交往最适宜。

如果你的得分是0~2分，表明你懂得如何正确处理异性朋友之间的关系。对异性朋友持公正的态度，能大方地与他们交往，并且在与异性交往中，得到了许多从同性朋友那里不能得到的东西，增加了对异性的了解，也丰富了自己的个性。你可能是一个较受欢迎的人，无论是同性朋友还是异性朋友，多数人都较喜欢你和赞赏你。

一、自我中心

在日常交往过程中，部分学生在做任何事情时都只考虑自身感受，不会主动关心他人，在朋友遇到困难后，也不会主动施以援手。在集体讨论过程中若出现分歧，这部分学生会继续坚持自己的看法，极端的还会与其他人发生冲突。在讨论过程中，不会放平心态与他人进行平等的沟通和交流，若他人否认自己的看法便是故意和自己对立，一意孤行拒绝改变自己。在集体生活中，这部分学生会将自己的利益放在第一位，不顾及他人利益，更不考虑集体利益。

【生活个案】　　　　　　　　　　　　自我中心的大学生

宿舍是大学生之间交流的主要场所，大部分同学一天中在宿舍的时间超过10个小时，因此，宿舍是大学生人际关系构建的重要阵地。但是，由于宿舍成员之间距离过于接近，随着相处时间越来越长，成员之间也会出现这样那样的矛盾，近年来，因舍友矛盾引发的一些恶性事件令人震撼，有些矛盾直接影响了大学生的正常生活和身心健康。目前，"00后"大学生开始进入大学校园，他们更加自我，而且正处于"心理断乳期"，宿舍人际关系问题更应该引起广大学生工作者的关注。

李某，女，住研究生公寓，四人间，住宿条件比一般本科生要好很多。该生有轻微的神经衰弱，自述每天10点前要入睡，晚了就失眠，第二天就无法正常学习。大一第一学期，该生的三个舍友性格温和，能处处为她着想，为了配合她的作息，每天10点都能上床睡觉。但是，李某并不领情，在宿舍经常因为一些小事刁难舍友，舍友也是一忍再忍。大一第二学期，因为有同学转专业，宿舍有一名女生转走，又有一名新同学张某转入。这名新舍友也比较有个性，学习特别刻苦努力，经常学到11点以后才上床睡觉。李某对新舍友张某特别厌恶，认为张某打乱了她的作息习惯，导致她失眠，而张某认为宿舍不是一个人的,不能全都按照李某的要求来,于是两人心生怨恨,经常在宿舍吵架。有一次班会上,李某公开大骂张某,两人的矛盾进一步深化。

分析:李某的行为呈现出一种以自我为中心的特点,这可以从她对待舍友的态度和行为中看出。

首先,她要求舍友配合她的作息习惯,这在一定程度上是可以理解的,因为她有神经衰弱,需要早点休息。然而,当舍友们为了满足她的需求而做出让步时,她并没有表示感激,反而因为一些小事刁难舍友。这表明她只关注自己的需求,而忽略了舍友的感受和权益。

其次,当新舍友张某的作息习惯与她不同时,她感到特别厌恶,认为张某打乱了她的生活。她没有尝试去理解和适应张某的习惯,而是坚持要求张某按照她的方式来生活。这种行为显示了她缺乏对他人的尊重和理解,只关注自己的利益和需求。

最后,当矛盾升级时,她在班会上公开大骂张某,进一步加剧了两人之间的矛盾。这种冲动和缺乏控制的行为也反映出她以自我为中心的心态,没有考虑到自己的行为对他人可能产生的影响。

综上所述,李某的行为表现出以自我为中心的特点。她只关注自己的需求和感受,忽略了舍友的权益和感受,缺乏对他人的尊重和理解。为了改善这种情况,李某需要学会关注他人的需求和感受,尊重舍友的权益,以及学会适应不同的环境和人群。同时,她也需要学会控制自己的情绪和行为,避免因为冲动而做出伤害他人的行为。

人际交往的目的在于满足双方的需要,而自我中心者只从自己的经验和角度去认识人和事,不能认识到别人对同一事物的看法和观点,对人或事的看法带有主观性。在大学生活中,我们周围也往往有一些这样的同学:深夜与自己的恋人电话聊天无视他人的休息,寝室开窗户通风时为避免风直接吹到自己而推开吹向别人的窗户,如此等等,他们在待人接物处世中只关心自己的兴趣和需要,以"我"为圆心,以"我"的利益为半径,以"我"的一切为准则,这样的人不可能与他人建立起良好的人际关系。

以自我为中心是一种人类非常普遍的心理倾向。简言之,就是以自我为中心的人往往把自己的需求和感受放在第一位,而不是顾及他人的感受需要。

1.只顾自己的习惯,不顾及他人的感受

例如,有些人可能在上班期间大声打电话或听音乐,而从未意识到自己的行为对身边的同事产生了干扰。这些人会认为别人应该去适应他们,而不是反过来。

2.缺乏同理心和理解

以自我为中心的人常常缺乏同理心和关注他人的能力。他们更容易看到自己的伟大之处,却无法从他人的角度看待问题。同时,他们也很难听取他人的建议或批评,认为自己做得已经很完美了,无须改变。

3.对别人的要求过高

很多以自我为中心的人往往将自己的标准定得非常高,而对他人的行为和能力则毫不宽容。比如,他们可能对配偶、子女和同事要求过分严格,让他们感觉压力非常大。这种行为通常会引起他人的反感和疏远。

4.过于自信,不愿意接受挑战

有些以自我为中心的人以为自己无所不能,总是发表自己的意见而不接受反驳。他们往往认为自己是最聪明的、最有能力的人,不愿意接受挑战或听取他人的看法。这种行为不仅限制了自己的成长,也会让周围的人觉得自己非常傲慢。

总之,以自我为中心是一种普遍存在的心理倾向,但这并不意味着它是合理的。我们应该时刻注意自己的心态和行为,尽可能尊重他人、关注他人的需求和感受,才能建立和谐的人际关系。

(一)自我中心的形成原因

自我中心并非人的本性,而是在身心发展过程中随着个体的发展和不良的教育环境的影响逐步形成的,是自我意识畸形发展的产物。大学生自我中心的成因主要有以下三点。

1.家庭教育环境的影响

当今大学生的家庭环境基本上是"四、二、一"的家庭结构,即祖父母、外祖父母四人,父母二人,子女一人,这是"自我中心"形成的天然土壤。在这样的家庭结构中,作为独生子女的大学生,自然成为别人关心和关照的中心。他们生来就成为家庭的希望,父母和长辈围绕的核心,大家围着转的"皇帝"。吃、穿、玩、用,无不如此。他们只是被别人关心、关照的对象,很少有机会去关心、关照他人,这自然使他们把自己看成"中心"。

2.缺少互相理解和角色变换式的交往

在"四、二、一"的家庭结构中,大学生们是被关心、关照的对象,是承载家庭希望的学习机器而不是真正意义上的交往对象,互相之间缺乏理解和沟通,或者说没有理解和沟通。作为独生子女,一方面,没有兄弟姐妹使他们缺少倾诉对象;另一方面,在以升学为取向的教育模式中使他们在学校与同学交往的机会也不多,进入学龄后就开始了竞争发展的角逐。一切为了升学发展,一切围绕考试转,除了学习,几乎再没有任何交往的内容和空间,没有童年的嬉戏,从家庭到学校,单调的学习生活可以解读他们进入大学前的成长历程。缺少交往就缺少理解,就无法感受别人的存在,无法体验别人的感受,无法知觉别人的利益。

3.市场经济中"自我"的彰显和竞争现实的影响

市场经济中"自我"的彰显和竞争现实的影响是"自我中心"形成的关键因素。市场经济是以能力为本位和以个体为本位的经济。这种经济是自我发展、自我约束、自我选择、自由竞争、自担风险的经济,它使自我能力和自我劳作的态度得到彰显,把自我推向了至高的顶点。所谓"计划经济靠集体,市场经济靠自己",说的就是这个道理。这种现实,一方面促进人们自我意识的觉醒,使人们关注自我的能力、自我的劳作态度和自我的品行在现实中的意义;另一方面导致"自我"的膨胀,使一部分人不能正视自我,陷入自我中心的境地(自我中心在相当意义上说,与自私、自利具有同样的内涵)。大学生的"自我中心"就是在这样的背景下形成的。他们不仅目睹了市场经济竞争的事实,而且在自己求学发展的路程上也体验了竞争对"自我"的宠爱与残酷。从小学升初中有竞争,中学升高中同样有竞争,高中考大学又几乎是决定自己命运的竞争。尽管大学已经不是精英教育而是大众教育,但现实教育资源的相对紧缺使大学生还具有优势地位。他们认识到了自我在现实中的意义和价值,这是社会所希望和期待的,但他们在认识自我意义的同时,却把自我膨胀了,以为一切靠自我,自我就成为中心了,自我就应该成为中心。其实,靠自我并不意味着自我是中心,自我是自己的中心而不是他人的中心,人人都是中心,中心与中心之间就有个互相理解和协调的问题。

(二)预防与调适

为了有效地克服自我中心的心理,我们应该把握好以下三点。

1.了解彼此的权利和责任

人际交往的重要原则之一就是平等互惠,在人际交往中,我们应该把每个人看成是和自己平等的人,像尊重自己一样尊重他人,端正交往动机,不把他人看成满足自己需求的对象。

2.创造与他人交往的条件,强化同学间的交流

在大学里,我们可以通过各种讨论,交流各自对某些问题的看法,加强互相的理解;可以积极参加一些社会性实践活动,更多地了解社会,了解他人。再就是在同学之间确立良好的人际关系,提高交往能力,在与人交往中学会善待自我,也善待别人。只有在不断与人的交往中,才能学会理解别人,尊重别人;只有在与人交往中,才能体会自己的存在、利益和感受,也能体会到别人的存在、利益和感受。

3.客观地认识自己和别人

大学生应该对自我有充分的了解,在人际交往中能够真实地展现自我,学会接受他人的批评,并勇于改正自己的错误。此外,也要对他人有客观的认识,我们平常和他人接触时,很多印象并不是真实的,只有深入地交往才能真正地了解一个人。

二、嫉妒

嫉妒是一种常见的情感现象。作为一方针对另一方的情感关系,嫉妒的发生既与双方存在力量的不平衡有关,更与一方以自我为中心、排他性的生存竞争意识有关。虽然嫉妒也是自我呵护自身存在价值的一种方式,但其价值性质从根本上讲却是消极的,因为它不

仅会扰乱嫉妒者内心的安宁,而且还会对人与人甚至国家与国家之间的交往秩序产生很大的破坏作用。

【生活个案】

> 小A与小B是某艺术院校大三的学生,同在一个宿舍生活。入学不久,两个人成了形影不离的好朋友。小A活泼开朗,小B性格内向,沉默寡言。小B逐渐觉得自己像一只丑小鸭,而小A却像一位美丽的公主,心里很不是滋味。她认为小A处处都比自己强,把风头占尽,时常以冷眼对小A。大学三年级,小A参加了学院组织的服装设计大赛,并得了一等奖。小B得知这一消息先是痛不欲生,而后妒火中烧,趁小A不在宿舍之机,将小A的参赛作品撕成碎片,扔在小A的床上。小A发现后,不知道怎样对待小B,更想不通为什么她要遭受这样的对待。

小A与小B从形影不离到反目成仇的变化令人十分惋惜。引起这场悲剧的根源,关键是嫉妒。

显然,嫉妒心理是一种损人损己的病态心理,严重影响自己的身心健康。那么如何克服呢?

(一)认清嫉妒的危害

嫉妒的危害一是打击了别人,二是伤害了自己、贻误了自己。遭到别人嫉妒的人自然是痛苦的,嫉妒别人的人一方面影响了自己的身心健康;另一方面,由于整日沉溺于对别人的嫉妒之中,没有充沛的精力去思考如何提高自己,恰恰又贻误了自己的前途,一举多害。认清这些是走出嫉妒误区的第一步。

(二)克服自私心理

嫉妒是个人心理结构中"我"的位置过于膨胀的具体表现,总怕别人比自己强,对自己不利。因此,要根除嫉妒心理,首先应根除这种心态的"营养基"——自私。只有驱除私心杂念,拓宽自己的心胸,才能正确地看待别人,悦纳自己,即常说的"心底无私天地宽"。

(三)正确认知

嫉妒者总认为别人的成功是对自己的威胁,是对自己利益的侵占。实际上别人的成功完全在于他人的努力,因此,要学会客观公正地评价别人,也要客观公正地评价自己。别人取得了成绩并不等于自己的失败。"人贵有自知之明。"强烈的进取心是人们成功的巨大动力,但冠军只有一个,尺有所短,寸有所长,一个人不可能事事都走在人前,争强好胜不一定就能超越别人。一个人只有客观地认识自己的优势和劣势,现实地衡量自己的才能,为自己找到一个恰当的位置,才可能避免嫉妒心理的产生。

(四)将心比心,换位思考

将心比心是老百姓常说的一句俗语,在心理学上称为"感情移入"。当嫉妒之火燃烧时不妨设身处地地为对方着想,可以设想一下,如果自己是他,会怎么想,又会怎么做? 这样可以让自己体验对方的情感,有利于理解别人,同时也有利于抑制不良的心理状态的蔓延,这是避免嫉妒心理行为的有效办法之一。

(五)努力提升自己

嫉妒的起因就是看不惯别人比自己强。如果能够把这种不服气的心理引导到积极的方面,集中精力,不断地学习、探索,使自己的知识、技能、身心素质不断得到提高,那么,也可以减少嫉妒的诱因。

三、自卑

【生活个案】

小华,男,学习成绩差,性格内向,自由散漫,在群体中孤独、无助,师生关系不是很融洽。以下是小华的自述:"上课总想认真听讲,但不知怎么的,不知不觉地说起话来。我曾下决心,刻苦学习,赶上队伍。但我基础差,上课听不懂,作业总出错,老师说我'弱智',同学嘲笑我'傻',家长说我'不要强',学习再努力也没用,他们总戴着有色眼镜看我。后来,我干脆不写作业,即使写也是胡乱写,不动脑子,我已经习惯了周围人的'白眼'。我很想和同学们在一起玩,可他们几乎都远离我,我很生气、烦恼。"

小华产生自卑的原因有哪些?

(一)自卑及成因

自卑是由过低的自我评价导致的自惭形秽的消极情绪体验,表现为自我评价低,心理承受能力脆弱,缺乏安全感。自卑心理形成的原因是多方面的,归纳起来大致有以下四点。

①因生理存在缺陷或家境贫寒、生活拮据等造成心理上的消极自我暗示,认为自己不如别人,拿自己的短处与别人的长处比较,担心别人瞧不起自己,进而害怕与人交往。

②归因错误。任何事情的发生都是由多种原因形成的,可能有主观原因也可能有客观原因,而有的大学生错误地把失败的原因单方面地归结于个人能力、性格或运气,而不分析其他客观原因,以致产生自卑心理。

③过度自尊。有的大学生给自己设定的目标过于理想化,对自己抱有完美主义,非

常看重自己给别人留下的印象,为了避免将自己的弱点和不足暴露出来而不愿意与人交往;或者曾经在某次的交往中出丑,自尊心受到伤害,从此一蹶不振,进而转化为自卑。

④缺乏交往经验或技巧,不善于与人沟通,不懂如何与人建立友谊。

(二)预防与调适

1.积极与他人交往

自卑者多数孤僻、不合群,自己把自己孤立起来。心理学家认为,当人独处时,心理活动就会转向内部,朝向自我。自卑的人长期独处,心理活动的范围、内容就会变窄变小,加之个人认识的局限,就会使心理活动走向片面,只看到自己的不足而忽略了自己的优点,从而陷入深深的自卑之中而不能自拔。当你积极地与他人交往,你的注意力就会被他人所吸引,感受到他人的喜怒哀乐,心理活动就会变得开朗。另外,通过与他人交往,能多方位地认识他人和自己,通过比较,正确认识自己,由此调整自我评价,提高自信心。

2.提高自我评价,注重自我激励

自卑心理是由于自我评价过低而导致的一种心理失调,对其克服的重要办法,就是提高自我评价,注重自我激励。对自己进行全面正确的分析,多看自己的长处,经常回忆过去的成功经历,借以激发自信心,而对自己过去失败的事例,要进行重新归因,不要将失败的原因过多地归咎于自己。当我们对面临的情况感到信心不足时,就要不断地进行自我暗示,自我激励:"我一定会成功!""不要怕,我错了别人也不会笑话我,他们也有失败的时候。""人人都能干,我为什么不能干?""我一点儿也不比他们差!""以前比这更难的事情我都能干好,何况这点儿事情。"经过这样一段时间的锻炼,自卑心理是可以减弱甚至消失的。

3.增加成功的体验

自卑感通常是由于自我表现中遭受挫折和失败而引起的,因此,成功地表现自己,勇于面对过去的失败,对于战胜自卑感是非常重要的。要懂得循序渐进地克服困难,锻炼自己的能力。刚开始的时候,要选择那些自己力所能及、把握较大的事情作为突破口,力争首次行动成功。首次行动的成功意义重大,它打破了以往的局面,使情况发生了转机,大大地增强了自信。另外,不要忽视小小的成功,因为任何的成功都会提高人的自信,随着成功体验的不断增加,自卑感便会逐步被自信心所取代。

四、社交恐惧

社交恐惧是一种对社交场合的恐惧和回避。大学生在社交恐惧的影响下,可能会出现回避社交活动、害怕与他人交流等现象,从而影响他们在人际交往中的表现。

【生活个案】

　　戴好口罩，摘掉眼镜，换上墨镜，耳机声音调到耳朵能接受的最大音量，这是向北最喜欢的出门装备。曾有同学和向北打招呼的时候，觉得她"又聋又瞎"。面对身边人给出这样的评价，向北完全不在乎，因为对于"社恐"的她而言，这并不是一件坏事。面对社交，她的"向式理论"自成一派，"不戴眼镜就看不清，看不清就不用跟人打招呼"。和向北一样，武汉某高校的大四学生陈易琦也不喜欢和人打招呼。"如果看到对面有不太熟悉的人走过来，我就会绕一段路。"明明目的地直走就到了，他也总因为不知道怎么打招呼而选择绕路，"假装自己没看到"。

　　食堂打饭不敢和阿姨说自己想多要一点辣椒，怕阿姨觉得自己太麻烦；同学聚会选择坐在最不起眼的地方，如果有人对自己开玩笑，自己会尴尬得脚趾扣地；发言前需要做心理建设，如果预判会冷场就一句话都不说；路上遇到认识的人，总是想办法眼神回避，甚至绕道而行……这样的"社恐"日常，你曾经历过吗？

　　这些再日常不过的场景，却经常让"社恐们"感到困扰。吃饭不敢和店员催单、上课时不敢和老师互动、和新室友相处战战兢兢、和新朋友不知如何搭话……类似于这样的状况经常性地出现在周瑜的生活中，每一次打破社恐的尴尬场面，她都要做很久的心理建设，有时候等到心理建设好了，下一个"社恐瞬间"接踵而至。她认为自己的"社恐"很可能是受到家庭的影响。"在家庭聚会中，父母和我都比较内敛，不太爱说话，日常在家中和父母也很少互相表达情感。因此我也不太懂得如何在公众场合上讲话。"

　　"社恐"是什么？为什么会感到"社恐"？

　　华南师范大学心理学院副教授迟毓凯介绍，社交恐惧症是一种心理障碍，属于焦虑症的一个亚类，表现为让患者感到痛苦，而且水平异常，让患者无法正常工作和生活。当下一些年轻人常挂在嘴边的"社恐"和真正的社交恐惧症是有区别的。"有些年轻人说自己'社恐'，其实是一种对号入座的心理效应，觉得这个概念和自己有相似性，就像网络中流行的那句'你是不是看我身份证了'。"

　　导致大学生社交恐惧的心理因素有很多，有人天生就内向孤僻加上缺乏必要的社交经验，长大后害怕交往；有人是由于儿童时期父母、教师的不良教育方式，使他们的精神和心理长期处于压抑状态，从而缺乏自信；还有人因为曾经在某次交往中受到挫折，或者有不愉快或痛苦的体验，形成了一种固定的心理结构，以后一旦遇到类似的交往场景就表现出恐惧。

　　就个人而言，存在社交恐惧会对其心理、生理以及个人职业发展方面存在一定的影响。

心理上,存在社交恐惧的人习惯待在自己的舒适区,不愿走出也不愿改变现状,这将导致他们的社交圈子固化甚至变小,乃至封闭自己,这是一种不自信的表现;生理上,在与不熟悉的人交流或者在公开场合发表讲话时可能会出现紧张、胸闷、身体颤抖、手足无措等情况,这是一种不利于人身心健康和全面发展的状态;职业发展上,进入职场免不了遇到形形色色的人,恐惧社交,害怕人群,无法与人进行有效沟通,对工作会造成极大影响。这样的交往行为如果成为年轻人的常态,就会在群体层面上形成隐患;更进一步,会形成一种不良的社会交往风气甚至成为社会危机。对集体而言,不利于团体合作和集体意识的培养。

如何应对社交恐惧? 下面给大家一些建议。

①全面正确认清自己,勇敢面对自己的缺点和不足。弄清楚自己为什么会出现恐惧现象,自己到底恐惧的是什么? 这样才能对症下药。此外,还要积极努力克服自身的弱点,增长才干,增强自身社交的信心。

②强化积极、主动的心理。从内心认识到以一种积极主动的心理去面对社交是我们生活、工作、学习中不可缺少的能力。不否定自己,不断地告诫自己:"我是最好的""天生我材必有用"。

③学习人际交往技巧。可以查看关于人际交往技能和口才技巧方面的书籍、杂志,也可以在人际交往中学习别人的经验技巧,逐步提高自己的交往能力。

④系统脱敏训练。要改变社交恐惧是一个系统渐进的过程,需要我们一步步地战胜自己的紧张情绪。可以先给自己设定一系列的行为目标,然后根据自己的情况按照由易到难的顺序排列并进行一项项的社交实践训练,等每一项练到很轻松自如的状态就可以进入下一个项目的训练。

【测一测】　　　　　　　　　　**社交恐惧症自测问卷**

你是否患有社交恐惧症,可以通过以下的测试表测试一下。记分方法:每个问题有4个答案可以选择,它们分别代表1从不或很少如此,2有时如此,3经常如此,4总是如此。

根据你的情况圈出相应的答案,此数字也是你每题所得的分数。将分数累加,便是你的最后得分了。

1.我怕在重要人物面前讲话。　　　　　答:(1　2　3　4)

2.在人面前脸红我很难受。　　　　　　答:(1　2　3　4)

3.聚会及一些社交活动让我害怕。　　　答:(1　2　3　4)

4.我常回避和我不认识的人进行交谈。　答:(1　2　3　4)

5.让别人议论是我不愿意的事情。　　　答:(1　2　3　4)

6.我回避任何以我为中心的事情。　　　答:(1 2 3 4)

7.我害怕当众讲话。　　　　　　　　　答:(1 2 3 4)

8.我不能在别人注目下做事。　　　　　答:(1 2 3 4)

9.看见陌生人我就不由自主地发抖、心慌。　答:(1 2 3 4)

10.我梦见和别人交谈时出丑的窘样。　　答:(1 2 3 4)

（资料来源:北京国奥心理医院咨询师瞿洋）

分数解析

总分在10~20分的范围内,你没患社交恐惧症。

总分在21~30分的范围内,你已经有了轻度症状,照此发展下去可能会不妙。

总分在31~35分的范围内,你已经处在社交恐惧症中度患者的边缘,如有时间可以找心理医生进行咨询。

总分在36~40分的范围内,很不幸,你已经是名较严重的社交恐惧症患者了,可去求助精神科医生,他会帮你摆脱困境的。

本章小结

　　大学生正处于知识储备、人格形成、探索社会的重要时期,也是从未成熟到成熟,从校园步入社会,完成社会化任务的重要过渡阶段。他们精力充沛,兴趣广泛,而且具有强烈的人际交往需要,他们希望借助于良好人际关系去更好地认识世界,获得友谊,进而满足自己物质和精神上的需要。但由于大学生个体生理和心理的不成熟,伴随着沟通不畅、情感不融和行为上的不协调,使大学生的人际关系出现了种种障碍,而这也直接影响到他们的正常学习、生活和工作,进而妨碍他们的健康成长和顺利成才。

　　具体来说,人际关系问题的影响主要表现在以下四个方面。

　　(1)对学习的影响:人际关系问题可能导致大学生在学习过程中分心,无法集中精力学习,进而影响学习成绩。

　　(2)对生活的影响:人际关系问题可能导致大学生在生活中缺乏支持和帮助,使他们在面对困难时感到无助,影响他们的生活品质。

　　(3)对心理的影响:人际关系问题可能导致大学生产生负面情绪,如焦虑、抑郁等,影响他们的心理健康。

　　(4)对职业发展的影响:人际关系问题可能导致大学生在求职和职场中出现困难,影响他们的职业发展。

　　对于我们每个人来说,生命的主宰其实都是我们自己,关键是我们要有所改变,要有强烈成功的愿望,并且针对自己在人际交往中存在的问题,结合自己的个性特点,以积极的态度和行为对待人际交往,相信一定会找到合适的方法培养自己的人际交往能力,逐渐学会交往,建立和谐的人际关系。

本章讨论

1.构建社会主义和谐社会,需要在全社会形成团结互助、平等互爱、共同前进的人际关系。联系实际论述现代社会良好人际关系在人生中的意义,结合自己,分析上大学以来你在人际交往中的得与失,谈谈你对自己的要求。

2.请针对大学生寝室人际关系中出现的不良趋势,探讨其形成原因,并提出积极建议。

3.假设你在某单位工作,成绩比较突出,得到领导的肯定,但同时你发现同事们越来越孤立你,你怎么看这个问题? 你该怎么办?

推荐阅读

张永祯.新媒体时代大学生人际关系疏离矫正的路径选择:基于马克思交往理论的思考[J].西北成人教育学院学报,2024(2):82-88.

陈万军.社会交换理论视角下大学生人际关系构建的三重路径[J].哈尔滨学院学报,2023,44(10):132-135.

郭莉.新时期高职院校学生人际关系问题分析及对策[J].国际公关,2023(16):128-130.

季丹丹,王亚杰.小组工作介入"00后"大学生人际关系问题研究:以"S大学倾听者行动"为例[J].四川文理学院学报,2022,32(3):86-90.

覃益达,陈建荣.'00后大学生人际交往能力调查研究:以右江民族医学院为例[J].西部素质教育,2024,10(2):74-78.

谭晓龙.浅论孔子交友原则及现代意义[J].渭南师范学院学报,2024,39(3):88-93.

赵园园.青年社交恐惧的成因与缓解策略研究[J].产业与科技论坛,2024,23(1):73-75.

周玉洁.辅导员视角下"00后"大学生人际交往问题探究[J].秦智,2023(8):102-104.

第十章　大学生恋爱及性心理

爱是一种甜蜜的痛苦，真诚的爱情永不是走一条平坦的道路的。

——莎士比亚

☆本章导读

很久很久以前，天神之子违反神界禁忌，与凡界少女相恋，两人走遍天涯海角，竟寻不到容身之处。森林深处的精灵女王同情他们的处境，送给这对恋人一对灵性的铜戒。这对铜戒保护他们安然渡海，然而嫉妒之神发现了铜戒的秘密，一把取走，扔进海里。失去铜戒庇护的恋人也因此被大浪冲散了。即使如此，他们仍全心搜寻彼此的身影到最后一刻。黎明将至，眼看两人就要化为泡沫，这段爱情感动了善良的海豚，在晨曦将现之时，海豚嘴里衔着铜戒跃出海面，让这对恋人重新拥有精灵女王的祝福得以长相厮守。就在第一道曙光照在白色沙滩的瞬间，整片沙滩顿时成了幸福的粉红色，而海豚也一跃上天，成为守护爱情的海豚座。

有很多很多像这样的美丽的爱情传说，这些传说让我们看到爱情是如此美好，爱情需要守护。那么什么是爱情？爱情有什么样的特征？大学生应该树立什么样的爱情观？本章就这些问题进行阐述。

【案例导入】

2019年10月9日，某大学女生包丽（化名）在北京市某宾馆服药自杀，送医救治期间被宣布"脑死亡"。相关聊天记录显示，包丽自杀前，其男友牟林翰曾向包丽提出过拍裸照、先怀孕再流产并留下病历单、做绝育手术等一系列要求。包丽母亲认为，牟林翰的折磨是导致包丽自杀的主要原因，而牟林翰对此予以否认。包丽自杀事件的曝光，引发舆论对亲密关系中的精神控制、PUA、字母圈等问题的关注和讨论。2019年12月13日，某大学取消牟林翰推荐免试攻读研究生资格。2020年4月11日，包丽事件代理律师称，包丽已于4月11日中午去世。4月12日，包丽母亲向新京报证实了这一消息。7月9日，包丽母亲发布消息称包丽男友于2020年6月因涉嫌"虐待罪"被警方采取强制措施，据南方周末报道，该消息得到北京警方一位内部人士的证实。

第一节　爱　情

一、什么是爱情

爱情,不分老少、不分性别、不分时代、不分国界,一直是人们关注而且向往的美好事物。古往今来,有许许多多的唯美爱情故事,梁山伯与祝英台化蝶翩翩飞,牛郎与织女鹊桥相会,千年白蛇精为许仙压于雷峰塔下,司马相如和卓文君,董永与七仙女,林黛玉和贾宝玉,罗密欧和朱丽叶,维纳斯和阿都奈斯,爱德华八世和辛普森夫人,萨特和西蒙,居里夫人和居里,等等。

爱情让很多人为之痴迷、疯狂。到底什么才是爱情呢?

黑格尔说:"爱情确实有一种高尚的品质,因为它不只停留在性欲上,而且显出一种本身丰富的高尚优秀的心灵,要求以生动、活泼、勇敢和牺牲的精神和另一个人达到统一。"

邓颖超说:"真挚的持久的爱情,不是'一见倾心',因为相互的全面的了解,思想观点的协和,不是短时间能达到的,必须经过相当的时期才能真正了解,才能实际地衡量对方的感情。"

马克思认为:"爱情是一对男女基于一定的社会基础和共同的生活理想,在各自内心形成的相互倾慕,并渴望对方成为自己生活伴侣的一种强烈、纯真、专一的感情。性爱、理想和责任是构成爱情的三个基本要素。"马克思从人的生理、心理、社会三方面深刻揭示了爱情的内涵。

二、爱情的特征

(一)平等性

爱情是人的心理和生理需求的高度统一,要求恋爱中的两个人互相爱慕、互相尊重、互相信任、互相关心,为对方付出,这种关系是平等的关系,而不是附属的、顺从的、占有的关系。

(二)排他性

恩格斯指出:"爱情按其本性来说是排他的。"爱情不同于友情、亲情,友情和亲情可以广泛播种,朋友和亲人可以有多个,但爱情只能献给一个人。爱情是两颗心相撞发出的火花,双方一旦相爱,就会要求对方忠贞,并且排斥任何第三方的介入。这也是爱情区别于其他情感的独有特征。

(三)互爱性

相互爱慕是爱情的基础、前提。在恋爱发展过程中,如果一方得不到另一方的回应,只能说是单恋,不是爱情。恋爱的双方在心理上相互爱慕,生理上相互吸引,行动上相互支撑,生活上相互关心。

(四)纯洁性

纯洁性是爱情魅力的重要表现,它要求恋爱双方的情感,不能掺杂任何世俗功利的因素。真正意义上纯洁的爱情是热烈而浪漫,清新而纯净,温暖而幸福,是心与心的交流,是情与情的碰撞。

(五)自主性

恋爱是自主的,不应受任何人的限制和干扰。

(六)社会性

爱情虽然是恋爱双方相互倾慕的事情,是两个人的事情,但爱情并不是纯生物的,而是具有社会性。在现实中,爱情的定义、追求爱的途径、表达爱的方式,必然要受到各种社会历史因素的影响。

(七)道德性

爱情的道德性是指爱情中蕴含着恋爱双方对对方的义务和责任。

三、爱情理论

美国心理学家斯滕伯格提出的爱情理论,认为爱情由三个基本成分组成:激情、亲密和承诺。激情是爱情中的性欲成分,是情绪上的着迷,个人外表的和内在的魅力是影响激情的重要因素;亲密指的是两个人心理上互相喜欢的感觉,包括对爱人的赞赏、照顾爱人的愿望、自我的展露和内心的沟通;承诺主要指个人内心或口头对爱的预期,是爱情中最理性的成分。亲密是"温暖"的,激情是"热烈"的,而承诺是"冷静"的。这三种成分构成了喜欢式爱情、迷恋式爱情、空洞式爱情、浪漫式爱情、伴侣式爱情、愚蠢式爱情、完美式爱情七种类型,如图10.1所示。

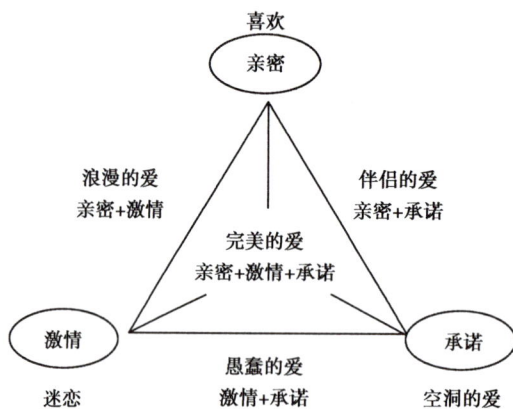

图10.1   爱情的种类

四、大学生应树立正确的爱情观

①端正恋爱态度。大学生应深刻地认识到爱不仅是一种权利,更是一种责任和义务,

必须以高度负责的态度对待恋爱。想借爱情寻欢作乐的人,是贪淫好色之徒,是堕落者。爱,首先意味着献给,把自己的精神力量献给对方,为她(他)缔造幸福。这种爱的权利和责任的统一,是恋爱生活的基础。爱除了感情因素,也应当讲究理性,应当符合社会的法律和道德规范。非理性的爱是盲目的,很危险的,结果很可能是一场悲剧。

②要有一个合适的爱情期望值,不能偏高也不能偏低。想象的爱情常常是王子对灰姑娘,现实的爱情是讲门当户对,要看双方的学识、职业、家境是否相当。

③摆正爱情的位置。大学生要摆正爱情在人生中的位置。爱情在人生中占有重要地位,没有爱情的人生是不完美的,但爱情不是人生的根本宗旨,更不是人生的全部,只为爱情而活是苍白的。同时,大学生要摆正爱情在大学生活中的位置,明确坚持学业第一的观点。要使大学生理解,今天的学习与未来的事业息息相关,也是爱情美满的基础。那种抛开学业谈恋爱的做法,不仅有碍成就事业,也难以获得幸福的爱情。

④在交往的过程中,要做到相互尊重、关心、帮助和理解。做人要有自己的原则,千万不要因为自己心中的恋人而改变整个自己,应该本着"独立自主,互相尊重,和睦共处"的原则,站在不同的角度去考虑问题,多顾及对方的感受,尽量避免伤害对方的自尊心和不让其感到尴尬。

第二节　大学生的恋爱

一、恋爱观

对于恋爱观有以下几种观点:"恋爱观是人生观、价值观在恋爱问题上的集中体现,是指对恋爱和爱情所持的基本观点和态度,是人生观的重要组成部分。""大学生恋爱观即大学生对恋爱这一感情行为的看法和观点,主要包括大学生对爱情本身的看法和认识、大学生择偶的标准和大学生对婚姻的认知。"黄希庭把恋爱观解释为爱情价值观,认为"爱情价值观是人的价值观在爱情问题上的具体体现,涉及什么样的爱情有意义,什么样的婚恋生活幸福以及选择什么样的婚恋对象等问题"。"恋爱观是指男女双方对培育爱情的看法,其内涵关注爱情的本质、择偶原则、恋爱道德等一系列问题。"

综上所述,可以将恋爱观概括为人们对爱情的认识和理解,在择偶标准、情感处理和婚姻家庭等方面的看法和认知,以及对待爱情的行为倾向方面的价值体系。

二、大学生恋爱观的特点

恋爱观是人生观的重要组成部分,直接影响恋爱、婚姻行为的价值取向,关系到大学生在校期间的健康成长,更关系到大学生将来的幸福。当代大学生的恋爱观呈现以下特点。

①恋爱动机的盲目性与单纯性并存。当代大学生恋爱普及率高且呈明显的低年级化倾向。恋爱行为低龄化导致恋爱动机的盲目性。但多数大学生能将爱情作为恋爱与婚姻

的真谛,受社会功利性恋爱动机的影响较少,保持恋爱动机的纯真性。

②择偶条件的理性因素多于感性因素。当代大学生在选择恋爱对象时趋于理性,注重人品、性格等个性特征,淡化容貌、经济收入、文化水平等感性要求,将志同道合作为恋爱的基础。

③性观念在日趋开放中有坚守。当代大学生对婚前性行为整体呈现开放、宽容、理解的态势,传统的性观念在发生改变。但不能将大学生性开放思想简单地等同于庸俗的性自由观点,大部分大学生的性观念是受道德约束的。

④恋爱结果的理想化与现实的冲突。大部分大学生认为大学恋情与婚姻是两回事,校园恋情是难有结果的,只注重恋爱过程、不在意恋爱结果,是大学生理想与现实冲突的产物,带有明显的悲观主义色彩(图10.2)。

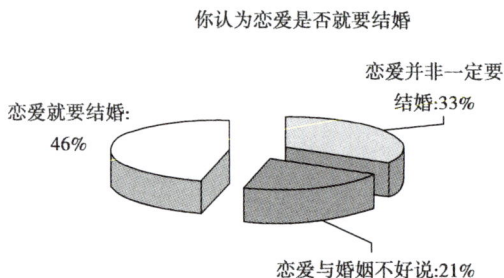

图 10.2 恋爱与婚姻

⑤恋爱关系不稳定,矛盾、纠纷频发。盲目恋爱的结果必然是恋爱关系的不稳定,校园恋人常常会因为思想、性格、志向、兴趣不合或一方移情别恋而发生矛盾和纠纷,甚至导致分手。当前各大校园频频发生的暴力事件、自杀事件相当一部分都与此有关。

三、大学生怎样恋爱

大学生恋爱现象在大学里普遍存在,避免不了,大学生的恋爱又存在着一些问题,为了使大学生健康成长,尽量避免爱情带来的过度伤害,大学生应该学习怎样去恋爱。

(一)发展自身能力

1.人格独立

在大学校园里,我们常常遇到这样的人,他们轻而易举坠入"爱"河,在享受"爱"的同时,渐渐忘却了老师、同学、朋友、集体,而一旦受到挫折便整个人都垮了。若想获得真正的爱情,第一,必须保持独立,用自己独立的思想去寻找独特个性的伴侣而不必顾及别人在说什么。第二,你还必须要有所追求,只有这样,你才能源源不断地给予对方,你们的爱才能时时更新。有独立人格的人不会因为外界的巨变而使自己无法面对,因为他们拥有的是对生活的信念以及充实的生活,之后他们才拥有爱。一个人生活在社会中,有事业、亲情、信念,爱情并不能代替一切。

2.拥有自信心

第一,经常关注自己的优点和成就;第二,多与自信的人接触和来往;第三,自我心理暗示,不断对自己进行正面心理强化,避免对自己进行负面强化;第四,树立自信的外部形象;第五,保持一定的自豪感;第六,学会微笑;第七,懂得扬长避短;第八,多阅读名人传记;第九,从事某项活动前做好充分准备;第十,给自己确定恰当的目标。

3.克己与宽容

"克己"指"克制自己"。"宽容"指"容人,容己"。人与人的相似性是相互吸引的基础,而人与人的差异性正是相互钦慕的前提。两个完全不同的人不可能相爱,但两个完全相同的人也激不起爱的火花。在恋爱中,双方应该尊重对方的价值观念和行为习惯,只有在克己和宽容的基础上,才有可能相互尊重、彼此和谐。

(二)发展与异性交往的能力

人际交往是社会对个人的要求。与异性交往能力的发展常常影响着恋爱乃至婚姻关系的成败。

1.与异性的友谊

异性间的友谊为未来恋爱关系的建立提供了一条有效途径,这不仅因为异性间的友谊自然、真挚,更因为它具有兼容性、不排他性。心理学家的人际吸引理论将合群、喜欢、爱情连为一体,足以说明友谊在缔结恋爱关系中的重要性。大学生以友谊为目的的交往没有过强的目的性与功利性,只有这样,才能轻松、自然地展示自我,缩短人际距离,提高人际交往的可能性。

2.恋爱关系的建立

一般来说,在第一印象中,好感主要是由外貌决定的,但外貌并不是双方建立恋爱关系的决定性因素。与异性间以友谊为基础的交往,使第一印象渐渐失去了它的影响,彼此更多地了解了对方的性格、能力和品质等方面,并开始形成深层次的心理联系。如果一个人总是情不自禁地观察对方并揣摩其心理活动,并从内心深处感到需要对方,并以为这种感觉是别的异性难以替代的,这就说明从单纯的友谊过渡到爱了;如果对方亦有如此反应,真正的恋爱关系就可以建立了。

第三节　恋爱挫折处理

一、正确区分友谊和爱情

男女之间除了爱情还有友谊,所以交往的男女之间到底是友谊还是爱情需要仔细区分以免造成不必要的伤害。

(一)友谊和爱情的区别与联系

爱情是以友谊为先导的,并贯穿于整个爱情当中,但友谊不等于爱情,友谊并不能都发展为爱情。友谊和爱情的区别体现在以下四点。

①友谊与爱情是两种不同性质的感情概念。友谊是朋友之间一种平等的、真挚的、相互信赖的关系,它不具有异性间的吸引,表现在感情上带有平和、深沉的色彩。爱情则是男女相互之爱,具有异性间的吸引,在感情上表现为热烈、激情、奔放。

②友谊较为广泛,可以不分男女。爱情只限男女二人,不允许第三者涉足。

③友谊具有暂时性,会因时间、环境的改变而变化。爱情一旦确定便是永恒的,双方要患难与共、白头偕老。

④朋友之间要讲原则,要忠诚、热情、互助。爱情在缔结婚姻关系之后,要承担法律义务,受法律保护。

(二)莫把好感当爱情

好感是人际交往中的一种普遍感情。好感和爱情颇为相像,但有区别。爱情除了感情的萌动之外,还需要各方面的深入了解,理想、志趣等的高度一致;而好感却不一定有这些因素,好感只是对他人言行举止、品质表示肯定的一种态度。对异性的好感也有可能会转化成爱情。

二、正确解决恋爱中的冲突

(一)充分理解对方,努力避免矛盾

大学生恋爱司空见惯,但不少人由于不懂如何恰当处理感情问题,使大学生在恋爱中产生很多矛盾和冲突。恋爱中的男女产生矛盾,原因是多种多样的,最常见的情况就是一方不能理解另一方,致使双方的沟通出现障碍,感情出现裂痕。这就要求我们要尽可能地多理解对方,理解对方的性格特点、心理倾向等,多欣赏,少挑剔。恋人之间产生矛盾的原因之一就是试图改变对方,把对方努力改变成自己理想中的完美爱人。为了达到这个理想,在交往的过程中,我们往往不切实际地要求甚至迫使对方摒除以往的习惯和言行,以吻合自己心中的理想形象。一个人的好多习性都是天生的,不可能因为一场爱情整个人就脱胎换骨、焕然一新。

(二)不要强迫对方为自己付出

爱应该是发自内心的,为爱付出也应是自发的、心甘情愿的,如果对方对你的爱到了那种程度,那么,即使你不强迫,对方也会为你做你想要的那种付出的。相反,如果对方根本就不情愿,那么,即使在你的强迫下做了,又会有什么实际意义呢,这不过是阳奉阴违的行为,丝毫不能真正加深你们之间的感情。

(三)尊重自己的另一半

尊重是人际交往的基础,也是恋爱的基本原则。不懂得尊重对方的人是不懂得爱的。想让对方爱自己,就要尊重对方,对对方的尊重也是对自己的尊重。恋爱是双方情感的投入,恋爱双方应尊重对方付出的感情,对对方的情感负责,不能以玩弄感情为荣,不能随意

地用不负责任的承诺来欺骗对方的感情。

(四)宽容自己的另一半

是人就有犯错的时候,没有不犯错的人,但是知错能改是好的品质。当对方偶尔由于没有考虑周全犯了错误,应给对方一次改错的机会。当然不是毫无原则地去宽容,毫无原则那就不是宽容,那是纵容。宽容是有前提的,正如自由也是有限制的一样。

(五)双方各自要独立

即使被爱神之箭射中,也不应把自己禁锢在两人世界之中。恋爱中的两个人必须要有独立的思想,独立的行为,这样才能让恋情鲜活地永存下去。没有新鲜感的恋情犹如一潭死水,不会越来越清澈,只会越来越臭,直至腐烂消失掉。恋爱或婚姻中,如果一方成为另一方的附庸品,那就丧失了其独立性,其日子必定难以长久。恋爱就像两个圆相交,既要有共同点,又要有自己与另一半不一样的地方,不能够相离或重叠,那样都只会埋藏幸福的火花。

(六)信任是爱的前提

有些恋人常翻对方的手机、微信、QQ等聊天记录,似乎在寻找着对方不忠于自己的证据。这样做看似是爱对方的表现,实则是对对方的不信任,也是对自己没有信心的表现。恋爱本应该是一种享受,享受生命的乐趣,享受爱的魅力,享受两种思想交融的火花之艳,是让人心情愉悦的一种感情。但长期对对方进行怀疑、不信任,不仅自己累而且对对方也是一种压力,从而使恋爱变成一种负担,最终不得不以分手告终。

三、大学生恋爱中常见的问题及调适

(一)恋爱与学业的问题

虽然进入大学学习氛围变得较为轻松,但是大学生最主要的任务依然是学习,恋爱只是其生活的一小部分。许多大学生常常是主观上学业第一,客观上爱情至上。他们大都没有忘记学业,总想把学业放在大学生活的首要位置,但是,这些往往只是大学生主观上、思想上的愿望而已。教育实践表明,真正在客观上、行为上能够正确处理好学业与爱情关系的大学生为数并不多。更多的人是一旦坠入情网就不能自拔,强烈的感情冲击一切,厌学、早退、旷课现象增多,甚至造成多门功课不及格,不能顺利毕业,耽误了自己的大好前途。

【生活个案】

A是一名大一女生,刚进大学时成绩非常突出。由于A活泼开朗,加上大学生活相对自由轻松,进入大学不久A就恋爱了。起初她的思想也非常明确,自己的精力首先要放在学习上,但随着时间的流逝,A的学习成绩却明显下滑。原因是自从恋爱以后,A开始变得魂不守舍,上课时满脑子都在想下课后和男友到哪里去玩,老师讲什么根本听不进去,下课后则忙于和男友逛街、购物,作业、学习之类的一概抛到了脑后。

如何处理恋爱与学业的关系?

大学是人生的重要阶段,大学生要学会规划自己的人生,为自己的未来发展做好打算。

①大学生应该把学习放在第一位,特别是在当前社会竞争日趋激烈,就业形势日益严峻的情况下,更要把学习作为大学的主要任务。

②要树立正确的恋爱观,不要因为精神空虚或贪图虚荣而一时冲动,平时可多参加一些健康有益的校园文化活动,丰富自己的精神文化生活,在锻炼能力、展示自我的同时也能从一定程度上满足对情感的需要。

③恋爱要建立在互敬互重的基础上,恋爱双方应该在学习上互相帮助,工作上互相支持、相互促进、共同进步。

(二)选择的困惑与调适

选择的困惑是大学生恋爱中最常见的问题之一。其中较常见的有下列五种情形。

①不知道应不应该谈恋爱。这部分大学生应首先树立对爱情的正确态度。如果自己还不知道该不该谈恋爱,那说明在你的心里还没有自己喜欢的异性,只是因为看到许多同学都在谈恋爱,才产生了自己是否谈恋爱的想法。什么是真正的爱情,在此刻应有明确的态度。当真正的爱情还没有到来的情况下,不要盲目去寻找爱情。寻找的爱情并不一定是真正的爱情。

②自己爱上了别人,但不知道对方是否也爱自己,想表白心迹,又怕遭到拒绝,左右为难。对于这样的困境,首先要学会正确认识对方对自己的情感。如果经过观察甚至巧妙的考验,发现对方根本就对自己没有那个"意思",就没有必要向对方表白自己的心迹。因为你的表白不但得不到回报,而且会使对方为难;如果两人是同班同学,还会影响两个人之间的关系。如果经过观察,发现对方也对自己有一定的感情,就可以大胆地向对方表白自己的心迹了。

③不知道如何拒绝对方的求爱。面对他人的求爱,当你不准备接受时,一般应当在不伤害对方自尊心的情况下,委婉地拒绝,如果对方进一步追求,而你无论如何也不可能接受对方的爱情,那就应该明确地拒绝。另外,大学生也应当注意,不要为了害怕伤害对方的自尊心,或者为了自己的虚荣心,在自己没有产生爱情的情况下,盲目接受对方的爱,因为这不但会伤害对方,而且对自己也是一种伤害。

④在恋爱的过程中发现对方不适合自己,而对方还依然爱自己,不知道如何提出分手才不会伤害对方的自尊心。在这种情况下,要明确爱情是不能强求的,如果一方发现对方不适合自己而准备结束恋爱关系,也无可厚非。那么如何分手呢?

如果你是那个主动提出分手的人,请不要急着去告诉对方你们要分手,这样看似你解决了你自己的问题,但会给对方造成不可估计的伤害。所以,请你找个地方静静地想清楚自己为什么要分手? 分手的好处是什么,坏处是什么? 准备好自己说话的内容、方式、态度和理由,调整好自己的情绪。慎选谈分手的时间和地点,时间最好不要是晚上,因为晚上人的情绪较难控制,地点最好是公开、安静、有旁人但不会干扰你们谈话的地方,最好不是你们经常约会的地方。谈话要以"我"的角度切入,态度温和而坚定,明确地告诉对方分手的理由,就算对方以前有种种不对,也不要在这个时候数落对方。

对于被动分手的人,当对方提出分手时,要保持冷静,听完对方怎么说,对方的理由是什么。别从"我被甩"的角度看问题,而从"了解对方为什么不快乐? 我在恋爱中到底是不是快乐的? 如果对方不爱我了,留一个心不在我身上的人还有意义吗?"的角度去看待问题。

⑤能做恋人的异性朋友难寻。这种恋爱心理困境的原因主要在于对友情和恋情的认识还很肤浅,并缺乏对社会中的人际关系的科学认识。正确的做法是,认真审视、调整自己的择偶标准,在寻求爱情的过程中,既要有主观上的用心,又要顺其自然、不可强求。

(三)单相思的苦恼及其调适

单相思是指异性关系中的一方倾心于另一方,却得不到对方回报的单方面的"爱情"。爱情错觉是单相思的另一种形式,是指在异性间的接触往来关系中,一方错误地认为对方对自己"有意",或者把双方正常的交往和友谊误认为是爱情的来临。它常会使当事人想入非非,自作多情。单相思是恋爱心理的一种认知和情感的失误。单相思使某些学生陷入痛苦的境地,处于空虚、烦恼,甚至绝望之中。如果处理不好,对以后的恋爱婚姻生活都有消极的影响。

1.形成单相思的原因

①爱幻想。这是造成单相思的主观因素。如果在现实生活中难以适应正常的恋爱生活,爱幻想者往往依据丰富的想象力,在幻想中得到异性爱的一切满足。

②信念误区。单相思者往往以为爱仅仅是投入,不要承诺,不要回报,不顾一切的精神恋爱才是世界上最伟大的恋爱。

③认知偏差。有的单相思者是由于自己的认知偏差造成的,不能正确地对待被拒绝的事实,仅仅是为了自己的自尊心(其实是虚荣心),就强迫自己追求到底。

2.单相思的调适方法

单相思的调适方法主要是认知领悟和心理分析。在具体的心理调适过程中,应根据不同的情况采用不同的方法。

①如果是自己有意而对方并不知情,而且觉得对方有很大的可能也爱自己,就可以大胆地向对方表白自己的感情。当然,也应做好对方不接受自己的情感的心理准备。

②如果觉得对方没有可能爱自己,就没有必要表白自己的情感,因为这种表白既可能给对方造成心理压力,也会使两个人的关系显得不自然。有些情况下,适当压抑一下自己的感情还是必要的。

持久的单相思会给个人生活带来很大的负面影响,应当学会尽快地从单相思中解脱出来。

(四)三角恋的苦恼及其调适

三角恋的发生大多表现为两种情况,一是双方已确立恋爱关系以后出现第三者,二是几乎同期与两个或两个以上的人建立恋爱关系。从处在三角恋爱关系中的人的心态来看,有主动和被动之分。主动者主观上并不在乎三角恋爱的发生,甚至有意制造三角恋爱,这是一种不道德的行为;被动者则是在自己并不情愿或者不知不觉中陷入三角恋情中,他(她)们自己很痛苦,很想摆脱这种尴尬的局面。作为被动者,可以从下面三个角度来审视自己所陷入的三角恋,进而采取相应的措施。

1.分清楚爱情的选择性与排他性之间的界限

爱情应当有所选择,但真诚的爱情又是专一排他的,不再含有选择的意味。如果你同时与几个对象有了恋爱关系后再进行选择,那就混淆了选择与排他之间的界限。在这种情况下发生的三角恋,应对自己的感情加以权衡,决定有所放弃,然后逐渐地、有礼有节地淡化与他(她)的感情联系和行为接触。

2.重新对自己与对象的恋爱关系进行评价

在三角关系中,总有人处于失利的位置。作为失利的一方,感情是极其痛苦的,更需要靠理性来帮助自己。自己的恋人对他人产生了恋情,是自己的言行不得体,对他(她)的关照不够?还是因为所爱者经不起爱情的考验?或者的确是对方认为第三者比自己强?进行一番冷静的思考,可以与所爱者坦诚相谈,或能改变失利的局面。即使对方的感情已不可挽回,内心也能较为平静地接受。切不可冲动,不顾双方感情的实际,一味想挽回"面子",那样做不仅于事无补,还会给自己带来更大的情绪困扰。

3.勇于做出退避决策

这是解决三角恋关系看似消极实则积极的策略。从道理上讲,感情既然已经陷入三角关系这种说不清、道不明的境地之中,究竟还有多大价值已经毫无意义。如果再在上面耗费时间和精力,不仅不会给自己带来幸福和进步,还会对自己的感情造成更大的伤害。此时,做出退避决策的最大心理障碍是"退让即是失败"的错觉。这种想法显然受到了人们的一般看法的影响,不敢正视实际的情况和自己真正的立场,从本质上讲是相当消极和失败的。所以,当综合各方面的情况,发现与所爱者的感情已不可能有建设性的发展时,就应当拿出勇气来,积极地退出三角恋爱关系,使各方最终从无谓的感情纠缠中解脱出来。

(五)失恋的痛苦及其调适

失恋是指恋爱过程的中断。失恋带来的悲伤、痛苦、绝望、忧郁、焦虑、虚无等情绪使当事人受到伤害。失恋所引发的消极情绪若不及时化解,会导致身心疾病。当代大学生生理发展虽已趋成熟,但心理发展尤其是爱情观还不成熟,失恋成为大学生自杀、自残和杀人的主要原因之一。失恋者可以尝试运用以下方法进行自我调适。

①适当运用酸葡萄心理效应。当一个人失恋之后,如果总是回想过去恋人的种种优

点,就会越发怀念过去的恋人,同时也就越发否定自己,觉得自己一无是处,结果形成恶性循环,使情绪越来越消沉,心理越来越压抑。当一个人失恋之后,如果难以从失恋的阴影中摆脱出来,不妨运用酸葡萄心理机制。也就是说,当一个人失恋之后,可以尽量多想想过去恋人的缺点,少想或者不想过去恋人的优点,心理就容易平衡。但是酸葡萄心理机制的应用必须适当。如果一个人具有足够的心理强度,即使在失恋的时候,也能够客观地分析对方的优点和缺点,并且能够通过在不贬低对方的优点的情况下调控自己的消极情绪,这才是心理的强者。

②学会积极的自我暗示。当一个人失恋之后,如果总是责备自己,觉得自己不好才导致分手,就只能使自己越来越压抑。这时应学会积极的自我暗示,如用"幸亏他(她)现在提出分手,如果他(她)结婚后才提出分手,岂不更糟""他(她)不爱我,并不说明我不可爱,只能说明两人的性格和观念不合"以及"天涯何处无芳草"等。

③转移注意力。失恋后如果总是想着失恋这个沉重的打击,那就很难尽快地从失恋的阴影中走出来。这时,就应当设法把自己的注意力从失恋这件事情转移到自己比较感兴趣、能够分散自己注意力的事情上去。例如,听听音乐、看看电影、跳跳舞、打打球等,以冲淡内心因失恋而造成的挫折感和压抑感。

④升华法。古今中外,有不少著名的历史人物恰恰是受到失恋的打击后而发奋追求事业,从而流芳百世、名垂青史的。大文豪歌德如果不是失恋,也许就写不出《少年维特之烦恼》。因此,把因失恋而产生的挫折感、压抑感升华为奋斗的动力是十分有益的。

⑤失恋不失德,失恋不失命,失恋不失志。失恋不失德,是一个大学生应当有的态度和人格,也是恋爱的重要原则。要做到:不报复,不打击,不伤害,不破坏对方的名誉和人格,不破坏对方重新建立生活的努力。失恋不失命,爱情是人生的重要内容而非全部,因为失恋而毁掉自己的生命是愚蠢的行为。人生除了爱情之外,还有其他一些美好的东西,爱情虽离你而去,事业却永远伴随着你,只要你有追求精神,爱情之花迟早还会为你开放。失恋不失志,不能因为失恋而丢掉自己的理想和志向。理想是个人进步的动力目标,在为理想而奋斗的过程中,逐渐平复由失恋而造成的心理创伤,就会重新获得幸福的爱情。

[生活个案]　　　　　　　　　　**一位女孩的自述**

我和对象恋爱两年多了。由于自己当时愚蠢,和他有了性生活,一下子变得不可收拾。最近,我们的生活好像出了问题,我们经常吵架,他总是拿我们拍的照片来威胁我。我们原来是非常幸福的,现在他突然变成这样,我真的不知道该怎么办才好。我几次提出和他分手,可是他都以照片来威胁我,这样的生活太难受了……

上述案例中的男生在失恋中失了德,他没有认识到爱情的真谛是什么,而当爱情不能再继续的时候用威胁的方式来维持,这不仅仅伤害了对方,还让自己对爱情没了好感。爱情是两个人的事,爱情是美好的,应该以美好开始也以美好结束。

第四节 大学生性心理健康

一、青少年性心理发展的阶段

青少年随着身体的成熟,心理的发展,性心理也在不断发展着,从两小无猜到互相倾慕,青少年性意识的发展一般可分为三个阶段。

(一)疏远期

萌芽的初期,常常以否定的形式表现出来。小学四五年级,儿童开始关注异性,但表现为男女之间的对抗、排斥,与异性关系密切会受到同伴的嘲讽,这时并没有萌生真正的性意识。进入青春期,少男少女的男女性意识开始觉醒,他们对两性差别特别敏感,开始产生性不安和羞涩心理。近年来,受过良好性教育的中学生虽然并不以冷漠和厌恶的态度对待异性,但在异性交往中仍以排斥和疏远的方式居多。

(二)爱慕期

进入青春期,情窦初开,与异性疏远逐渐缩小。他们很快便对异性表现出好奇,并以善意、友好、欣赏的态度对待异性同学。他们也愿意与异性同学一起学习,一起参加社会活动,并发展友谊。这个时期是青少年性意识发展的重要阶段,主要是由青春期发育高潮的到来而引起的。

(三)恋爱期

青春晚期,是性亲近的自然延续。这一时期男女在交往中逐渐将异性作为结婚对象加以选择。男女交往的标准也逐渐从外在转向内在,高尚的思想品德、广博的文化知识、健康的兴趣爱好、丰富细腻的情感等对异性都有巨大的吸引力。

二、大学生常见的性心理困扰

(一)性冲动及过度性冲动的调适

性冲动是男女大学生生理、心理的正常反应,是在性诱因刺激下,性兴奋强度逐渐增加并企图诉诸行为的一种心理体验。研究表明,引起性冲动的原因有内部和外部两种。性学家发现,激素(荷尔蒙)是造成性冲动的内部因素。就外部因素而言,心理因素和社会因素起着较大的作用。

过度性冲动的调适方法如下。首先是适度的压抑,这是经常用的方式。适度的压抑是社会的需要,也是一个人性心理健康的反映。适度健康的压抑表现为:压抑并不费力气,个人应清楚知道压抑的是什么;压抑不妨碍心理活动效率,不妨碍人的社会功能。其次是升华,即用一种积极的、富有建设性的、能为社会所接受的方式来取代性欲,转移性欲。一些学者认为,强烈的性冲动可以转化为高水准的情绪活动和理智活动。最后是宣泄,即以某种性的方式获得性冲动的满足。对大学生来讲,性自慰和婚前性行为是较常用的方式。要教育大学生懂得,性宣泄不只是一种生理行为,其方式应符合社会规范,有利于身心健康。

(二)性梦及对性梦错误认识的调适

性梦,是指人在睡梦中梦见与性对象发生性接触而出现性冲动或性高潮的现象。潘绥铭的研究表明,95%的男生和56.7%的女生做过性梦。弗洛伊德认为,梦是愿望的满足。在清醒状态下不敢想不敢做的性心理、性行为都可以在梦中出现,使大脑皮层出现非常活跃的兴奋灶。这种性梦的自然宣泄,类似一种安全阀的作用,可以缓和累积的张力,有利于性器功能的完善和成熟,是性生理、性心理发育正常的标志。

调适的方法如下。首先,重视科学知识的学习,包括性生理和性心理的有关知识,掌握性生理和性心理的发展规律。只有正确地看待自己的性生理变化和性意识活动,才能有效地消除性无知所产生的不良情绪。其次,睡前进行适当的体育锻炼,以利于上床后尽快入睡。最后,尽量避免夜间过多地涉及与性有关的话题和活动,有意识地培养自己保持性健康的克制力。

(三)性幻想及调适

性幻想也称性想象,是一种介于意识和潜意识之间的、带有性色彩的精神自慰行为,是在没有异性参与的情况下,在大脑中进行的自我满足的性欲活动,故又称"意淫"。

调适的方法如下。首先,树立文明的性观念。将性视为"下流",把性看作"万恶之首"的思想,是落后愚昧的。当代大学生应抛弃这些陈旧的性观念,树立文明的性观念。要敢于正视性的问题,科学对待性问题,把性看成正常的生理、心理现象,避免自我道德谴责所产生的强烈的罪恶感和自卑心理。其次,指导学生正常的异性交往,开展正常的异性交往活动,建立异性间的友谊,能够满足青春期青年学生的心理需要,减少人为的压抑,防止形成强迫性观念。同时,与异性交往,还有利于了解异性,消除对异性的神秘和敏感,建立适当的异性心理反应,促进大学生心理健康发展。

(四)性自慰及过度自慰调适

性自慰俗称手淫。我国青少年性自慰焦虑的发病率普遍高于西方国家,除了性教育的普及程度低,还与"手淫"这种习惯性称呼的明显贬义有很大的关系。因此,近年来我国已经将手淫更名为性自慰,它界定了性行为的对象为个体自身,其功能在于心理缓释,从而有助于人们正确看待这种行为,克服偏见,缓解心理压力。

克服过度手淫可以从以下五方面努力:①注意生活规律与生活调节,避免衣裤太紧,按时睡眠,晚餐不宜过饱,睡眠时被褥不要过暖过重,睡眠不宜仰卧和俯卧;②养成良好的卫生习惯,注意保持外阴清洁,经常清洗,除去积垢的不良刺激;③尽量避免独处,待在朋友中间;④远离色情读物,避免接触激发性冲动的环境、图片或阅读材料;⑤当手淫的念头强烈时,尽最大能力在脑子里制止这个念头,可以转而做其他事情。

(五)性体像焦虑及调适

进入青春期后,男女体像发生了很大变化,部分人产生了对自己形体的不安。男性希望自己高大魁梧,女性希望自己苗条漂亮。如果男性觉得自己矮小瘦弱,就可能因此感到自卑;女性如果认为自己太胖,长相平平,就可能出现苦恼。男性对自己生殖器的发育,女性对乳房的大小都非常敏感,常为此而心事重重。还有人为自己皮肤的好坏、眼睛的大小、汗毛的长短、是否长青春痘而烦恼不安。

对于性体像的困扰,能改变的要积极改善,如男性的体型、吸引力、性格等,女性的粉刺、雀斑、肥胖等;对不能改变的要乐观悦纳,阴茎大小、乳房大小、外貌等受遗传影响很大,很难改变。事实证明,他们的大小对婚恋生活没有什么影响,不必太在意。如果对自己的性体像有困惑,要及时寻求咨询和帮助,不可独自敏感多疑。

三、边缘性行为

边缘性行为是指两性之间有性吸引而产生的一系列亲昵性行为。如两性交往中,具有性吸引倾向的握手、谈话、拥抱,恋爱中的眉目传情,夫妻间伴有性色彩的耳鬓厮磨等。但凡恩爱的夫妻,在他们的日常生活中均存在大量的边缘性行为,夫妻间的性生活是否和谐,边缘性行为也起了重大作用。

如何让自己和恋人之间发生的亲密行为(边缘性行为)保持在理性的限度内,这是一个让大多数涉足恋爱的大学生们(尤其是女生)深感困惑的问题。不少大学生往往会把身体的亲密当成心理的亲密,并认为:既然关系已是亲密无间,那么身体也应当零距离接触,无须设防。事实上这是一种错误的认识。应该承认,适度的边缘性行为对增加彼此的亲密关系是有作用的,然而,必须把握一定的原则,而且最后一道防线绝不可轻易触碰。

处于青春发育期后期的大学生,性生理大多已基本成熟,他们对异性的身体怀有强烈的好奇心,或产生性冲动,这都是身体发育正常的一种自然反应。在恋爱过程中,男性通常对亲密行为(边缘性行为)的兴趣和渴望高于女性,并把身体接触的亲密程度视为对方对他接纳和喜欢程度的一种表现。一般情况下,男性对边缘性行为(包括性交)颇有操之过急、来者不拒之嫌,女性一般较为谨慎。在恋爱过程中,女性必须保持清醒的头脑和理智,让恋爱中的边缘性行为控制在合理限度内,切勿把自己的身体轻易送给情人。对于那些不进行性行为就要分手的情人绝不留恋。

四、性心理障碍

性心理障碍是以异常行为作为满足人性冲动的一种主要方式的心理障碍。其共同特征是对常人不引起性兴奋的某些物体或情境,对患者都有强烈的性兴奋作用,而在不同程度上干扰了正常的性行为方式。当以歪曲的性冲动付诸行动时多导致违纪,一般是有完全责任能力或限定责任能力的人。性心理障碍在我国较少见,除同性恋、施虐狂或受虐狂等类型外,主要见于男性。

常见的类型包括以下7种。

①露阴癖。在陌生女性面前出其不意地露出生殖器,以取得性的满足,伴有或不伴有手淫,但无进一步性活动的要求。均为男性。

②窥阴癖。在暗中窥视异性裸体或性活动,以取得性的满足,伴有当场手淫或事后回忆窥视景象时手淫。常于15岁前开始,成年后确诊。均为男性。

③易性癖。心理上对自身性别的认定与解剖生理上的性别特征恰好相反,持续存在改变本身生理性别特征以达到转换性别的强烈愿望,其性爱倾向为纯粹同性恋。

④恋物癖。以获取异性贴身衣物,而非异性本身,取得性的满足。有时采取偷窃手段来取得这些东西。几乎仅见于男性。

⑤异装癖。具有正常异性恋的男性反复出现穿着女性装饰的强烈愿望,通过穿着女性装饰可引起性兴奋或性满足。

⑥施虐癖与受虐癖。施虐癖是指对异性给予精神和肉体上的折磨以取得性的满足。受虐癖则以承受这种折磨为满足。有时这两种情况可在同一人身上出现。

⑦其他。恋兽癖、恋尸癖、恋童癖、摩擦淫癖和自虐淫癖等。

五、慎施婚前性行为

爱是有制约性、排他性的;性也有幸和不幸的。婚前性行为是指恋人在结婚前发生的性接触、同居等相关行为。大学生对婚前性行为普遍持一种开放与宽容的态度。许多在校大学生并不了解婚前性行为带来的严重后果。

①婚前性行为会带来剧烈的心理冲突。大学生发生婚前性行为一般是在一时冲动、失去自控的前提下发生的,没有避孕,事后容易处于惶恐、不安、自责、悔恨的心理状态中。尤其女生既害怕怀孕,又担心学习的压力,一般又不敢告诉他人或父母。这种巨大的心理冲突严重的会形成某些性障碍或性变态,给未来美满的婚姻生活带来隐患。

②婚前性行为会导致感情变味。相爱的人之间保持一种朦胧、神秘、含蓄、神圣的美感,具有极强的吸引力,而婚前性行为很容易破坏这种感觉,两人的关系迅速发生了质的飞跃后,就会产生零距离。零距离容易因为小事而引起摩擦和频繁的冲突,会使彼此不珍惜感情。猜疑和不信任会横亘在二人中间,长此以往,双方都会想:你这样轻率地与我云雨,也会和其他人调情。尤其是男生受传统思想影响,会认为主动的女人不值得珍惜。

③婚前性行为会使婚后生活质量下降。婚前性行为多数是在爱情没有成熟的条件下进行的,时间一长会发现对方并不适合自己,但交往了几年,物质、精神都耗费了许多,往往只好勉强维持关系。但这样的爱情已没有了昔日的光彩和美好,婚后或是在后悔中生活,或容易产生第三者,或者最终选择离婚。

④婚前性行为给女生造成巨大的身心伤害。很多大学生由于对性好奇,不知道如何保护自己,不慎怀孕后,不敢去医院做人工流产;有的甚至不知道自己怀孕,两三个月后明白时,已不能做早孕人工流产,只能做大月引产。无论是早孕流产还是大月引产,给女生带来的身心伤害都很大,个别严重的会引起终身不孕。由婚前性行为而意外妊娠所导致的男女双方感情破裂、最终分手的例子不在少数,其后果将会给男女双方带来剧烈的心理冲突,增加心理困惑,不但影响学业,还会影响一生的幸福。

⑤婚前性行为也会带来性疾病的传播。虽然大学生的性生理已经发育成熟,但是性心理和性行为却正处于迷茫时期,对生殖健康相关知识的知晓情况不尽如人意,增大了不安全性行为的风险。一些大学生在卫生条件很差的地方发生性行为,往往会引起生殖疾病。女大学生一定要慎重对待婚前性行为。

在我国的传统文化里,性功能不仅仅是追求性快乐,更主要的是保持性健康和担负传承子孙后代的重任。为未来着想,家长、学校、社会都要引导大学生追求性科学、性文明、性健康之路。

【生活个案】

> 女生 M,19岁,大学二年级。一天,M 到外校与男友约会。因时间太晚,不能赶回学校,男友将其安排在宿舍楼里的一间事先借好的空宿舍里住下然后离去,当时她还觉得男友挺细心。谁知半夜男友从外面用钥匙打开门,要与她发生关系。由于觉得特别丢人,害怕将隔壁宿舍的同学惊醒,她拼命挣扎却不敢出声,最终还是被男友强暴了。理由是:男生太爱 M 了,怕失去 M,生米煮成熟饭,M 就只能嫁给男生了。这真是混账理由,实在令人震惊和失望,她觉得痛不欲生,满腹的委屈没地方诉说,对这个男生的爱顿时荡然无存并滋生恨意。自从发生了这件事,她就特别自卑,认为是自己贱——送上门去受辱,觉得自己再不配被好男人爱了,心境总是抑郁悲观,连自杀的念头都有过。后来有个待人真诚、能干懂事的男生 G 追求她、爱慕她,这使她陷入极度矛盾中:一方面,怕男生 G 知道自己已经失身于人后不会再爱自己,很可能还会看不起自己;另一方面,又怕错过机会,失去一个真正值得自己倾心的人。进退两难,万般无奈的情况下,她走进心理咨询中心,寻求帮助。

从以上事例不难看出,受害者不仅在事发当时,而且在以后相当长的时间里都会出现一些心理问题,他们会消极退缩、回避人际交往、恐惧、自责等。有些人会出现性生活的功能性障碍,如阴道痉挛、性冷漠等。现在每所大学都设有心理咨询中心,配有专职心理老师,当你感觉自己需要人帮助时,请主动求助。

本章小结

青年大学生正值青春时期,因此爱情无疑是大学生最为关注的话题之一。与过去相比,现在大学生越来越早地涉足爱情的领地,走进爱情世界的人也为数不少。当今大学生的爱情观表现在如下两方面。第一,恋爱年龄低龄化。以前大学生谈恋爱大多发生在高年级,一般处于二十几岁的年纪。现在据调查,刚刚踏进校园的大学生有些已经有过恋爱的经历,有些正准备步入爱情的世界。第二,恋爱比例扩大化。国家主管部门对大学生恋爱问题的政策,经历了由明文禁止到"不提倡,不反对"的转折,高校还解除了禁婚令。因此,大学校园里基本不存在针对大学生恋爱的反对力量,大学生恋爱不仅公开化,在比例上也扩大化了。

引导大学生正确恋爱刻不容缓,从根本上来说是要树立大学生的正确恋爱观。大学生正处在树立正确的人生观、价值观、世界观的关键时期,其心理逐渐趋于成熟。在这个关键时期,学校和社会应该加强大学生的思想道德教育,立足于培养全面发展的社会人才。同时,大学生自己在学习科学知识的同时必须加强自身道德、法律修养,树立正确的爱情观。只有这样,爱情之花才能以最炫美的方式绽放。

本章讨论

1.你的爱情观是什么,你期望的爱情是什么样的?

2.假设你还没有恋爱,谈谈恋爱之后你会怎样处理恋人和朋友之间的关系?

3.你是一位性观念比较保守的女孩,当男友提出性要求时你会怎样应对?

4.你认为你的恋爱对你的学业有怎样的影响?

5.谈谈你对同性恋的看法。

推荐阅读

高建梅.大学生恋爱问题解决路径探索[J].现代职业教育,2023(19):145-148.

车晶晶.大学生恋爱观教育引导研究:以辽宁省四所高校为例[D].锦州:锦州医科大学,2020.

雷茹慧,陈美萍,徐忠炎.大学生恋爱危机及其应对策略[J].淮南职业技术学院学报,2018,18(6):70-72.

魏晓娟.当代大学生的恋爱问题及教育应对[J].山东青年政治学院学报,2021,37(6):35-41.

滕美君,张姗,杨冬晨,等.当代大学生婚前性行为及生殖健康认识现状分析[J].大连大学学报,2016,37(6):117-119.

卢天明,梁光图,李洁梅,等.广西某医学院校女大学生婚前性行为认知现状[J].健康教育与健康促进,2022,17(1):38-42.

洪艳萍,魏国平,郑珍,等.性教育的早晚对大学生恋爱观的影响[J].湖北科技学院学报,2016,36(S1):117-120.

王继新,王菲.大学生恋爱冲突的影响因素及其教育对策[J].山西高等学校社会科学学报,2022,34(8):71-75,81.

尹涛.大学生恋爱中存在的心理问题及对策研究[J].教育教学论坛,2020(43):96-97.

丁兆叶.大学生恋爱心理的现状调查与对策研究[J].山东广播电视大学学报,2020(2):50-52,56.

第十一章 大学生压力管理与挫折应对

幸运所需的美德是节制,而厄运所需的美德是坚忍;后者比前者更为难能可贵。

——培根

☆本章导读

人生活在现实生活中不可能没有压力与挫折,而且也难以回避,必须面对。压力与挫折是一个人成长与发展不可缺少的。当今社会,随着经济的飞速发展,人们的生活节奏日益加快,人际关系日益复杂,竞争越来越激烈。大学生面对时代转型出现的各种问题,面对自身作为一个特殊的社会群体的许多问题,遇到压力与挫折是常有的事。如何进行压力管理? 如何应对挫折?通过本章针对大学生面对的压力与挫折,引导大学生客观、理性地认识压力与挫折,探析大学生挫折的动因,把握战胜挫折的办法,提高应对挫折的能力,从而维护大学生的心理健康。

压力管理是心理健康的重要组成部分,它不仅可以帮助大学生顺利度过学校生活,还能为他们积极应对未来工作挑战提供重要保障。未能妥善处理好各种压力是造成大学生心理问题的主要原因之一。因此,有必要深入探索影响大学生压力管理的风险因素及其内在机制,从而帮助大学生提升压力管理能力。

第一节 压力和挫折概述

【案例导入】

史铁生是我国优秀的作家和散文家。出于身体原因,他大半生都在轮椅上度过。可他的思想踏足过的疆域,却鲜有人企及。他用羸弱之躯,穿透生死,把中国文坛推向了更深层次。在生命的间隙,他思考的不仅是个人的命运走向,还有"生死之辩"这个永恒而宏大的话题,他把疾病交给医生,把命运交给上帝,把勇气留给自己。

作家史铁生在二十几岁,正是大好青春的年纪,突然失去了双腿,在漫长的轮椅生涯与病痛折磨中,完成了身体正常的人都很难做到的事,让其生命熠熠生辉。用他自己的话说,职业是生病,业余在写作。正如他所说的:"乐观若是一种鼓励,困苦必属于常态。"困难与挫折,是他人生的一种常态也是每个人人生的一种常态,保持乐观向上是应对这种常态的最好状态。

一、压力的概念

压力是指人的内心冲突和与其相伴随的强烈情绪体验。个体在面对一些自以为很难应对的情况时，所产生的心理和生理上的异常反应，是人和环境相互作用的结果，它是机体的内部状态，是一种强烈的情绪体验。

压力是现代社会人们最普遍也是最常见的心理和情绪上的体验，是每个人都无法逃避的心理现象。所谓"人生不如意十之八九"，任何人的人生旅途，都不可能总是一帆风顺，都会经历坎坷、伴随挫折。20世纪20年代，汉斯·薛利提出，压力是个体为了满足自身某种需要而产生的一种不确定的反应，或是由于外部环境条件的限制，个体无法满足自身需要，当生活中学习的经验与现实生活中的条件难以匹配又无法互相协调时，个体不能调节两者之间的平衡，就会造成个体身心失衡的危机状况，从而产生一种焦虑状况。此后，有关压力研究逐渐扩展到多个学科领域，学者们也开始逐渐关注压力带来的消极负面影响。

面对种种预期以外的状况，人们常常会感到焦虑不安，内心体验到巨大的压力。压力存在于社会生活的各个角落，每个人都经历过。例如，第一次求职面试、工作生活环境变动、亲人罹患疾病或死亡、失业等。承受压力带来的变故是生活中不可避免的。但是过度的压力会带来紧张、焦虑、挫折等一系列负性情绪体验，久而久之，会破坏人的身心平衡，造成情绪困扰，损害身心健康。

二、挫折的概念

在《心理学词典》中，认为挫折是指个体为实现某个目的，而进行某些活动，在遭受主观或客观原因的限制或影响，没有达到预期效果时，就会产生愤怒、烦恼、焦虑、屈辱、放弃等消极情绪的状态。

挫折是指人们在从事有目的的活动过程中，由于遇到难以克服的困难或干扰，导致个人愿望无法实现、个人需要无法满足而引起的消极情绪体验。

挫折的内涵一般从情绪和情境两方面界定，前者侧重用户遭遇困难时产生的挫折感情绪特征，后者侧重用户遭遇的困难、障碍、失败等情境特征。在心理学中，挫折这一概念包括三方面的含义。一是挫折情境，指需要不能获得满足的内外障碍或干扰等情境因素。这些都是客观因素。譬如考试不及格，比赛未获得所期望的名次，受到同学的讽刺、打击还有失恋等。二是挫折反应，即对自己的需要不能满足时产生的情绪和行为的反应。这些属于主观体验，常见的有焦虑、紧张、愤怒、攻击或躲避等。三是挫折认知，即对挫折情境的知觉、认识和评价，这些是主观反应。

第二节　大学生压力和挫折的产生与特点

临床心理学家通过实验发现，很多疾病都与心理压力有关。比如，消化性溃疡病的主要起因就是心理压力。溃疡病患者往往具有这样的特点：拼命努力工作，总是担心工作不完美，担心自己能力不够，经常体验到无助感等。心理压力也是高血压和心脏病的主要病因之一。这些人群通常表现为竞争意识强、争强好胜、缺乏耐心、时间紧迫感强、成天忙忙碌碌等。有研究显示，癌症也与心理压力有着密切关系。由此可见，心理压力对人的身心健康的影响是广泛而深远的。

压力在心理学中也叫应激，压力至少有三种不同的含义。

①压力指那些使人感到紧张的事件或环境刺激。如有一份"压力很大的工作"，即将可能带来紧张的事物本身当作压力。

②压力指的是一种心理反应。比如，有人说"我要参加学生会竞选，我觉得压力好大"。这里他就用压力来说明他的紧张状态，压力是他对参加学生会竞选的反应。这种反应包括两个成分：一种是心理成分，包括个人的行为、思维以及情绪等主观体验，也就是所谓的"觉得紧张"；另一种是生理成分，包括心跳加速、口干舌燥、胃部紧缩、手心出汗等身体反应。这些心身反应合起来称为压力状态。

③压力是一个过程。这个过程包括引起压力的刺激、压力状态以及情境。所谓情境是指人与环境相互影响的关系。根据这种说法，压力不只是刺激或反应，而是一个过程。在这个过程里，个人是一个能通过行为、认知、情绪的策略来改变刺激物带来的冲击的主动行动者。面对同样的事件，每个人经历到的压力状态程度有所不同，这是因为个人对事件的解释不同，应对方式也不同。

一、压力产生的原因

心理压力是一种常见的情绪性应激反应。虽然大学生生理机能基本成熟，但是管理情绪和调节压力的能力还有待进一步提高，因而其在面对学校里的多重压力时，情绪会有较大的波动，更容易产生各种心理问题，进而对身心健康造成不良影响。而当大学生在面对学习和就业等一系列的问题时，心理压力也会随之而来。大学生由于心理压力过大而产生的各种心理健康问题已经非常普遍，变成全社会都非常重视的一个热点问题。

心理压力的产生原因是复杂的，我们将这些具有威胁性或伤害性并因此带来压力感受的事件或环境称为压力源。生活中的压力源可能存在于人们自身，也可能存在于环境中。但是，人类最主要的压力源是人，人际关系是造成压力的最主要来源。压力源（Stressor），又称为"应激源"，是指压力产生的来源，即促使个体产生压力的刺激事件。人们对压力的认识和理解是基于不同的角度，因此对压力源的类别划分也不尽相同。按压力源的性质，可分为生物性压力源、精神性压力源和社会性压力源；从压力源的作用时间，可分为急性压力源和慢性压力源；从影响的程度来看，可分为重要的生活事件和日常烦扰。心理学家在研究中把造成压力的各种生活事件进行分析，提出了四种类型的压力源。

(一)社会性压力源

社会性压力源主要指导致个人生活方式上的变化,并要求人们对其做出调整和适应的情境与事件。社会性压力源包括个人生活中的变化,也包括社会生活中的重要事件。个人生活的改变常常会给人带来压力。心理学家霍曼和瑞希编制的生活改变与压力感量表,列出了43种大部分人都可能经历的生活事件。这些生活事件是:丧偶、离婚、夫妻分居、坐牢、直系亲属死亡、受伤或生病、结婚、失业、复婚、退休、家庭成员生病、怀孕、性生活不协调、新家庭成员诞生、调整工作、经济地位变化、其他亲友去世、改变工作行业、一般家庭纠纷、借贷大笔款项、取消抵押或贷款、工作责任改变、儿女长大离家、触犯刑法、取得杰出成就、妻子开始或停止工作、开始或结束学校教育、生活条件的改变、改变个人的习惯、与上司闹矛盾、工作时间或条件改变、迁居、转学、娱乐方式的改变、宗教活动的改变、社会活动的改变、少量抵押和贷款、改变睡眠习惯、家庭成员居住条件改变、饮食习惯改变、休假、过重大节日等。

(二)心理性压力源

心理性压力源是指来自人们头脑中的紧张性信息。例如,心理冲突与挫折、不切实际的期望、不祥预感以及与工作责任有关的压力和紧张等。心理性压力源与其他类型压力源的显著不同之处在于它直接来自人们的头脑中,反映了心理方面的困扰。生活中的压力事件处处可见,但为什么有的人无动于衷,有的人却耿耿于怀呢?这是因为人们内心对压力的认知不一样。如果过分夸大压力的威胁,就会制造一种自我验证的预言:我会失败、我应付不了。长此下去,会产生所谓的长期性压力感。

(三)躯体性压力源

躯体性压力源是指通过对人的躯体直接发生刺激作用而造成心身紧张状态的刺激物,包括物理的、化学的、生物的刺激物。如过高或过低的温度、微生物、变质食物、酸碱刺激物等。这一类刺激是引起生理压力和压力的生理反应的主要原因。

(四)文化性压力源

文化性压力源最常见的是文化性迁移,即从一种语言环境或文化背景进入另一种语言环境或文化背景中,使人面临全新的生活环境、陌生的风俗习惯和不同的生活方式,从而产生压力。若不改变原来的习惯,适应新的变化,常常会出现不良的心理反应。例如,出国留学或移民,如果缺乏对环境改变应有的心理准备,没有一定的外语水平,在异域文化背景下就难以适应,无法交流。

二、压力反应

1914年,哈佛大学心理学家沃尔特·坎农(W. B. Cannon)首次提出"战或逃反应"来描述面对威胁时身体生理唤醒的动力性。坎农在一系列的动物试验中发现,身体面对压力的立即反应有两种模式:要么攻击以保护自己,要么逃跑以躲避危险。坎农观察到的这一面对急性压力的身体反应,现在被统称为压力反应。后来的实验又发现,战斗反应是由愤怒或侵犯引发的,通常在保护自己的势力范围或者攻击比自己弱小的侵犯者时出现。战斗反应需要生理上的准备以补充力量并持续一小段时间,用现在的话说,是短暂却强烈的无氧工作。与之相反,坎农认为,逃跑反应是由于恐惧引发的,它能让人的身体忍受长时间的奔跑,如躲避狮子和熊。不过,在很多情况下,逃跑反应不仅指逃之夭夭,还包括藏起来或退缩反应(逃跑反应的一种变体是僵直反应,在创伤后压力障碍的个案中常常可以看到,在巨大的威胁下人们愣在那里,呆若木鸡)。事实上,人类的身体会在同一时间为这两种反应做好准备。从进化的角度来看,这一机制十分有利于生存,因而几乎所有的哺乳动物都发展了此机能。

现代社会经济的迅猛发展和变革给大学生带来了较高的心理压力,大学生已成为高压力群体,对压力处理不当会引发严重的生理和心理危机。心理压力包括压力反应和压力源两方面含义。压力反应指当外部需求超过个体的能力和资源范畴时产生的持续紧张状态,是个体心理健康问题的重要表现。压力源指引发个体产生压力反应的刺激事件。

三、挫折产生的原因

人们产生的任何心理挫折,都与其当时所处的情境有关。构成挫折情境的因素是多种多样的,分析起来主要有两大类。

(一)外在的客观因素

构成心理挫折的外在的客观因素主要来自自然和社会两个方面。

1.自然因素

自然因素是指由于自然的或物理环境的限制,使个体的动机不能获得满足。如任何人都不能实现长生不老、返老还童的愿望,大都难免遭到生离死别的境况和无法预料的天灾人祸的袭击。以上是由自然发展规律和时空的限制而形成的心理挫折,对人类来说还不是主要的。由于社会因素制约形成的心理挫折,才是具有重大影响的。

除此之外,还可能通过人类不可抗拒的自然条件的改变使经历过的大学生产生严重的心理创伤,如地震等,如不及时进行疏导或心理辅导,则会演变成严重的挫折心理,导致一些过激行为的发生。

2.社会因素

社会因素是指人在社会生活中所受到的人为因素的限制,其中包括一切政治、经济、民族习惯、宗教信仰、社会风尚、道德法律、文化教育的种种约束等。随着我国社会的发展,各种西方思潮不断地冲击着我国的传统价值观念,加之我国招生体制、就业环境等与大学生息息相关的各方面发生变化,部分大学生出现了人格扭曲、价值取向偏离等诸多心理问题,使他们受到一定程度上的心理挫折。如学非所用,在工作岗位上不能充分发挥作用;学习的课程与兴趣间的矛盾;家长和老师教育方法的不当;等等。凡此种种社会因素,不但对个人的动机构成挫折,而且挫折后对个体行为所产生的影响,也远比上述自然因素所产生的心理挫折要大。

(二)内在的主观因素

由内在主观因素引起的挫折包括两类:一类是个人容貌、身材、体质、能力、知识的不足,使自己所要追求的目的不能达到而产生的心理挫折;另一类是由个人动机的冲突而引起的挫折。

在实际生活中,人们常常同时存在若干动机,其中有些性质相似或相反而强度接近,使人难以取舍,便形成了动机的斗争。如在同一时间内,某人既想去参加同学聚会,又想去看科技展览,但不可能两全其美。这就是动机的矛盾斗争,又称动机冲突。

此外,主观因素包括生理因素和心理因素,其中心理因素是主要因素。

1.生理因素

生理因素指个体生理上的某些缺陷或疾病带来的限制,使个体不能胜任某些工作或某些活动,因而无法实现预定的目标。如患有色盲的学生不能报考医学院校等,这些都可能让大学生产生挫折感。

2.心理因素

心理因素主要分为积极心理因素与消极心理因素,这里主要讨论可能导致大学生产生挫折心理的消极心理因素。

①理想与现实的矛盾。由于各方面的因素,部分大学生未能就读于理想中的学校,或者入学后发现现实中的校园环境、教学设施、管理模式、师资力量等与想象中有一定的差距,导致刚入学就产生严重的失落感,容易诱发心理挫折。

②个性不完善。部分大学生由于家庭条件较好,从小就养成了"人人唯我、我为中心"的畸形心态,导致他们在大学生活中,稍不如意或遇到困难,就无所适从,产生挫折心理。

③自我认知出现偏差。部分大学生过高或过低地进行自我评估,在遇到挫折后容易产生失落感和焦虑感,从而产生自我怀疑甚至自我否定,导致挫折心理的发生。

④人际关系障碍。当代大学生中绝大多数都是独生子女,往往缺乏独立生活的能力和与人沟通交往的原则和技巧,进入大学校园后由于交往环境复杂,在与人交往的过程中难免出现沟通不良、人际冲突等问题,造成情感损伤,导致挫折心理的发生。

⑤学业压力加大。部分学生对大学里新的学习模式不适应,导致学习压力增大,身心长期处于紧张疲惫的状态之中,产生焦虑不安、紧张恐惧的挫折心理。据统计,在学习受挫型中,"经常或总是"遭遇此种挫折情境的人数为17.14%,产生"较强或很强"挫折感的人占22.16%。难怪有17.53%的大学生"经常或总是"为"没能考得自己理想的分数而感到难受",对此有23.11%的人产生"较强或很强"的挫折感。

⑥情感因素困扰。部分大学生对情感的认知不够完善,自控能力欠缺,在感情受到挫折后不能及时调整情绪、面对现实,从此自暴自弃、沉沦颓废而造成严重的挫折心理。

四、大学生的挫折来源

(一)发展需要与现有素质之间的矛盾

大学生处于身心发育的重要时期,有诸多发展性需要,包括友谊和良好人际关系的需要、学习与知识积累的需要、尊重与爱的需要、探索与实践的需要、自主与自我价值实现的需要等。但是在表达和追求上述目标过程中,与如何去实现这些目标所采取的方式、能力、经验等现有的身心素质产生了矛盾。这种矛盾被大学生知觉为挫折。

(二)校园文化、课程设置、教育方式等限制性环境因素

一般来说,目前我国由于教育体制问题,上述环境因素离大学生发展的实际需要还有很大的差距,对大学生的发展起着一定的限制作用。比如僵化死板的教育管理体制,以教学为中心、不符合大学生的学习兴趣和学习规律的课程模式,忽视学生综合素质尤其是社会实践能力的培养模式,对大学生不合理的期望与学习评价方式等,很容易让大学生体验到挫折。

第三节　压力和挫折对大学生心理的影响

一、压力对大学生心理的影响

当大学生面临心理压力时会产生一系列心理、生理和行为上的反应。这些反应在一定程度上是有机体主动适应环境变化的需要,它能唤起和激发个体的潜能,增强心理承受和抵御压力的能力。但是如果压力引起的身心反应过于强烈和持久,超过了个体自身的调节和控制能力,就会大大消耗体内的能量,使个体的免疫机能下降,从而影响机体组织器官的正常功能,并由此可能导致大学生生理、心理功能紊乱而致病。具体地说,大学生面对压力时会有以下三方面的压力反应。

(一)生理上的紧张

生理上的紧张通常表现得较为直观,很容易被他人体验到。暴露于各种心理压力源对人体神经系统和功能有着较大影响。在压力环境中,会导致自主神经系统激活,去甲肾上腺素和肾上腺素的输出增加,交感神经唤醒的自主指标增加,如血液、唾液和尿液中激素皮质醇水平升高,淋巴细胞的循环水平降低等。在压力状态下,大学生生理上的紧张主要表现在中枢神经、内分泌系统和免疫系统三方面的变化。如心率加快、心肌收缩加强、血压升高、呼吸急促、各种激素分泌增加、消化道蠕动减少。这些生理反应在短期内调动了机体的潜在能量,提高了大学生对外界刺激的感受和适应性,从而有效地应对外界环境条件的变化,但过度的压力会使人肌肉高度紧张、头疼等。

(二)心理上的紧张

在压力状态下,大学生不仅会表现出生理上的紧张,同时会产生心理上的紧张,而且彼

此相互作用、相互影响。一般情况下,心理上的紧张具有隐蔽性,是别人感觉不到的。当心理上的紧张是适度的时候,有助于个体适应环境,如警觉、注意力集中、思维敏捷、情绪适度唤起等。但是当压力超过一定限度时,由于持续的心理紧张,大学生也会出现过度的心理反应,如急躁、情绪不稳、抑郁、焦虑、多疑、愤怒不安、恐惧、沮丧、失望、消沉、空虚、无聊、感到生活没有意义、注意力不集中、思维混乱、自我防御心理增强等。

(三)行为上的紊乱

在心理压力状态下,大学生的行为反应有两种:一种是直接的行为反应,指面临紧张刺激时,为了消除刺激源而做出的反应,如因学业成绩不理想而发愤图强或自暴自弃;另一种是间接行为反应,是指为了减少或暂时消除与压力有关的苦恼,而采取的使自己暂时缓解紧张状态的行为。随着压力的持续,个体在上述两种行为反应中均会有过度的表现,如行为退缩,消极被动,行动减少,无所适从,失去对生活目的和意义的追求,行为失控,不断发脾气,与人冲突不断,自我防御行为增多等。

二、挫折对大学生心理的影响

心理学着重于人们的体验的反应,认为挫折是意志行为过程中由于不可预知的因素对目标有所阻碍,从而在主体身上引起的一种情感体验和行为反应。

(一)挫折针对意志行为

人的大多数行为是具有明确目标的意志行为。人之所以常常有苦恼、焦虑、愤怒这些负性情绪体验,就是因为行为目标遇阻和受挫。如果人没有明确的目标,行为没有意志性,挫折就无从产生。即便遇到障碍,也不会把它看作挫折。例如,如果你只是抱着试一试的心态去参加研究生入学考试,读不读研究生对你来说都没有重要的意义,也就是说,你根本没把读研究生当作你的目标,那么,即使你失利了,这对你来说根本不是一种挫折。

(二)挫折是主体的情绪体验

人在遭受挫折后,会马上引起复杂的情绪体验和情感反应。个体会有自尊心的损伤感、自信心的丧失感、行为的失败感和达不到目的的愧疚感等一系列纠结的情绪情感,之后会形成一种紧张、不安、忧虑、恐惧等情绪体验所交织成的复杂心情,概括为焦虑。

正是因为挫折能够引起人的这种巨大的负性情感反应,使人痛苦,所以人们才不愿意面对挫折。就是遇到了,有的还可能采取一些防御性心理反应,从而避免陷入痛苦的泥潭。

(三)挫折是主体的认识

引起挫折的刺激是客观存在的,一般不受个人支配与控制。但是对于同样的刺激是否会引起同样的反应,却存在个体差异。这就是说,人对于刺激情境是否会引起挫折反应,还在于自身怎么去认识这种刺激情景。我国古代寓言故事"杯弓蛇影"便生动说明了这个道理:同样的情境,不同的诠释,导致不同的结果。

(四)挫折是不可预知的

传统的科学观总幻想着人类能够完全掌握事物的发展过程,控制行为结果。对于像火箭发射、机械运行这类物理事件,科学家已经实现了精确的控制。但是对于由人参与的社会性活动呢? 20世纪后半叶发展起来的自组织理论告诉人们,对世界的完全控制只是人类的美好愿望,永远不可能达到,尤其是社会历史进程。因此,对日常的意志行为过程,我们可以大概估计会遇到哪些困难,但是永远不能精确到它们会是什么,以及如何发生、何时发生。一般大学生社会经验不够丰富,更是缺乏对挫折的预测与准备。

三、挫折的种类与反应

大学生活虽然浪漫美好,但是挫折也常常不期而遇。当代大学生主要可能遭遇如下挫折。

(一)学习挫折

这几乎是所有挫折中最常遇到的。由于我国的应试教育导向,学习挫折感便由此而来。由于分数作为衡量学生学习效果的主要评鉴标准,因此大学生的学习挫折,往往表现为某学科的成绩不够理想。比如:学校不理想、专业不理想、课程太难、空间想象能力差、记忆能力差、理解能力差、考试形式多样化、考试题目太难、考试成绩不理想,甚至手机游戏或者聊天交友 App 等对线上教学的影响等各种因素造成学习情绪低落、挫败感等。这种挫折的主要表现是学生对学习没有兴趣、放弃学习、开始厌学,甚至逃学等。学习挫折直接削弱了大学生的主观幸福感。

(二)人际交往挫折

人际交往包括同学间的、师生间的、网友间的交往等。因为大学生阅历浅、经验少,人际交往的协调能力弱,当步入校园面对来自五湖四海、生活学习习惯不同、性格迥异的交往对象时,大家的表现各不相同。有的学生怯懦自卑、胆小恐惧,不敢在同学面前说话;有的学生性格张扬、侃侃而谈,完全不顾及他人的感受;也有的学生斤斤计较、嫉妒多疑、患得患失、谨言慎行。当这些个性鲜明的学生与其他同学交往时难免会产生找不到朋友、不合群的现象,进而产生消极、失落、悲观的情绪。人际交往对大学生而言是仅次于学业发展的一项重要的社会需要。大学生都希望获得更广泛的良好人际关系,从而维系个人发展与社会需要之间的纽带。但是,由于性格或者成长经验的影响,在人际交往中,往往难以达到理想效果。要么难以抛开自尊、自傲和矜持的面具,要么以错误的方式伸出橄榄枝,反而引起别人的误解,导致人际挫折。

(三)恋爱挫折

对爱情的渴望也常常折磨着大学生。应该说,爱情对大学生而言是非常正常的需求,但是,由于现实因素的限制,很多大学生往往难以得到爱神的垂青。从大学校园论坛上公开征友信息来看,女生选择男朋友的标准往往是"阳光帅气,身高180厘米以上",而男生选择女朋友的标准也往往是外表美丽、性格温柔。不可否认,近年来,大学生的恋爱现象越来越具有追求感性和物质化的倾向,加上大学生恋爱动机的差异,恋爱过程中交流沟通技能的欠缺,维持恋爱需要的物质条件不具备等原因,部分大学生也会遭遇恋爱挫折。

(四)择业挫折

逐年加大的就业压力,给大学生带来的隐性压力不言而喻。对即将毕业的大学生来说,择业更是一项巨大的挑战。根据调查,无论是就业岗位、地点还是薪酬福利等,大学生的期望一般都高于社会所能提供的。因此,在整个就业过程中,大学生都会感到失望、焦虑。

四、挫折的反应

影响挫折反应的因素大体上可以分为主体因素和客体因素或者内部因素与外部因素。人们在日常的学习生活中,由于主客观条件各不一样,因此挫折反应也各不相同。

人们的挫折反应表现在生理、心理和行为三个方面。需要强调的是,下面的心理与行为反应,有积极的也有消极的,是人们在生活经验中习得的结果,无所谓对错。

(一)生理反应

个体遭受挫折以后,机体内部的自我调节机制将会最大限度地调动机体的潜在能量,以有效地应对外界环境的变化。比如,受挫后交感神经系统的兴奋性会增强,消耗大量的能量,于是神经末梢释放生物信息,刺激心肌收缩力增强,以促进血液循环加快,血压升高;刺激呼吸加快,以保证氧气供应;刺激各种激素分泌增加,促进蛋白质、脂肪、糖原分解。

体内潜能大量消耗的同时,机体内部那些与情绪反应无直接联系的器官或系统则得不到必要的能量而不能维持正常功能,如消化道蠕动减慢、胃肠液分泌减少等。如果长期处于挫折情境而得不到消解,上述生理变化将会进一步增强,从而引起身心病变,出现皮肤和面色苍白、四肢发冷、心悸、气急、腹胀、尿少等一系列症状。

(二)心理反应

挫折情境中的心理反应包括情绪反应,以及较为复杂的防御性心理反应。

1.愤怒和敌意

如果受挫者意识到挫折情境来自人而不是自然因素,就会产生愤怒和敌意的情绪体验。所谓"怒从心头起,恶向胆边生",愤怒之后可能还会有进一步的极端行为反应。比如,2004年2月,云南大学马加爵残忍杀害同寝室的同学这一事件,就是马加爵在遭受同学的嘲讽之后产生的愤怒行为反应所致。

2.焦虑与担忧

通常情况下我们不知道挫折的原因是什么,或者就算知道挫折来源于什么,也无法解决,这时我们往往会产生焦虑与担忧的情绪反应。焦虑是挫折后常见的一种心理反应。适度焦虑,如考试前适度紧张,对提高活动效率、发挥潜能有一定的积极作用。而过度的焦虑是有害的,严重的会导致心理疾病,发展成焦虑症。焦虑之外,往往还有对事情进展能否顺利、目标能否达到的担忧。

3.冷漠

当人遇到挫折以后,表现出无动于衷、漠不关心的态度,好像没有什么情绪反应,这就是受挫后的冷漠反应。冷漠并非没有情绪反应,相反,它是一种压抑极深的痛苦情绪反应。当个人面对亲人、朋友带给自己的伤害,或者面对无法摆脱的挫折情境时,通常会表现出冷漠的反应。

4.压抑

当我们无法对挫折情境表达我们的愤怒与不满的时候,需要暂时将消极情绪压抑起来。压抑并不意味着问题的解决,按照精神分析理论,被压抑的情绪进入潜意识,会通过其他途径变相表露出来。

5.升华

以积极的心态看待挫折,将挫折转化为一种激励的力量。所谓“屡战屡败,屡败屡战”“越挫越勇”就是这种在挫折面前自我激励的情绪状态。

6.向下比较

当我们遇到挫折的时候,有必要和那些命运比我们更差的人去比较,以消除内心愤愤不平的消极情绪,让自己心理获得一种平衡感。

(三)行为反应

人在挫折情境下除了有情绪反应,还伴随着某种行为反应。

1.报复与攻击

对于人为造成的挫折,比如他人的恶意阻挠,可能会直接激发出报复和攻击行为。受网络暴力文化的影响,很多青少年面对挫折具有暴力倾向,比如大学生犯罪。

2.退行

所谓退行,是指遇到挫折时,心理活动和反应退回到个体早期发展水平,以幼稚的、不成熟的方式应对当前情境。比如,大学生的活动计划如果受到家长或者老师的反对,可能就会采取赌气、咒骂、暴饮暴食、疯狂购物、砸物甚至出走等非积极、非成熟的方式去应对。

3.习得性无助

习得性无助是美国心理学家塞利格曼1967年在研究动物时提出的,他用狗做了一项经典实验。起初把狗关在笼子里,只要蜂音器一响,就给以难受的电击,狗关在笼子里逃避不了电击,多次实验后,蜂音器一响,在给电击前,先把笼门打开,此时狗不但不逃而且不等电击出现就先倒在地上开始呻吟和颤抖,本来可以主动地逃避却绝望地等待痛苦的来临,这就是习得性无助。

在对人类的观察实验中,心理学家也得到了与习得性无助类似的结果。

细心观察,我们会发现:正如实验中那条绝望的狗一样,如果一个人总是在一项工作上失败,他就会在这项工作上放弃努力,甚至还会因此对自身产生怀疑,觉得自己"这也不行,那也不行",无可救药。

而事实上,此时此刻的我们并不是"真的不行",而是陷入了"习得性无助"的心理状态中。这种心理让人们自设樊篱,把失败的原因归结为自身不可改变的因素,放弃继续尝试的勇气和信心,破罐子破摔。比如,认为学习成绩差是因为自己智力不好,失恋是因为自己本身就令人讨厌等。

所以要想让自己远离绝望,我们必须学会客观理性地为我们的成功和失败找到正确的归因。

所谓习得性无助,是指个人在面对挫折情境时,经多次尝试也无法避免失败的经验,使个体在挫折面前完全失去任何意志努力的现象。这是心理学家进行动物实验时发现的现象。在现实生活中,人们遭受多次挫折和打击,依然不能克服困难、战胜挫折,久而久之就会沮丧,从而倾向于放弃意志努力,听从命运摆布。

4.补偿

所谓补偿,是指一个因某方面的缺陷而无法达到期望的目标时,以其他方面的成功来弥补先前的遗憾与自卑的现象。例如,大学生因为家庭经济条件或者自身的相貌条件在恋爱问题上受挫,那么他就可以发奋学习,以学习的成功增加自己的自信心。

5.幽默

遇到挫折,以看似轻松发笑的语言对挫折的原因或者遭受挫折以后的后果进行解说,使人的心理紧张或愤怒感暂时消失的艺术,就是幽默。幽默反映个人看待挫折成败的一种超然心态和智慧。幽默搞笑日渐成为大学生释放学习挫折和压力的一种手段。

6.宣泄

宣泄是指采用道德法律许可的方式发泄心中的不满、愤怒等极端情绪,从而避免发生直接人际冲突和心理郁积的一种方式。常见的宣泄方式有在空旷空间大吼大叫,跳舞,唱歌,等等。大学生遇到挫折很容易产生强烈的情绪反应,宣泄是一种很好的挫折应对方式。

第四节　压力管理与挫折应对

一、正确认识压力

在大学生的日常生活中,还经常会遇到诸如学习问题、人际关系问题、情感问题等一些负性生活事件。这类生活事件是大学生知觉到的最直接的挫折源。

压力与个体的心理健康状况密切相关,压力管理是心理健康教育的重要内容之一。2023年,中国科学院心理研究所发布我国第三本心理健康蓝皮书,书中公布的《2022年大学生心理健康状况调查报告》分析了大学生压力与心理健康的关系,结果显示较高的压力得分与更高水平的抑郁、焦虑有关,压力是影响大学生心理健康的风险因素。近年来,我国高度重视大学生压力问题,在政策中多有提及。

【生活个案】

　　海伦·凯勒在一岁多的时候,因为生病,从此眼睛看不见,并且又聋又哑。出于这个原因,海伦的脾气变得非常暴躁,动不动就发脾气摔东西。她家里人看这样下去不是办法,便替她请来一位很有耐心的家庭教师苏丽文小姐。海伦在她的熏陶和教育下,逐渐改变了。她利用仅有的触觉、味觉和嗅觉来认识四周的环境,努力充实自己,后来更进一步学习写作。几年以后,当她的第一本著作《我的一生》出版时,立即轰动了全美国。在她的《假如给我三天光明》一书中,更是表达出了她的坚强、乐观和向上的精神,而这一切都该归功于她对生活的认识。当把失明仅仅当作一项压力的时候,她痛苦惆怅,所以她不能真正面对生活;当她把压力化作动力的时候,生活就选择了她。

　　从海伦·凯勒的故事中可知,我们在日常生活中遇到压力时也可以将压力转化为动力,促进自身不断成长、自我实现。除此之外,我们还可以通过正确认识压力、保持积极心态、合理管理时间并寻求支持等方法,合理调节压力、应对压力,更好地面对生活的挑战与困难,促进自我成长。

(一)压力的积极影响

压力能够刺激人的身体和头脑,产生一系列反应。一定的压力会使你感到精力充沛,并能保持较长一段时间。如果压力很好地保持在一定的可控制的水平,它将激励你在较长的时间里做出高质量的工作。对压力有良好反应能力的人往往饮食良好,经常锻炼身体,有多种爱好和兴趣,能得到家庭强有力的支持并拥有良好的人际关系。

(二)压力的消极影响

由压力带来的紧张、忧虑、郁闷和绝望情绪与人的身体和心理健康有密切的关系。

[自测题]　　　　　　　　　　　**不良睡眠习惯问卷**

　　花几分钟的时间回答以下问题。如果你感觉睡眠质量不佳,就要考虑是不是以下因素影响了你的生理状况、生物节律或情绪状态,从而导致失眠。虽然不能确认你的失眠程度,但以下每个问题都与睡眠问题有关,可以帮助你微调自己的睡眠状况。

1.你每天都按时睡觉吗？ 是 否

2.你需要30分钟以上才能入睡吗？ 是 否

3.你每天都按时起床吗？ 是 否

4.晚上六点以后,你会喝咖啡、茶或含咖啡因的苏打水吗？ 是 否

5.你会在床上看电视吗？ 是 否

6.你每周会做三到五次的心脏锻炼吗？ 是 否

7.你会将床当作办公桌吗(如做作业、写信)？ 是 否

8.睡觉前你会洗个热水澡吗？ 是 否

9.睡觉前你会喝酒吗？ 是 否

10.睡觉前你会从事紧张的工作吗(如做期末作业、做试卷、写论文、写报告)？
是 否

11.在睡觉时,你的卧室总是温暖的吗？ 是 否

12.睡觉时,你的室友会一直打鼾到天亮吗？ 是 否

13.你的床的尺寸和舒适度令你满意吗？ 是 否

14.睡下时会感到慢性疼痛吗？ 是 否

15.你睡觉时会受到噪声、光线、蚊虫的打扰吗？ 是 否

16.白天你经常打瞌睡吗？ 是 否

17.你服药吗(如高血压抑制剂、气喘药、抗抑郁药等)？ 是 否

18.你感到抑郁吗？ 是 否

19.你睡觉前会吃大量的肉吗？ 是 否

20你是不是经常使用手机,尤其是晚上？ 是 否

二、应对挫折的策略

挫折的发生无可避免,但是,这并不意味着我们面对挫折无能为力。相反,能否正确看待挫折,并有意识地培养锻炼自己的挫折容忍力,关系着大学生今后的人生幸福和事业成败。因此,采取积极态度应对挫折,是必要的。所谓挫折容忍力,也称挫折忍受力,指个体遭受挫折情境而免于精神与行为失常的一种能力。

对于人生的挫折,人们自古就有充分的体验和认识,并总结了许多修炼挫折忍耐力的方法。我们不仅要从心理学,也要从前人行之有效的经验中学习应对挫折的方法。

(一)端正认识,直面人生挫折

1.挫折不会仰人鼻息

不管你曾经多么优秀,进入大学,你就进入了一个"准社会"。当代大学生独生子女居

多,按照中国传统的家庭教养方法,除非家庭条件有限,一般都会得到父母的格外照顾和宠爱,但也由此容易让大学生滋生一种盲目的优越感,形成一种"自己永远是生活的宠儿、世界应该围绕我而转"的错觉。这种态度在大学生的人际交往中表现得尤其明显。但是,挫折不会因人而异,更不会仰人鼻息。社会的真实含义是别人不会迁就你、以你为中心,人生道路不可能永远由自己的父母去铺平。对从小生活条件优越且较少经历过挫折的大学生,我们的建议是:正确地面对并深刻地体会社会的复杂和人生的曲折,也许是首先需要解决的问题。

2.挫折是人生的宝贵财富

任何事物都具有两面性。挫折尽管让我们难受,使我们的学习和发展受阻,但是它同时又是人生的宝贵财富,是促使成长的必要条件。认识到这一点,我们才有勇气和信心去面对挫折。古谚云:宝剑锋从磨砺出,梅花香自苦寒来。不经一番寒彻骨,哪得梅花扑鼻香。没有挫折的人生是苍白虚幻的人生,不经过挫折的磨炼,也就没有成功的喜悦和人生的幸福。快乐不是平坦笔直的康庄大道,不是无忧无虑的锦衣玉食,而是经过奋力攀登后踏在脚下的高峰,用自己的坚韧和勤劳换来的硕果。任何人都不可能避免挫折,挫折是促进大学生成长的积极因素,它可以磨砺我们的意志、丰富我们的经验、增长我们的能力。

学生需要明白失败和挫折是成长和学习的重要组成部分,可以将挫折看作一个机会,从中学习和成长,发展解决问题的能力。

3.挫折是可以克服和战胜的

挫折是不可预知的,也是必然的,但是,挫折并不是不可战胜的。古今中外,无数杰出人士先后以他们自身的人生经验,诠释人类意志的力量。我国古代统治者为了维护剥削和压迫,鼓吹天命观,但荀子提出"人定胜天"的思想。人类祖先敢于和大自然抗争,所以人类才能逐渐成为地球上的主宰;劳动人民敢于抗争,才能掀起一次又一次的革命战争,争取社会进步和人民的解放;科学家、艺术家勇于探索科学和艺术的真谛,才使人类创造出灿烂的文化。在历史长河中,无数人以他们坚强不屈的精神改变着自己的命运,也改变着人类的命运。

(二)修身养性,提高心理素质

除了对挫折要有正确的认识,我们还必须具备良好的心理素质,面对挫折能够泰然处之。这种心理素质只能靠修炼而得。

1.适应与调整

外界环境和条件的变化,不以个人的主观意愿而转移。我们原来设想好的目标,往往因为客观条件的改变,而变成了镜中月、水中花。面对意外情况出现,我们必须及时调整自己的心态和目标,以适应这种改变。这种适应和调整,主要通过降低自我期望和改变行为目标来实现。研究表明,挫折感的强度与自我期望相关。较高的自我期望导致较强的挫折感,较低的自我期望形成较弱的挫折感。

2. 忍耐和控制

遇到挫折即有情绪和行为反应,这本是人之常情,但是并不是任何反应都有利于事情的发展,尤其是当我们所面对的挫折情境是自己不能马上控制解决的时候,忍耐就成为必要的一种策略。所谓"小不忍则乱大谋",说的就是这个道理。凡人生事业取得成功的人,无不在逆境和挫折情境中善于忍耐。以下两种情况,需要大学生学会忍耐:一是当我们还不清楚事情的前因后果,没有充分掌握相关信息的时候,冲动很可能造成误会和不可弥补的伤害;二是当挫折源力量强大,我们尚不能控制的时候,不满和愤怒的反应不利于事情的解决。

3. 放松训练

忍耐和控制并没有消除内在的紧张,因此还需要对消极情绪进行疏导宣泄,如采取心理学的放松训练法等。

(三)平心静气,改善社会关系

如果说前几个方面是从内部着手应对挫折,那么后几个方面则强调从外部着手,以应对挫折。

人总是生活在现实的社会关系网络之中的。当我们遇到挫折的时候,既要充分利用社会关系,寻求社会支持,也要主动改变不利的社会关系,以克服困难,战胜挫折。

1. 处理好理想、期望与现实之间的关系

目标挫折来源于理想、期望与现实的某种差距。大学生遇到的很多挫折,如学习、爱情、就业等,很大程度上存在目标和期望过高的现象。当现实条件不能满足时,挫折就不可避免了。为此,我们在制定行为目标时,要尽可能地遵循现实的原则,不可好高骛远。当挫折出现时,我们也不要怨天尤人,宜及时调整目标,降低期望,从而避免强烈的心理失衡。

2. 处理好自我与他人之间的关系

很多挫折,比如阻碍性挫折,都源于自我和他人的关系问题。可能是自己的目标直接或间接地损害了他人的利益,或者在实施过程中与他人的利益发生冲突。这时候阻碍性挫折便不可避免。为了顺利达成自己的行为目标,大学生在制定自己的目标时,首先需要考虑的是必须兼顾他人的权益,至少以不损害他人利益为前提;其次,围绕着行为目标,要尽可能地考虑涉及的所有关系,事前处理好各种关系,尤其是不友好的关系,以保证目标过程的顺利进行。

建立良好的导师和同学关系对于学生的心理韧性培养至关重要。导师在学术和职业发展上可以提供指导和支持,帮助学生理解挫折的意义和应对方法。同学之间的互助和支持可以增强学生的团队合作精神和社交支持网。

3. 处理好友情与爱情之间的关系

友情与爱情,是大学生学习生活中极为重要的社会需要。很多大学生感到孤独、寂寞,与他们不善于经营人际关系有很大的关系。当代大学生的独立性增强,但往往混淆了独立性与自我性之间的关系。需要友情却不知道如何获得,于是干脆独来独往,或者过早涉足二人世界,结果友情没有得到,爱情也相当脆弱。处理不好友情与爱情的关系,大学生很容易体验到匮乏性情感挫折。

4.处理好兴趣、爱好和专业学习之间的关系

大学生的学习兴趣、爱好随着求知欲的增强而具有易变性和广泛性的特点,这往往和专业课程的学习发生冲突。简单说就是,自己喜欢的学科,课程设置里面没有,而作为必修课的专业课程,常常是自己不喜欢的。而学习评价往往是围绕着课程设置而展开的,如果不能学好专业课,势必形成学习挫折。因此,大学生应谨慎处理好个人爱好和专业学习的关系。

(四)积极奋斗,改变客观条件

环境对我们心理和行为的影响作用是相当大的。对挫折情境的理解,既不能否认人们认知上的差异,更不能否认和无视外部环境的作用。大学生除了要正确看待挫折,学会自我调适之外,更重要的是要充分发挥自己的创造力和能动性,主动创造条件,为意志行为目标的顺利实现而营造良好的外部环境。

1.系统分析,科学决策

在确定行动目标时,全面考虑各方面的条件,是保证行动目标顺利实现的必要条件。如果不系统分析目标达成所经过的阶段,以及各阶段所需要的条件,以便事先予以安排和开展必要的工作,则可能会遇到障碍,遭受挫折。大学生行动之前往往缺乏系统的考虑,所以也往往容易遇到预想不到的困难。这就需要大学生学会系统思维,尽可能详尽地考虑行为各方面的因素,并做出周密安排。

2.善于争取,敢于抗争

挫折的人性本质在于意志不自由。争取自己的合理权利,摆脱一些不合理的束缚,或者与不利的环境条件抗争,这也是人本主义心理学所一贯倡导和主张的立场。面对各种挫折,大学生需要具有同命运抗争的勇气和精神,自觉改善自身发展的环境条件。

【学以致用】

当遇到挫折,对自己没有信心,觉得自己不如别人时,可采用以下办法。

1.自我接纳

学会接受自己的不完美和失败。每个人都会遇到挫折,都有不足之处,这是正常的。认识到自己的独特之处,并珍惜自己的个性。理解自己的价值和能力,不要过于依赖外界评价。

2.设定实际可达成的目标

制定明确、具体且可实现的目标。这样可以帮助你逐步积累成功经验,从而增强自信心。分解长期目标为短期目标,并在每个小目标实现后给予自己奖励。

3.积极心态

尝试以积极、乐观的态度看待挫折和失败。将这些经历看作成长和学习的机会。与积极的人为伍,他们的乐观态度可以影响你,提升你的情绪状态。

4.持续学习和发展

投入时间和精力去学习新技能、新知识,或者发展已有的技能。通过学习不断提升自己,你会感到更有自信和价值感。寻求反馈,接受他人的建议和批评,用这些反馈来提升自己。

5.健康生活方式

注重身体健康,保持适度的运动、合理的饮食和充足的睡眠。这些因素会影响你的心理状态和自信心。培养积极的生活习惯,如阅读、绘画、音乐等,这些可以转移注意力,改善心情。

6.与他人分享

与家人、朋友或导师分享自己的挫折和困惑,他们的支持和鼓励可以帮助你重获信心。或者参加社区活动,与有类似经历的人交流,从他们那里获取建议和鼓励。

7.坚持与耐心

认识到改变和成长需要时间,不要期望一夜之间就能完全摆脱挫折感和自卑情绪。保持坚持和耐心,即使进步缓慢,也要相信自己正朝着正确的方向前进。

8.重新评估标准

重新审视自己与他人比较的心态。不要过于依赖外界的评价标准,而要根据自己内在的需求和价值观来评估自己的成就。认识到每个人都有不同的经历和背景,比较只会让自己陷入不必要的焦虑和自卑中。

通过应用这些方法,你可以将挫折转化为成长和进步的动力,重获信心并找到自己的价值。记住,坚持不懈的努力和积极的态度是克服挫折和实现目标的关键。

本章小结

在现实社会中,人不可能没有压力和挫折,这些都是难以回避的问题,必须面对。压力与挫折是一个人成长与发展过程中不可或缺的。随着现代社会经济高速发展,人们的生活节奏不断变快,人际关系日益复杂,竞争越来越激烈。大学生面对时代转型出现的各种各样的问题与挑战,面对自身作为一个特殊的社会群体的许多问题,遇到压力与挫折也是常见的事情。通过本章的学习,引导大学生客观、理性地认识压力与挫折,探析大学生压力的来源、挫折的种类,掌握战胜挫折的办法,提高应对压力和挫折的能力,从而做到有效地维护大学生的心理健康。

----· 本章讨论 ·----

1.如何定义压力? 压力有哪些含义?

2.大学生挫折的来源有哪些?

3.挫折应对的策略有哪些?

----· 推荐阅读 ·----

高琛.大学生挫折心理产生的因素之管见[J].知识经济,2013(9):59,65.

郭建鹏,王仕超,刘公园.学业压力如何影响大学生心理健康问题:学业自我效能感和压力应对方式的联合调节作用[J].中国高教研究,2023(5):25-31.

胡佩玉.利用音乐治疗减轻大学生心理压力探究[J].西部素质教育,2023,9(22):127-130.

黄彩红.农村初中生挫折教育存在的问题及对策研究:以粤东H中学为例[D].抚州:东华理工大学,2023.

金甜恬.大学生压力管理问题及对策研究:以杭州高校为例[D].杭州:浙江理工大学,2023.

李玉金.高职生常见心理挫折及应对策略研究[J].天津职业院校联合学报,2023,25(1):21-25.

刘非凡,石晶,宋洁.累积生态风险与大学生压力管理的关系:一个有调节的中介模型[J].心理月刊,2024,19(2):46-50.

马凤玲.应对失败和挫折:无人机专业学生的心理韧性培养策略[J].华夏教师,2023(33):22-24.

张羽楠.小组工作介入社区工作者压力管理能力提升研究:以S市S社区为例[D].沈阳:沈阳师范大学,2023.

赵怡坤.基于深度学习的心理压力识别算法研究[D].南京:南京邮电大学,2023.

第十二章 大学生生命教育与心理危机应对

一个人面临危机的时候,如果你把握住了这个机会,就会成长;如果你放过了这个机会,就会退化。

——马斯洛

☆本章导读

截至目前,地球是唯一有生命存在的行星。因为生命的存在,浩瀚宇宙中这个小小星球变得绚丽夺目。无论是枝头抱香的霜菊,还是檐间呢喃的新燕,生命都让世界充满活力与希望。对于生命,我们都要心存敬畏,珍惜尊重。而人的生命除了与其他生命一样具备生物性,还具有社会性与精神性。社会性与精神性是人类认识世界、改造世界,从而丰富自我、完善自我,实现生命价值的前提与基础。本章旨在通过对生命的解读,唤起人们珍惜生命、热爱生命的意识,努力实现生命的价值。当生命出现波澜与坎坷时,我们也要珍爱自己的生命,关切他人的生命,学会识别心理危机线索,掌握心理危机应对技巧,捍卫自己和他人的生命尊严与权利。

【案例导入】

一个银行家和一个法律学家就罪犯应该遭受的刑罚展开了争论,银行家认为在漫长刑期中饱受折磨,不如一死百了,死刑比无期徒刑更加人道。法律学家不同意这一观点。二人争执不休,最后打起赌来,赌注是法律学家让银行家把他关起来,十五年后如果法律学家不违约,银行家付给法律学家两百万元。从第二天开始,法律学家就被银行家关在一间小屋里,银行家向他提供食物和各种书籍。时间一天天流逝,法律学家阅读了政治、经济、哲学、科学、神学、文学等各种书籍。十五年过去,银行家生意失利,债台高筑。他知道时间一到,自己将不名一文,于是决定在到期的头天晚上杀死法律学家。银行家好不容易打开了那把十五年来从来没有打开过的生锈的铁锁,发现法律学家正在残烛前伏案熟睡。银行家正欲趁机杀死这形容枯槁的法律学家时,发现桌上放着一封给他的信。信中说,他感谢银行家,十五年来他读了许多书,这些知识将是他终身用不尽的财富,他还明白了许多道理。他决定不再要银行家的财产,他将于明天拂晓前破窗而出,自动毁约。银行家看完信后,惭愧不已,打消了杀死法律学家的念头。第二天拂晓前法律学家果然毁约破窗而出,既保留了银行家的财产,也保住了自己的性命。

（资料来源:改编自契诃夫《打赌》）

只要活着,就还有希望,只要活着,就可以期许明天,即使被监禁了漫长的岁月。生命对于万物而言都只有一次,不能假设,也无法重来,所以生命是这世间最为宝贵的东西。热爱生命并不等于贪生怕死、苟且偷生。孟子曾经说过,"生,我所欲也,义,亦我所欲也,两者不可得兼,舍生而取义也"。古今中外的伟人们无不懂得生命之珍贵,并充分发挥生命之价值。人固有一死,或轻如鸿毛,或重于泰山。我们也许无法人人死得重于泰山,但至少不能轻于鸿毛。

第一节　生命的意义

一、生命的内涵

人们经常使用生命这个词汇,也很容易分辨常见的有生命的生物和无生命的非生物,但是给生命下一个科学的定义却并不容易。近代生命的相关定义基本是由占主导地位的生物学决定的,直到生命哲学的发展和繁荣才使其有所改观。生物学认为生命是生物体所表现出来的自身繁殖、生长发育、新陈代谢、遗传变异及对刺激产生反应等复合现象。随着科学的发展和分化,涉及"生命"的许多科学都从各自的视角界定"生命",如医学、心理学、法学、文学、宗教等,但相关学科对生命的定义明显残留了生物学定义的痕迹。而19世纪末20世纪初兴起的生命哲学认为"生命"不再是物质或精神、感性或理性的实体,而是主体对自己存在的体验、领悟,也即心灵的内在冲动、活动和过程,是存在于自然力和人的行为中的强大的、不可遏制的意志力。生物学和生命哲学的界定都是对生命的理解,只是解释的方式和角度存在差异。因此,生命既是其生命体存在的体现,也是生命价值实现所表现出来的一种内在活动过程。一般而言,生命体具有以下特性。

（一）化学构成同一性

从元素构成看,构成生物体的常见元素是C、H、O、N、P、S、Ca、Mg、K等二十余种,均为无机界中普遍存在的元素,不存在生命特有的生命元素。从分子构成看,生物体中除了存在形形色色的无机化合物,还含有蛋白质、核酸、脂、糖、维生素等有机化合物。自然界中,这些有机物是生命过程的产物。葡萄糖、ATP等在生物体中化学构成一样或者相似,蛋白质、核酸等大分子虽然在不同生物体中有所不同,但是组成大分子的单体是相同的。这些说明生物体在化学构成上具有同一性。

(二)结构严整有序性

生物体的各种化学成分在体内不是随机堆砌在一起的,而是严整有序的。生命的基本单位是细胞,细胞内的各结构单元都有特定的结构和功能。生物大分子,无论多复杂,但还不是生命,只有当大分子组成一定的结构,或形成细胞这样一个有序的系统,才能表现为生命。失去有序性,如将细胞打成匀浆,生命也就完结了。

生物界是一个多层次的有序结构。细胞之上还有组织、器官、系统、个体、种群、群落、生态系统等层次。每一个层次中的各个结构单元,如人体九大系统中的各器官,都有它们各自特定的结构和功能,它们的协调活动构成了复杂的生命系统。

(三)新陈代谢

生物体是开放系统,生物体和周围环境不断进行着物质的交换和能量的流动。一些物质被生物体吸收后,在其中发生一系列变化,成为最终产物而被排到体外,这被称作新陈代谢。新陈代谢是严整有序的过程,是一系列酶促化学反应所组成的反应网络。如果代谢过程的有序性被破坏,如某些环节被阻断,全部代谢过程就可能被打乱,生命就会受到威胁,甚至可以导致生命终结。

(四)应激性和运动

生物能接受外界刺激而发生反应,包括感受刺激和反应两个过程。反应的结果是使生物"趋利避害"。在一滴草履虫悬液中滴一小滴醋酸,草履虫就纷纷游开,一块腐肉可以招来苍蝇,植物茎尖向光生长,这些都是应激性。应激性是生物的普遍特性。但动物的应激性表现较明显,更富有多样性。动物的感觉器官和运动器官是应激性高度发展的产物。

(五)稳态

100多年前,贝尔纳发现,尽管外界环境波动很大,但是哺乳动物总有某些机制使其内环境维持不变,后来坎农把这一概念加以发展,名为稳态。后来发现,不仅仅哺乳动物,所有的生物体、细胞、群落以及生态系统,在没有激烈的外界因素的影响下,也都是稳定的,他们各有自己特定的机制来保证自身动态的稳定。

(六)生长发育

生物都能通过代谢而生长发育。一粒种子可以成为大树,一只蝌蚪可以成为青蛙。虽然环境条件可以影响生物的生长发育,但每种生物的生长发育都是按照一定尺寸范围、一定的模式和稳定的程序进行的。

(七)繁殖和遗传

任何一个生物个体都不能长期存在,他们通过生殖产生子代使生命得以延续。子代与亲代之间在形态构造、生理机能上的相似便是遗传的结果,也就是所谓的"种瓜得瓜,种豆得豆"。而亲子之间的差异现象由变异导致。生物遗传由基因决定,基因或者基因组合发生变化就会产生变异。变异也是可遗传的,这种可遗传的变异就是进化的缘由。

（八）适应

每一种生物都有自己特有的生活环境,特定的结构和功能总是适合于在这种环境条件下的生存和延续。例如,鱼鳃的结构适合鱼在水中呼吸,陆地脊椎动物的肺结构则适应陆地呼吸作用。适应是生命特有的现象。

任何一种生物对所处环境的适应总是相对的。同种个体由于遗传和表型上的差异,对环境的适应也总是存在程度上的差别。只要存在这种差别,哪怕是很轻微的,自然选择就会发生作用,推动群体向更适应环境的方向进化。

二、人的生命

人的生命,不能简单等同于一般自然生命,人的生命除了具备新陈代谢概念、生长发育等自然特性,还是社会历史积累的科学文化等在个体身上的反映,它是生物性、精神性、社会性和价值性的有机统一体。

（一）人生命的生物性

人的生命首先是生物性生命。即人首先是作为自然生理性的肉体生命而存在的,这一点是和自然生命所共有的基本属性,人的生命也必须服从生物界的法则和规律。生命的存在需要借助外界物质来进行新陈代谢,才能延续生命和进行繁衍。所以人们首先要保证自己的吃、穿、住、行,这是维持人的自然生命的基础,人的自然生命就在于维持自身生命的存在以及繁衍后代。生物性是人的生命的最基本的特性,是人的生命的社会性、精神性存在的前提和基础。

（二）人生命的精神性

人的一生除了满足自己的基本生存需要,还寻求精神的满足。马克思说:"动物和它的生命活动是直接同一的。动物不把自己同自己的生命活动区别开来,它就是这种生命活动。人则使自己的生命活动本身变成自己的意志和意识的对象。他的生命活动是有意识的。正是这种精神需求,将人与其他动物区分开来。"人之所以为人就在于人有高于动物的意识活动,有超越生物性生命的精神世界。人不但要思考如何活下来,还要思考如何更好地生活。只要人在世界上存在一天,大脑就不会停止思考,人类就要创造,就要超越,就要更好地认识世界、改造世界。人的精神性对人的活动起到抑制或激励的作用,当人们有着积极的精神情感的时候,会促使人们进行积极的行动;当人们在精神上感到沮丧、失望的时候,会让人们进行消极的活动。人的精神生命作为人的活动的情感动力,在人的生命过程中起着重要的作用,能够对人的活动起到理性的指导和控制的作用。

（三）人生命的社会性

马克思认为,"人的本质并不是单个人所固有的抽象物。在其现实性上,它是一切社会关系的总和"。人生命的社会性主要表现在通过生产劳动创造自己所需的物质财富,提升自身的生命质量和生活水平,也表现在通过社会关系的调整实现自身的社会价值。

三、生命的价值

(一)自然生命的价值

生命是生命体通过自身内在的新陈代谢,实现其不断更新的过程,体现着一种生生不息的力量。任何生命都有其存在的内在价值,具有其神圣不可侵犯的内在诉求。对于自然生命,其存在就是它们的价值。世间每个生命都具备独一无二的珍贵性,每个存活在世间的生命都是可贵的,无论它们是可爱还是可憎,是聪慧还是愚钝,是健全还是残缺,是幼稚还是成熟,是青春还是迟暮,它们的生命都具有同样的价值。尊重生命价值,让我们心存敬畏,不肆意破坏自然,不虐杀自然生命。出于生存需要,人类可能会剥夺一些自然生命:为了吃肉,我们田猎宰杀,为了有饭有菜,我们采摘收割,这是生存的必要,也是生态平衡的必然。但是有些人为了满足自己猎奇、控制、嗜血等需要,虐杀动物,则不在此列。有的人容易走到另一极端,反对一切动物宰杀。比如近年来爱猫爱狗人士为了捍卫猫狗生命权,屡屡做出高速公路拦截货车、玉林狗肉节胁迫商贩等过激行为。珍视自然生命,并非一味保护,而是生杀有时,采收有度。

(二)人的生命价值

人是唯一活着会追求生命价值的生物。当人能够独立思考后,就不断追问"我是谁""我从何而来,往何处去""怎样度过人生才是有价值的"。人的生命价值,是人立足于自身生命,创造自身生命,超越自身,使自身价值不断得以提升的生命之旅。人的生命价值是以生命存在价值为基础,以生活及其状态的价值为主体,以生命发展和提升的价值为指向的价值。人的生命价值可以分为不同的层级:首先最基本的层级就是人的身体健康与生命安全,这是人的生命存在的价值,是其他价值的创造和实现的前提;其次是人的生活的价值和生活状态的价值,这是人的现实生活过程所呈现出来的价值,人的生活是有价值的生活,人的生活本身就是创造价值和享受价值的生活,价值的创造和价值的享受,是人生活的源泉、目的和内容;最后是人的生活提升和发展的价值,这是人的生命超越自身的价值,是人发展自身素质,提升自身境界的价值。

1.人的生存价值

人的生命作为一种特殊的存在,本身就具有价值。人的生命是唯一的,没有完全相同的两个生命个体,人有了生命的存在才能劳动,才会创造。人的生命也是不可逆转的,一个人从出生开始,他生长、发育,直到死亡,都是不可逆转的。人的生命的自然存在价值是完全等价的,每个人的生命都同等重要,任何一个人都没有权利剥夺别人的生命或是破坏他人的健康。复旦投毒事件、北大弑母事件、华科坠楼……社会上、校园中戕害自己和他人生命事件之所以频频发生,就是因为这些人不懂得生命的价值,至少是不懂得评估他人的生命价值。每个人都拥有自己的生命权,他们有权支配和保障自己的人权,保障自己生命安全和健康,任何人不得侵犯,即使是我们自己也不能随意损伤和结束自己的生命。人的生命是平等的,不因国籍、种族、宗教、文化、地位等因素而有所差异。对于个人而言,自己生命的价值都是无限大的,任何人都不能以任何理由剥夺别人的生命或损害别人的健康,也不能强迫平民为了抢救集体的财产或抢救别人的生命而牺牲自己的生命,除非出于自愿。人的生命还是不可替代的,因为人的生命具有唯一性,他是自己私有的,个体之间的生命是不能够交换和替代的。

2. 人的生活价值

人的生活过程就是生命的存在和延续过程,生活本身就是价值的生产、创造和享受过程,离开了价值的创造、生产和享受,生活就成为"虚无"。因此,人的生活价值,就是人在生活中通过自己的生命活动,创造和生产价值,享受和利用价值。

人要活下去,就必须呼吸、饮食、睡眠、繁衍,而要在人类社会满足这些需要,人就必须创造生活所需的各种物质产品。人的生活价值是人的生存价值的保证,人的生活价值在人的一生中始终存在。人们常常说"为了生活",指的就是生活价值。常常有人哀叹,"活着没有价值",其实只要你活着就在实现你的生活价值。虽然生活价值不是人生命价值的全部,但也是最基础的部分,没有生活价值,其他价值只是空中楼阁,无从实现。

3. 人的发展价值

人的生命具有创造性和超越性的特点,这就决定了人的生命不仅是一个存在的过程,而且还是一个不断创造和发展的过程。人的需求是由低级向高级发展的,当人们吃饱穿暖、安全无忧后,就开始注重自身的提升和发展,他们发现只有生存和生活的生命是不完整的。在已经解决生存问题的现代社会,人们面临的主要是提升和发展问题。人是有意识的,永远不会满足于现实,总是想方设法改变他的生存环境,而这种追求是永无休止的,这就是人性的本质。正是人的这种锲而不舍的求知欲,才会使社会发生日新月异的变化,人的生命价值也在于此。人的生命发展和提升的价值就在于为社会做贡献,生命的价值在于为人类社会多做贡献。人在他生存的过程中完成社会赋予他的使命,才能实现其生命价值。人只有在社会实践活动中多创造出有用的产品,或者做出有益于社会的事情才能体现自己的价值。因而,人的生命发展价值是生命价值的核心,你的精神追求和道德水平决定了你生命的价值。此外,认识到生命的可贵和它的价值所在,追求对生命的发展和提升,还能够给予人们心灵的慰藉,提供强大的精神动力和智力支持。

(三)实现生命价值

实现生命价值不仅仅是衣食无忧,安全无虞,名利双收,更多的是追求生命的提升和发展,为社会做出更多贡献。因此,可以从以下三种途径实现生命价值。

1. 端正态度

态度是人们根据各自的价值观和道德标准对外物产生的较为稳定的评价以及行为倾向。人生态度决定了一个人对外物的看法以及他的行为方式,是实现人生价值的精神前提。拥有自信积极的人生态度,可以促使人们坦然面对挫折,勇于克服困难。树立端正的人生态度,才能明确认识人生的意义、目标和肩负的使命,积极面对生活,不断充实自己,提高技能,实现生命价值。当代大学生仍处在心理发展的不稳定期,由于受到社会不良思想的影响,一些大学生的态度容易发生改变,在价值判断上可能会出现偏差。比如,放弃原有正确的价值追求目标,随波逐流,逐步淡化集体主义、爱国主义。树立正确的人生态度,有利于大学生坚定信念,有利于大学生完善人格,有利于大学生最大限度地追求生命价值。

2.承担责任

责任是指个人在一定社会关系中应该承担的使命以及需要完成的任务。在特定的生活中,任何人都有一定的责任。马克思和恩格斯曾指出:"作为确定的人,现实的人,你就有规定,就有使命,就有任务,至于你是否意识到这一点,那都是无所谓的。"人的根本属性是社会性,每个人都生活在一定的社会关系中,和其他人有着这样或那样的关系,个人的行为对他人或多或少都会产生一定的影响。一个人的生命价值主要表现在个人对社会的发展起到的积极作用和社会对个人生存发展需求的满足程度两个方面。个人对他人、对社会的贡献则体现在是否将内在强烈的责任感外化为相应的行为,促进他人或社会的进步。责任感是衡量一个人能否实现生命价值的重要指标。生命的发展过程就是承担和履行各自责任的过程,是以责任感为精神支柱探索生命价值的过程。具有强烈责任感的人,在人生道路选择上才会把握住正确的方向,在不断的人生选择和具体实践中实现自我价值和社会价值。回顾历史,每一个时代的人都有各自的历史使命,很多仁人志士都有强烈的社会责任感,如提倡"先天下之忧而忧,后天下之乐而乐"的范仲淹,"天下兴亡,匹夫有责"的顾炎武。在全球范围内竞争日益激烈的今天,大学生更应该强化社会责任感,深刻认识自己的时代使命,树立远大的理想,勇于承担振兴中华的重任,为社会做出贡献。

3.学习技能

技能是指通过练习,在符合一定的行为规范的前提下,能够完成一定任务所掌握的技术或者能力。无论是专业技术、生活能力,或是交往能力,都是个人维持生存、促进生命发展的必要条件。只有掌握一定的生活技能才可以在激烈的社会竞争中维持生存,才会有维护个人尊严和实现个人价值的资本。人只有具有某一种或几种专业技能,通过自己的知识和能力,提高了自己的生活质量,为社会创造出物质的或精神的财富,才算是真正实现了生命的价值。技能就像是通向成功的台阶,技能积累有助于个人自身素质的提高,有助于生命价值的创造,有助于促进个人的全面自由发展。目前,高校重视对学生科学知识的传授和专业技能的培养,为大学生以后的人生发展打下坚实的基础。但是,也有少数大学生在校期间虚度光阴,消极面对生活,不努力掌握知识和技能,只为混个文凭,将个人整体发展和社会责任抛之脑后。这种行为将严重阻碍大学生个人的成长以及社会未来的发展。

四、认识生命意义

对生命意义的追寻,就是人的生存方式。不同的时代,不同的人,给出了各自不同的答案。为了活得更有意义、更有价值,人们殚精竭虑,上下求索,付出时间精力,不畏艰险,不惧权贵。西伯拘而演《周易》;仲尼厄而作《春秋》;屈原放逐,乃赋《离骚》;左丘失明,厥有《国语》;孙子膑脚,《兵法》修列;不韦迁蜀,世传《吕览》;韩非囚秦,《说难》《孤愤》……他们面对人生苦难,没有退缩回避,没有伤痛绝望,坚持不懈,用生命谱写不朽的华章,他们的生命闪耀着璀璨光辉!

此外,人的生命也是短暂的,有终结的。生命之有限有终,让人发现过程之重要;死亡之必然,让人珍惜生之可贵。正是死亡的存在,才让人思考生命的意义。人的生命意义在于热爱生命,在于直面挫折,百折不挠;在于坚定目标努力追求,在于不断提升,自我实现。

(一)欣赏自然生命,尊重自然生命

生命是美丽的,大自然因生命而鲜活,我们的世界因生命而精彩。生命之美,美在外形:一朵初绽的花,一叶新发的嫩芽,一丛青幽的芳草,一棵参天的古木,五彩的蝴蝶,身姿匀称的雄狮……无论植物还是动物,千姿百态之美,让我们不得不惊叹造物的奇迹。生命之美还美在生命的活力:傲雪凌霜的寒梅,抗击风沙的木林,逆境生存的沙枣,脆鸣幽谷的小鸟,身姿矫健的猎豹,搏击长空的雄鹰,让我们感受到生命的鲜活与顽强。自然生命的美丽和活力构成了丰富多彩、千姿百态的大自然。欣赏自然生命之美,让我们心旷神怡,百疲俱消。欣赏自然之美,让我们心存敬畏,不肆意破坏自然,不虐杀自然生命。

(二)向死而生,珍爱生命

生命是一个从生到死,不以人的意志为转移的自然发展过程。既要体会生,也要认识死。然而国人传统是讳言死亡,人们对死亡缺少科学认知。只有认识到死亡的终结性,生命的一过性,不可逆性,才能敬重生命,不会因为遭遇挫折就厌世轻生。只有理解生命的偶然性、复杂性和神秘性,才能培养出对生命的庄严感、神圣感与敬畏感,才能领悟生命的幸福感,从而珍惜生命,尊重生命。

认知到生死是生命的一体两面,科学认知生与死的辩证关系,正确对待生与死的问题,不因死亡必然而惴惴不安,敢于面对生命的各种艰难坎坷,任何情况都不轻易放弃自己的生命权。也要懂得,时间就是生命,珍惜时间就是珍爱生命,浪费时间就是浪费生命,浪费他人时间,无异谋财害命。不要浑浑噩噩,不要虚度年华。人最宝贵的是生命,要敬畏生命,珍爱生命,呵护生命,成全生命,不要无谓地伤害生命,更不能随意放弃生命。

(三)理解生命意义,活好今生

认识和理解生命,热爱生活,过好每一天。重新审视自己的人生,构建生命意义。爱护自己的肉体生命,提升自己的精神生命,丰富自己的社会生命,身心全面发展,为事业成功、人生幸福奠定基础。

(四)维护生命安全,预防心理危机

地球上每一个生命都是来之不易的,每个生命都是独一无二、不可代替、不能复制的,人的生命还具有生存性、生活性和发展性价值,我们每个人都有义务维护生命尊严,捍卫生命权利,预防心理危机。我们也要关切他人生命,掌握心理危机预防与应对能力,识别心理危机线索,协助专业人员及时做好相关预防和应对工作,维护他人生命安全。

【小活动】

1.生命即将终结的前五分钟,你可以打一个电话,你会打给谁?说些什么?
_____

2.在你的生命中,哪些事物能让你感到最大的快乐、满足与再生?怎样才能更多地获得这些事物?
_____

3.你愿意在生活中增加哪项活动以获得更多的财富和快乐?
_____

第二节 大学生心理危机的表现

一、心理危机界定

我们的人生处于一种动态平衡中。所谓动态平衡,不是永远阳春三月,莺飞草长,也不是总是冰封万里,寒风彻骨……而是充满各种变化,不断打破我们内心的平衡,需要我们不断寻找各种方法,达成新的平衡,新的平衡又被打破……巡回往复,生生不息。当重大问题的出现或加重让个体感觉难以应对与解决,以先前的经验与现有的能力都无法处理眼前的困境时,内心平衡就会被打破造成心理失衡,这种暂时心理失衡状态就是心理危机。平衡的打破是威胁也是机会,我们在危机中成熟与发展。

二、心理危机分类

布拉默把心理危机分为三类:发展性危机(Developmental Crisis)、境遇性危机(Situational Crisis)、存在性危机(Existential Crisis)。

(一)发展性危机

发展性危机是指在正常成长过程中,急剧的变化或转变所导致的异常反应。发展性危机可以说是大学生群体中最广泛存在的危机类型。对大学生而言,升学、离开父母亲人、恋

爱等都有可能引发发展性危机。比如一些高校新生入学不适应、考试不及格、不喜欢所学专业、没有评上奖学金、没有当上学生干部、不能如期毕业、毕业找不到理想工作等都可能导致发展性危机。

(二)境遇性危机

境遇性危机是指出现罕见或突如其来的悲剧性事件,且个人对其无法预测和控制的危机。境遇性危机的显著特点在于它是随机的,会突然产生强烈的震撼。例如自然灾害、意外事故、绑架、强奸、突发的重大疾病、同学或好友的死亡、父母离婚等。

(三)存在性危机

存在性危机是指伴随着重要的人生课题,如关于人生目的、责任、独立性、自由和承诺等出现的内部冲突和焦虑。存在性危机往往不具有突发性。例如,高考的学生和考研、考博的学生,面对就业的压力,对报考专业越来越看重,那些选择了冷门专业的学生,由于这些专业不好就业,对应岗位待遇低,内心必然会产生很大的冲突和焦虑。还有的学生几经奋斗考上研究生,却因家庭经济困难而放弃读研等。这些现实存在的危机,对大学生心理的影响应引起我们的重视和注意,因为它不单影响着大学生的心理健康,还是形成反社会心理的因素。

三、心理危机的发展阶段

卡普兰在他的心理危机理论中阐述了危机发展的演变,描述了危机发展的四个阶段。

第一阶段,当一个人感受到自己的生活突然出现变化,或即将出现变化时,他内心的基本平衡被打破了,表现为警觉性提高,开始体验到紧张。为了达到新的平衡,他试图用自己以前在压力下习惯采取的策略做出反应。处于这一阶段的个体多半不会向他人求助,有时还会讨厌别人对自己处理问题的策略指手画脚。

第二阶段,经过第一阶段的尝试和努力,个体发现自己习惯的解决问题的办法未能奏效,焦虑程度开始增加。为了找到新的解决办法,他开始采取尝试错误的办法解决问题。在这个阶段中,当事人开始有了求助动机,不过这时的求助行为只是他尝试错误的一种方式。需要指出的是,高度情绪紧张多少会妨碍当事人冷静地思考,也会影响他采取有效的行动。

第三阶段,如果经过尝试错误的办法未能有效地解决问题,当事人内心紧张程度持续增加,并想方设法地寻求和尝试新的解决办法。在这一阶段,当事人的求助动机最强,常常不顾一切,不分时间、地点、场合和对象地发出求助信号,甚至尝试自己过去认为荒唐的方式,比如一向不迷信的人去占卜,还可能无规律地饮食起居、酗酒,无目的地游荡,等等。

第四阶段,若当事人经过前三个阶段仍未能解决问题,他可能就会产生无力感,对自己失去信心和希望,甚至对自己整个生命的意义发生怀疑和动摇。很多人正是在这个阶段中企图自杀,希望以死摆脱困境和痛苦。强大的心理压力有可能触发从未完全解决的,曾被各种方式掩盖的内心深层冲突。有的当事人会产生精神崩溃和人格解体。

四、心理危机的结局

心理危机经过以上四阶段的发展,最终走向结局。但受到诱发事件性质、个人具备资源、个体人格特质以及危机发现是否及时、危机干预手段是否得当等因素影响,心理危机的最终结局也各不相同,总体可以归纳为以下四种。

①顺利度过危机,学会处理危机的方法和策略,提高了心理健康水平。

②留下心理创伤,影响今后的社会适应。

③出现自伤行为,承受不住强烈的刺激而出现一过性的自伤行为。

④未能度过危机而出现严重的心理障碍。

五、心理危机发生的原因

联合国专家预言,从现在到21世纪中叶,没有任何一种灾难能像心理危机那样带给人们持续而深刻的痛苦。心理危机的发生发展原因错综复杂,大学生出现心理危机,其原因是复杂的和多方面的,归纳起来,主要有以下三方面的因素。

(一)生理因素

个体如果患有严重的生理疾病或生理残疾,治疗周期长或者难以治愈,本人感到非常痛苦和绝望时,容易出现心理危机。

(二)心理因素

1.人格特征

学业压力、学业失败感是造成心理危机的重要成因。遭受天灾人祸、亲人过世、恋爱失败等应激事件固然是危机发生的原因之一,但是,同样是经历不幸事件,有的人在悲痛之后能够调节情绪,逐渐恢复平静的生活,而有的人则难以面对事实,焦虑紧张,无所适从,甚至崩溃。G.W.布洛克普研究后发现,具有以下人格特点的人容易陷入危机:①注意力明显缺乏,日常生活中不能审时度势,看问题只看表面,不看实质,应付处理不当;②社会倾向性过分内向,这种过分内省的人格特征,使他们遇到危机情况往往瞻前顾后,总联想不良后果;③在情绪情感上具有不稳定性,自信心低,独立处理问题的能力极差,依赖他人的援助;④解决问题时缺乏尝试性,行为冲动欠思考,经常出现毫无效果的反应行为。

2.不合理的认知观念

美国心理学家艾利斯认为,不良的情绪反应,常常并非来自事件本身,而是来自人们对事件不正确的偏激的认识,称之为非理性观念。非理性观念具有绝对化、过分概括化(以偏概全)和灾难化(糟糕之极)三大特征。如"我必须有房有车""我一定不能失败""升职失败让我丢尽了人"等。头脑中大量充斥着非理性观念的人,在看待所遇到的困难和挫折时容易钻牛角尖,出现心理危机。

3.精神疾病

患有比较严重精神疾病的个体,例如有"抑郁症""恐怖症""强迫症""焦虑症""精神分裂症"等的学生,会比心理正常的学生更多地体会到紧张、恐惧、担忧、压抑、痛苦、绝望等不良情绪,这部分个体虽然数量很少,但是出现心理危机的概率却很大。

(三)社会因素

社会环境关系到大学生社会化的正常进行,社会环境因素对大学生的心理与行为方式的影响不可忽视。

1.宏观社会因素

整个社会宏观状态发生负性变化,如社会动荡、政治危机、经济萧条、陷入战争等,这些事件危害巨大,后果不确定,会让人感到震惊,受到巨大威胁,短期内不知如何应对,身心发生巨大变化,心理失衡,从而陷入危机状况。

2.具体社会因素

(1)社会隔离

社会隔离是指个体对社会及人际环境的疏远、隔离或者被剥夺。人如果长期地处于社会隔离状态,会产生社会适应不良。一旦出现应激事件,隔离的个体,没有求助意识,要么一味死扛,不晓得通过整合社会资源解决问题,要么回避退缩,妄想危机会自己消失。另外,一个人对自己的认识相当一部分源于他人对自己的反馈。如果一个人处于社会隔离状态,就会感到孤独、自卑、没有安全感,感到世界上没有人可以帮助自己,接受自己,容易滋生消极情绪。

(2)社会模仿

模仿是对某种环境刺激做出类似反应的行为方式。涂尔干认为榜样的感染力足以引起自杀。媒体对于自杀的报道,特别是名人自杀的报道,很容易引发效仿。

(3)文化震惊

文化震惊是社会转型期个体发生心理危机的重要社会原因。传统文化的断裂,理想与现实的差距,主文化与亚文化的不一致都会增加心理危机发生的概率。

(4)失业

有关研究表明,失业者是危机高发人群。职业可以为个体提供收入、社会接触、社会地位、社会支持以及稳定的日常生活等,一旦失去,个体在经济、心理和社会三方面同时蒙受损失,很难在短期内获得补偿,危机就此发生。

(5)家庭环境

家庭是社会的细胞,在社会生活中起着重要的作用。著名心理学家阿德勒曾说,幸福的人用童年治愈一生,不幸的人用一生治愈童年。良好的家庭氛围有益于身心健康。夫妻争吵、婆媳争执、兄弟姐妹吵架、父子间争吵、老人受虐待、孩子被冷落、家庭成员死亡等家庭纠纷则会让成员情绪低落,疲于应对,心理危机发生风险上升。经济贫困、凝聚力不足、缺乏沟通也是心理危机滋生的温床。家长对子女的不良教养方式也会让子女出现心理危机。

六、大学生心理危机特点

(一)突发性和不可预测性

大学生心理发展正处于由不成熟向成熟发展的过渡时期,积极与消极心理并存,情绪调节、压力应对能力不成熟。一旦遇到人际关系紧张、经济困难、家庭变故、恋爱失败等应激事件,很容易导致心理危机,而且危机爆发往往突如其来,不太容易预测。

(二)危险性和不可控性

大学生面对突如其来的心理危机,缺乏解决问题的策略方法,社会支持不足,没有求助意识,不善于调节情绪,抗挫抗压能力不足,无法顺利解决危机,产生片面偏激看法,夸大危机后果,容易采取偏激手段、极端行为,学校难以控制事态发展。

(三)破坏性和传染性

一些心理危机的极端行为,比如自杀、伤人等,不仅对当事人本身造成难以逆转的伤害,还会对家庭和谐、学校声誉乃至社会风气造成不良影响,具有很大破坏性。此外,心理学研究发现,自杀、伤人等恶性事件具有传染性。自杀者身边、恶性事件发生地点都容易再次发生类似事件。

第三节　心理危机预防与干预

一、识别危机线索

心理危机预防工作至关重要。心理危机虽然具备突发性,不容易预测,但是发生也不是无缘无故,还是有迹可循的。

(一)心理危机的身心反应

个体处于心理危机时,会产生一系列身心反应,主要表现在生理上、情绪上、认知上和行为上。危机反应一般会持续6~8周。

生理方面:肠胃不适、腹泻、食欲下降、头痛、心慌、疲乏、失眠、做噩梦、容易惊吓、感觉呼吸困难或窒息、哽塞感、肌肉紧张等。

情绪方面:常出现害怕、焦虑、恐惧、怀疑、不信任、沮丧、忧郁、悲伤、易怒、绝望、无助、麻木、否认、孤独、紧张、不安、愤怒、烦躁、自责、过分敏感或警觉、无法放松、持续担忧、担心家人安全、害怕死去、对周围环境充满敌意等。

认知方面:常出现注意力不集中、缺乏自信、无法做决定、健忘、效能降低、不能把思想从危机事件上转移等。

行为方面：社交退缩、逃避与疏离、不敢出门、容易自责或怪罪他人、不易信任他人、逃避现实、自言自语、不注意个人卫生、回避与人相处、冲动行为、反常行为、突然失踪等。

【案例分析】

　　某同学，女，大三学生，半夜经常惊醒，醒后难以入睡，自己在朋友圈经常发与自杀相关的文章，最近还把自己心爱的名牌包送给最好的闺蜜，表示"希望你能够记住我"。

　　讨论：

　　1.你觉得这个同学是否处于危机？

　　2.如果你是她最好的朋友，你打算如何帮助她？

大家可以对照上述身心表现，看看自己是否深陷危机。

(二)心理危机多发时期

　　大学生群体成员经历大致相同，认知水平大致相仿，在相同的社会文化背景下长大，同处于青春期向成年期发展的过渡期，面对大致相同的成长任务和压力，所以大学生心理危机的发生在时间上存在多发期。

　　就发生年级而言，新生和毕业生比较多发。新生刚刚步入大学，存在生活环境变迁、选择专业并非自己愿意、学习方式的适应等问题，会出现奋斗目标缺失、自我定位迷失、生活方式重建的困惑，从而产生危机。而毕业生面临人生的重要选择，就业还是考研的选择本身就是压力。此外，无论是就业还是考研，都将面临激烈的竞争，这种竞争可能诱发他们的发展性危机。对于就业者，一方面，因决定的目标价值大、决定时间短、目标选择的可变性大及选择可能产生的价值失落感，他们在做选择时冲突也大，出现多种趋避心理冲突；另一方面，由于毕业生人数增多，大学生就业存在可能就业岗位与期待就业岗位的较大心理落差，如心态得不到及时调适，可能爆发心理危机。对于考研族，他们或为人生发展打拼，或为缓解就业压力奋斗，或为父母期望而努力，在巨大的学习与竞争压力之下，一些学生会烦恼、压抑、郁郁寡欢，甚至丧失学习兴趣，这种状况如果长期无法改善，就会出现心理危机。

　　就爆发时间而言，每年5月，是毕业生重大选择期，而11月、12月则是考研学生的关键期，12月、1月是期末考试时期，这几个月份学生容易产生发展性危机。国内外研究还发现，心理障碍和精神疾病冬春季易发。春天的气候受冷暖气流交替影响，气候变化大，对人的生理功能有较大影响。梅雨天气，阴冷潮湿，让人心情低落。英国科学家还发现，5月明媚的阳光一方面让人身心愉悦，另一方面却会让人具有采取极端行为的冲动和勇气。秋冬时节，日短夜长，阳光稀缺，天气寒冷，人们户外活动减少，生命活力不足，情绪变化无常，容易甲状腺激素分泌增加，褪黑素和5-羟色胺分泌失调，会让人难抑兴奋，所以冬季是抑郁症高发期。此外,节假日老师放假,学生普遍不在校内,缺少对学生必要的关注。学生们回家或者外出探亲访友,接触人事复杂,容易因为应激事件发生危机。所以节假日前后也是危机事件多发时期。自杀具有一定传染性,校园内发生自杀事件之后,容易发生跟风现象。总之,冬春季节、节假日前后为心理危机高发期。

二、热爱生命,应对危机

(一)合理看待危机

我们每个人都经历过大大小小的危机。危机普遍存在,并不可怕,也不是个别特殊人群的专利。危机可能是悲痛欲绝的事情,也可能是成长的契机、人生的财富。没有不幸和失去,我们很难认识手中拥有,难以体会平淡的幸福;没有坎坷,我们就难以培养恒心和毅力,坚忍不拔地追求目标;没有问题和困境,我们就难有人生阅历,缺乏应对技巧。

(二)直面危机,解决问题

危机最好的解决方式就是正视危机,分析原因所在,思索解决危机的策略和方法。如果能够顺利解决危机,不仅可以让我们免于糟糕结局,从焦虑、无助等负面情绪中解脱出来,还能让我们增加应对危机的策略和手段,增强自信,当我们再次面临危机时能够减少慌乱。有些危机可能短期内难以解决,对此我们就要学会如何管理压力,学习一些情绪调节的小技巧,让自己从消极情绪中尽快走出来。

(三)建立社会支持网络

大学生要走出封闭的自我,多与人交往,丰富交往层面,建立一个多维有效的人际网络。一旦出现危机,除了自己解决问题,调节情绪,还可以向亲戚朋友、同学师长等人求助,整合多方面资源,聚合集体智慧,有助于危机消除,也有利于情绪调节。

(四)从事一些建设性工作

越是无所事事、懒惰厌倦的人越容易出现心理危机。大学生不妨给自己列一个学习、生活娱乐的日程表,认真去做一些有建设的事情,如锻炼、学习等。如果不知道如何做计划,不妨先行动起来。成功的体验、事件的条理性会让我们生活充实愉快。

(五)正确看待社会现实

社会是一个复杂的大系统,有光明的一面,也有阴暗的一面,世间有好人,有坏人,更多的是瑕瑜互见的普通人。为人不可太理想化,一旦发现别人有缺点或者遭遇不如意,就认为人情冷淡,社会黑暗。要认识到人间仍然存在不平等、不公正,人与人之间存在各种差异,怨天尤人于事无补,我们要靠自身努力去缩小差距,赢得公正的对待。

(六)培养健康的兴趣爱好

培养健康的兴趣爱好,可以开发智力,转换思维模式,丰富业余生活,驱散因工作学习带来的紧张,放松心情,陶冶情操。而运动类的爱好更是好处多多。当我们心情压抑时,做做运动,出一身大汗,精神会松快很多。科学研究发现,散步、慢跑、游泳、球类等运动,可让人肌肉放松,消除紧张,精力旺盛。

(七)求助专业帮助

当我们经过再三探索,依然无法解决问题,和亲近好友的倾诉也无法舒缓情绪,他人的帮助支持也不足以消除面临的威胁时,我们还可以寻求专业的帮助,如前往学校心理咨询中心、社会上的心理诊所、专门的精神科医院,或者拨打心理热线求助。这些专业人士可以提供专业服务,在他们的帮助下,身处危机的人可以改变认知,学习应对方式,重新树立直面坎坷的信心和勇气。

【心理热线】

全国免费心理危机干预热线:800-8101117　010-82951332

三、最严重的心理危机——自杀

自杀就是一个人蓄意主动结束自己生命的行为,是最严重的心理危机。世界卫生组织1999年调查,每年有上百万人死于自杀,平均每40秒就有一人自杀,高居人类意外死亡榜首。自杀未遂的人是自杀成功的10~20倍。自杀是青年人死亡原因的前三名,每10万大学生中有4.25~6.5人发生自杀。面对日益严重的自杀问题,从2003年起,世界卫生组织(WHO)和国际预防自杀协会(IASP)共同决定把每年的9月10日定为"世界预防自杀日","预防自杀"已经成为一个世界性关注的课题。

(一)自杀常见类型

1.通用分类法

现代国际通用的自杀分类,是1970年美国国立精神卫生研究院自杀预防研究中心在菲尼克斯举行的会议上提出的三种类型。

①自杀已遂(Completed Suicide,CS)是由自我故意、自我伤害引起的各种死亡。

②自杀未遂(Suicide Attempt,SA)指各种有意威胁或残害自己生命,但未导致死亡的行为,其中包括自杀姿态、动作以及自杀导致的自伤、自残。

③自杀意念(Suicide Ideas,SI)指个体通过直接或间接方式表达终止自己生命的意思。

2.综合分类法

综合分类法为英国Stengel首创,即把自杀分为四类八型:精神病(Psychotic)与非精神病(Non-psychotic);蓄意(Deliberate)与冲动(Impulsive);理性(Rational)与非理性(Non-rational);认真(Serious)与非认真(Non-serious)。

（1）精神病自杀与非精神病自杀

一般把精神分裂症、更年期精神病、抑郁症、躁郁症、反应性精神病等引起的自杀作为精神病自杀。在精神疾病中，自杀风险最高的是抑郁症，因此抑郁自杀占精神病自杀总数相当大的比例。而单纯因政治、经济或躯体疾病等因素引起的自杀为非精神病自杀。

（2）蓄意自杀与冲动自杀

蓄意自杀是指有周密的行动计划，选择好时间、地点和手段，预先处理好遗物、存款，甚至预立遗嘱，交代身后事。也有为免使家人感到耻辱，掩盖自杀痕迹，制造事故死亡假象。冲动自杀同蓄意自杀刚好相反，事前无计划，更无交代后事处理，出于一时冲动，不择时间、地点、手段。中国农村服农药自杀多属于此类。

（3）理性自杀与非理性自杀

理性自杀是指处于政治、经济、社会窘境的人，为表示抗议，或为逃避政治、经济、法律的惩罚，或为摆脱社会舆论的谴责，在绝望时采取的自杀行为。非理性自杀是指个人陷入窘境，却并非毫无出路，但一死了之。杀人后自杀者多属于非理性自杀。蓄意自杀不一定都是理性自杀，也有非理性自杀，而冲动自杀多属非理性自杀。

（4）认真的自杀与非认真的自杀

认真的自杀是为表示个人对组织、宗教、领袖或信仰的忠诚而自杀。非认真的自杀是一种愚昧无知的自杀，或者把自杀当作儿戏，出于一种幻想或错误认识。

3.特殊类型

（1）集体自杀

有某种共同信仰的人集体自杀。在战争年代，曾有为了避免遭受战败之辱而集体自杀者，主要见于东方社会；在西方社会，某些受到狂热的宗教信仰支配的团体，可在宗教妄想的支配下集体自杀，如1978年美国人民圣殿教914名信徒的服毒自杀。值得注意的是，集体自杀的成员不一定都是自愿的。

（2）殉情

双方感情深厚，但因迫于种种压力（主要是文化压力）不能长相厮守，协商一起自杀，"不求同生，但求同死"，多见于东方社会。这种情况必须与下述的杀人自杀相鉴别，有一方被救治时更应注意。

（3）杀人自杀

杀人后接着自杀，或和被杀对象同时毁灭。自知罪大恶极，不能或不愿逃脱法律对自己的惩罚。这类情况有的是受个人仇恨支配，有的则是受信仰支配。后者如某些宗教组织使用的自杀式炸弹。

（4）扩大自杀

在自杀前杀死自己的配偶、子女（特别是年幼子女）。自杀者相信自己死后，其亲人会出于种种原因受到严重痛苦的折磨，"生不如死"。

(二)自杀人群的特征

施耐德曼总结了自杀者的十项共同特征,并将其归为六个维度,即境遇、意动、情感、认知、人际关系和连续性特征。

境遇特征:①自杀这种常见刺激是不能忍受的心理痛苦;②自杀这种常见刺激是心理需求遇到挫折。

意动特征:①通常自杀的目的是寻求问题的解决方法;②通常的自杀目的是中断意识。

情感特征:①自杀的通常情感特征是绝望无助;②对自杀的内在态度通常是矛盾的。

认知特征:对自杀的认知态度是压缩的。

人际关系特征:①自杀的人际关系特征是想要与人交流;②自杀的通常行动是寻找出路。

连续性特征:通常自杀的连续性特征是终身的应对方式。

自杀人群通常具备这些特征,但是每个自杀个体也有其特殊性,没有绝对性的普遍特征存在。

(三)自杀的心路历程

大多数研究者认为,自杀并不是突然发生的,而往往有一个明显的发展过程和具体的心理表现。自杀行为的发展过程通常包括以下四个阶段。

1.自杀意念的形成阶段

个体在遇到挫折或打击时,为逃避现实,将自杀作为寻求解脱的手段。

2.内心矛盾冲突阶段

自杀动机产生后,求生的本能可能使自杀者陷入一种生与死的矛盾冲突之中,难以最终做出自杀决定。此时,自杀者会经常谈论与自杀有关的话题,预言、暗示自杀或以自杀来威胁别人,从而表现出直接或间接的自杀意图。实际上,我们可以将其看作自杀者发出的寻求帮助或引起别人注意的信号。此时,如能及时得到他人的关注,或在他人的帮助下找到解决问题的办法,自杀者很可能会减轻或打消自杀的企图。这也是自杀行为可以预防和救助的心理基础。

3.自杀决定阶段

自杀者似乎已从困扰中解脱出来,决定意志坚定,不再谈论或暗示自杀,情绪好转,抑郁减轻,显得平静。考虑自杀方式,做自杀准备,如选择自杀时间、地点、方式,买礼物送给亲朋好友,分配财产,写遗书。

4.自杀实施阶段

自杀者将自杀意念付诸实施。

(四)对自杀的误解

人们对于自杀普遍存在许多误解,见表12.1。

表 12.1　人们对自杀的误解

误解	事实
1.与当事人讨论自杀可诱导其自杀	与一个具共情性的当事人讨论自杀,将使其更容易获得信任感,并愿意花时间重新获得控制感
2.威胁要自杀的人不会自杀	绝大多数自杀死亡者都曾经威胁过别人要自杀或是向他人公开过自杀的想法
3.自杀是非理性的	从自杀者的角度看,几乎所有的自杀者或自杀意念都是完全有道理的
4.自杀的人有精神病	仅有少数自杀者患有精神疾病,绝大多数自杀者是正常人,但是他们忍受着强烈的抑郁、孤独、绝望、无助、被虐待、受打击、深深的失望、被抛弃或是其他情感方面的挫折
5.自杀具有遗传性	有时候,一个家庭内可能有几个人自杀。事实上,我们并没有发现自杀具有遗传性。自杀的倾向可能是习得的、情境性的或与抑郁及其他因素有关
6.想过一次自杀,就会总想自杀	许多人在一生中某个时刻都想过自杀,但是他们中绝大多数人都能从这暂时的威胁中恢复过来,并学会适应与控制,过着长久的、多彩的生活,摆脱自我冲突的威胁,再也不会考虑自杀
7.如果一个人自杀未遂,自杀的危险就结束了	绝大多数自杀将在三个月内再次发生,且比开始时的情况更加严重。一个危险的信号就是在抑郁期或自杀期过后出现的精神兴奋,这说明自杀者已经安排和计划好了一切,平静地接受死亡
8.一个想自杀的人开始表现慷慨和分享个人财产,表明此人有恢复和好转的迹象	许多想自杀的人在精力好转、能够做出明确决定的时候,就会处理他们最宝贵的财产。这种个人结果的安排有点类似于最后的愿望和遗嘱
9.自杀总是一种冲动性行为	自杀有好多种,有些确实是冲动性的行为,但另一些则是经过深思熟虑的
10.有钱人才自杀	自杀是平等的,对所有人一视同仁。一篇评论对过去30年的文献进行回顾,指出穷人存在更大的自杀危险
11.自杀的发生是没有预兆的	对于自杀的想法,自杀者总会显示出许多迹象和征兆

（五）自杀常见动机

1.解脱型

自杀作为在绝望中摆脱痛苦，寻求解脱的手段。当大学生面对自身的生理、心理压力或外界应激因素时，容易感到无助和无奈，甚至绝望，他们觉得已经走投无路，会选择自杀的极端方式来减少压力、逃避痛苦或者惩罚自己。某高校大四学生因为学分不够，因而无法取得毕业证，自觉无法面对父母，跳楼身亡。

2.防御型

自杀被作为对挫折感和自责感的一种消极和自我防御机制。当大学生由于自身的某种过错而陷入挫折情境时，自杀行为成了一种改变挫折处境、减少自责或逃避惩罚的方式。张同学是大二学生。有一天她突然跟宿舍里每位同学道歉，希望别人原谅她以往的过失，还给每位同学送了小礼物，拜托老乡照顾父母。同学联想到她最近情绪不好，行为怪异，报告了老师。之后得知张同学的男友突然与其分手，百般挽回无效后，情绪十分低落，死亡成了她逃避问题的选择（未遂）。

3.报复型

自杀被作为一种报复手段，借此释放愤怒和敌对情绪。有一些大学生在遇到某些问题和烦恼时，如遭人误解或受人欺负，试图以自己的死来报复或谴责他们所怨恨、敌对的人，使对方承受精神或物质损失。某高校一女硕士，长期压抑，人际关系不好，本人不善排解调适，出现抑郁症状，将同室另一女硕士刺伤后坠楼身亡。

4.求救型

自杀可以作为求救或引起别人注意的一种特殊方式。一部分自杀的大学生并非真的想死，而是处于逆境或痛苦中的他们企图用自杀姿态来引起别人的关注、同情，以便解决问题。其实质是一种向外界的呼救方式或沟通形式。某高校一男生因故拿不到学位证，就爬上教学楼楼顶要求学校发放学位证书。

5.操纵型

自杀被作为操纵别人的途径。这种人企图以自杀的方式向外界示威，表明他们有能力支配和操纵外物或自己，以使事情按自己的意愿发展。比如，通过自杀行为来达到要挟父母、恋人的目的，或试图改变他们的态度，解除惩罚的威胁。如某大学一位女生父母关系不良，打算离婚，该生不愿意家庭破裂，多次割腕，希望以此引起父母关注，挽救父母婚姻。

6.疾病型

某些学生罹患抑郁症、精神分裂症等疾病，在疾病状态下做出自杀行为。例如，南京大学生马洁，遭受多年抑郁症的折磨，在微博上发消息"我有抑郁症，所以就去死一死"，随之自杀身亡。

由此可见，有的自杀者是真正想死，往往是多次的应激事件和长期的情绪低落相结合，产生了反复的自杀意念，最后选择死来摆脱困境，解脱自己，比如解脱型自杀和防御型自杀;有的自杀者并不是真的想死,他们只是用自杀行为来影响他人的想法或者行为,比如操纵型自杀和求救型自杀,只是希望达成自己的心愿,但也可能出于种种原因自杀死亡。

(六)自杀线索

自杀事件虽然具有一定的突发性,但也不是无迹可寻。如果一个人具备如下言行表现,就有理由怀疑他具有自杀的可能性,符合线索越多,自杀风险越高。

①有过自杀未遂。

②说过要自杀。

③将自己珍贵的东西送人。

④收集与自杀方式有关的资料并与人探讨。

⑤流露出绝望、无助以及对自己或这个世界感到气愤。

⑥死亡或抑郁作为谈话、写作、阅读内容或艺术作品的主题。

⑦讨论自己现有的自杀工具。

⑧有条理地安排后事。

⑨直接说出"我希望我已经死了""我再也不想活了"。

⑩间接说类似"现在没人能帮得了我""我再也受不了了"的话语等。

(七)我们可以做什么呢

一旦发现身边的小伙伴可能处于自杀危机之中,作为同学,我们可以做些什么来帮助他们呢?

1.冷静地倾听对方的倾诉

一旦发现身边亲朋好友具备自杀线索,不要苛责对方性格软弱,认知不合理,更加不要说些"不要这么想不开""天涯何处无芳草"等廉价的安慰,而是陪伴在他们身边,鼓励他们说出发生的应激事件,讲出他们的切身感受,通过倾诉,可以一定程度地平复他们的情绪。此外,陪伴和倾听也会让处于自杀高危状况的人感到温暖,觉得这个世界不是那么冷漠,还有人关心他,愿意倾听他的心声。

2.科学地询问对方是否有自杀的想法

对于同时具备多条自杀线索的人,应当科学地询问对方的自杀想法。可以直接问:"你是不是想过自杀?"也可以委婉地问:"是不是觉得人生没有意义,都不想活下去了?"等等。通过对自杀想法、想法发生时间、频率的询问,评估他的自杀可能性。

3.不要答应对方为他自杀的想法保密

很多想要自杀的人和你倾诉时都会要求你为他的自杀想法保密,担心同学歧视,家长担心等。但是,为此想法保密,会贻误自杀干预进行,增加自杀成功风险。

4.对高危人员,果断迅速报告辅导员或者向心理咨询中心求助

对于自杀可能性很高的人,要果断采取行动,一方面倾听陪伴,另一方面要赶紧告知辅导员、其家人或者直接与学校心理咨询中心联系,获得专业帮助。

本章小结

大学生正处于不成熟向成熟发展的关键时期,会因为学习、人际、情感、家庭和就业等问题得不到及时解决而发生危机。这些生活中突如其来的事件与重大的问题、变化的出现,打破了原本平静的生活,让人手足无措,不知如何是好。危机是危险的,因为它可能导致当事人的严重病态,甚至在心理崩溃时走向万劫不复的深渊;危机又是机会,它可能使当事人学会掌握有效的应对方法,并且利用这一机会使自己获得成长。心理危机并不可怕,人人都可能遭遇,心理危机的发生有原因,发展有规律,应对有技巧。只要我们正确认识危机,采取科学的应对策略,我们就能够战胜危机,掌握应对技巧,树立自信心。对于身边的小伙伴,我们要多加关心,一旦识别出危机线索,倾听陪伴,建议求助。对于有自杀倾向的同学,不承诺保密,迅速报告,生命优先。

本章讨论

1.什么是心理危机? 你过去遭遇过哪些危机,当时是如何解决的?

2.遇到危机,你最常用的应对方式是怎样的?

3.假设你最好的同学遇到了危机,比如说亲人过世,使他大受打击,你将怎样帮助他(她)? 请列出你的帮助方案,并分析这些方案的可行性(表12.2)。

表 12.2 帮助方案

方案	优点	不足
①		
②		

4.你对某些爱猫爱狗人士高速公路拦车解救猫狗的行为怎么看?

5.你认为不珍惜自己或者他人生命的行为有哪些? 你对这些行为有什么看法?

推荐阅读

邵爱国,伍斯玥.基于大数据的高中学生心理预警模型探究与运用[J].中小学德育,2024(4):39-43.

蔺瑶,舒洪灶,胡玮,等.研究生心理危机预警现状及对策[J].科教文汇,2024(7):165-171.

谭琪钰,栾烨,徐超,等.中国大学生自杀意念检出率的 Meta 分析[J].现代预防医学,2022,49(7):1269-1274.

周蕴智.三全育人视域下大学生家校协同心理危机干预工作的困境与对策[J].公关世界,2024(5):81-83.

刘丹.高校学生心理危机的干预策略研究[J].才智,2024(9):113-116.

杜琼,王业祥.大学生心理危机的识别与干预模式探析[J].中国多媒体与网络教学学报（中旬刊）,2022(5):217-220.

胡蓉,陈若曦.积极心理学视域下高职学生心理危机及干预机制研究[J].山西青年,2024（6）:193-195.

唐莉.高校大学生心理危机干预机制研究[J].教师,2023(16):9-11.

甘海迪.高职院校学生心理危机干预策略研究[J].哈尔滨职业技术学院学报,2023(5):69-71.

参考文献

[1] 黄希庭.大学生心理健康教育[M].上海:华东师范大学出版社,2004.

[2] 江光荣,梁宇颂.大学生心理健康教育:高职高专适用[M].武汉:华中师范大学出版社, 2012.

[3] 宁维卫.大学生心理健康与成才[M].北京:高等教育出版社,2012.

[4] Gerald Corey.心理咨询与心理治疗[M].石林,程俊玲,译.北京:中国轻工业出版社,2000.

[5] 江光荣.心理咨询的理论与实务[M].北京:高等教育出版社,2005.

[6] 吴武典.学校心理辅导原理[M].广州:广东世界图书出版公司,2003.

[7] 张日昇.咨询心理学[M].北京:人民教育出版社,1999.

[8] 王建平.变态心理学[M].北京:高等教育出版社,2005.

[9] 樊富珉,王建中.当代大学生心理健康教程[M].武汉:武汉大学出版社,2006.

[10] 欧晓霞,曲振国.大学生心理健康[M].北京:清华大学出版社,2006.

[11] 罗新兰.大学生心理健康教育[M].杭州:浙江大学出版社,2014.

[12] 林崇德,申继亮.大学生心理健康读本[M].北京:教育科学出版社,2005.

[13] 张大均,吴明霞.大学生心理健康[M].北京:清华大学出版社,2007.

[14] 马力.心理健康教育[M].北京:北京师范大学出版社,2010.

[15] 俞国良.心理健康自测与指导[M].北京:高等教育出版社,2009.

[16] 菲利普·津巴多,罗伯特·约翰逊,安·韦伯.津巴多普通心理学[M].王佳艺,译.北京:中 国人民大学出版社,2008.

[17] 汪元宏.大学生心理健康教育新编[M].南京:南京大学出版社,2012.

[18] 张敏强.大学生职业规划与就业指导[M].广州:广东高等教育出版社,2005.

[19] 周文霞.职业生涯管理[M].上海:复旦大学出版社,2004.

[20] 闫绪闲.如何进行人才测评[M].北京:北京大学出版社,2005.

[21] 朱帅.如何进行时间管理[M].北京:北京大学出版社,2004.

[22] 金洪源.学习行为障碍的诊断与辅导[M].上海:上海教育出版社,2005.

[23] 路海东.学校教育心理学[M].长春:东北师范大学出版社,2000.

[24] 蔡秀玲,杨智馨.情绪管理[M].合肥:安徽人民出版社,2001.

[25] 孟昭兰.情绪心理学[M].北京:北京大学出版社,2005.

[26] 王晓刚.大学生心理健康[M].北京:清华大学出版社,2008.

[27] 张贵平.大学生心理学[M].北京:人民卫生出版社,2004.

[28] 何兆雄.自杀病学[M].北京:中国中医药出版社,1997.

[29] 江光荣,吴才智.大学生心理健康教育:本科适用[M].武汉:华中师范大学出版社,2012.

[30] 欧阳辉,闫华,林征.大学生心理健康应用教程[M].沈阳:辽宁教育出版社,2010.

[31] 陈阅增.普通生物学:生命科学通论[M].北京:高等教育出版社,1997.

[32] 段鑫星,程婧.大学生心理危机干预[M].北京:科学出版社,2006.

[33] 龙迪.心理危机的概念、类别、演变和结局[J].青年研究,1998(12):42-45.

[34] 邓验.引导当代大学生树立马克思主义恋爱观[J].科教文汇(下旬刊),2008(21):58.

[35] 苗春霞,刘欣,黄晓静.生命质量之解析[J].科技信息,2013(14):35-36.

[36] 杨敏杰.谈大学生情绪的自我调节[J].教育探索,2002(12):86.

[37] 王东莉,马建青.请关注"特殊人群":"优秀学生心理综合症"探析[J].当代青年研究,2001(5):26-30.

[38] 虞美萍,袁雪琴.在自主学习中提高学习能力[J].成才之路,2009(20):29.

[39] 裴秀芳.提高学习能力的奥秘[J].中华家教,2010(1):27-30.

[40] 王维斌.展示思维过程,提高学习能力[J].小学青年教师(数学版),2006(8):41-42.

[41] 王广云.和谐社会中成人学习观念的转变与学习能力建构[J].成人教育,2006(10):23-24.

[42] 吴宁乐.浅谈如何提高大学生的学习能力[J].成才之路,2008(16):93-94.

[43] 刘奇葆.领导干部要不断提高学习能力[J].四川党的建设(城市版),2010(3):10-11.

[44] 周倩,吴涵.关于提高大学生学习能力的调查研究[J].中国电力教育,2009(12):173-174.

[45] 何兆雄.自杀及自杀疾病的规律性[J].医学与社会,1998,11(4):27-30.

[46] 周晓芳.当代大学生恋爱心理研究[D].沈阳:沈阳航空航天大学,2013.

[47] 刘一达."90后"大学生爱情观现状分析及对策研究:以辽宁省锦州市三所高校为例[D].锦州:渤海大学,2013.

[48] 李荔.大学生极端心理危机事件预防研究[D].上海:华东师范大学,2012.

[49] 郦炜.高校对当代大学生心理健康教育的重要性[J].当代教育实践与教学研究,2019(16):194-195.

[50] 安娜.高校大学生心理健康教育优化路径[J].国家通用语言文字教学与研究,2023(12):40-42.

[51] 杨佳茜.新媒体时代大学生心理健康教育课程改革与实践探究[J].新闻研究导刊,2023,14(21):179-181.

[52] 孙喜杰,毛浩宇.新时代高校学生心理健康现状调查报告:以武汉市大学生为例[J].中国教育技术装备,2024(7):120-125.

[53] 雷永汉,刘佳.个人社会化理论融入大学生心理健康教育课程建设探索[J].黑龙江教育（高教研究与评估）,2020(12):32-34.

[54] 张莹.大学生常见心理困惑及应对策略[J].心理月刊,2020,15(6):17-18.

[55] 王富贤.大学生心理健康状况调查及应对策略[J].黑龙江科学,2023,14(19):97-99.

[56] 颜刚威.反社会人格障碍研究综述[J].海南广播电视大学学报,2019,20(3):99-103.

[57] 侯润茜,张帅,李秀绮.大学生常见的心理问题及自我调适对策研究[J].西部素质教育,2019,5(3):87.

[58] 胡傲.五行音乐疗法联合放松训练对大学生焦虑情绪的影响研究[D].南昌:江西中医药大学,2023.

[59] 张天阳,张明.自我意识的经典社会认知实验研究[J].教育现代化,2020,7(11):187-188.

[60] 高雪桐,曹涵茜,肖莉.大学生初始沙盘中自我意识呈现特征分析[J].沧州师范学院学报,2024,40(1):70-74.

[61] 丁书英.自我认知中社群和能动信息的加工偏好研究[D].重庆:西南大学,2019.

[62] 武春霞,李静.父母自主支持与大学生个人成长主动性的关系:自我控制的中介作用[J].吕梁学院学报,2023,13(5):89-92.

[63] 赵玥玘,左陵,龚咏梅.团体辅导对高职学生自然联结与自我意识的提升研究[J].现代园艺,2024,47(9):186-188.

[64] 鲍明刚.基于自我认知与发展理论对360度评估反馈改进的实证研究[J].中国人事科学,2023(8):46-54.

[65] 沈楚文.补偿性消费与适应性消费的产品选择影响机制探究[D].北京:北京邮电大学,2021.

[66] 何新刚.高校学生心理自我觉醒与成长探讨[J].中国成人教育,2018(24):76-78.

[67] 王鹤琼.大学生神经质对囤积行为的影响:自我控制和体验回避的链式中介作用[D].佳木斯:佳木斯大学,2023.

[68] 卢锦璇,苗晓雯,苗洪霞.自恋型人格对大学生手游冲动消费的影响[J].惠州学院学报,2023,43(1):87-93.

[69] 张又文,张涛.回避型人格障碍的特征、成因、测量及治疗[J].西华大学学报（哲学社会科学版）,2022,41(4):105-112.

[70] 刘阳杨,王娟涓.依赖型人格障碍问题成因及对策研究[J].晋城职业技术学院学报,2019,12(4):69-71,76.

[71] 汪浩,宁淑娥.走近不宜望文生义的偏执型人格障碍[J].秦智,2022(7):49-51.

[72] 窦雅琴.论高校生涯教育与学风建设的有效互动[J].学校党建与思想教育,2020(16):83-85.

[73] 王孝琴.新媒体时代高校辅导员加强大学生职业生涯规划指导的策略探究[J].新闻研究导刊,2024,15(3):206-208.

[74] 陈祎翀,何波.新就业形态对大学生求职心态的影响及教育引导:蛰居之困还是奋斗之盼[J].大学,2023(25):185-188.

[75] 张伽伽.当前大学生求职过程中存在的心理问题及对策分析[J].西部素质教育,2019,5(1):90.

[76] 秦启文,张志杰.时间管理倾向与生活质量关系的调查研究[J].心理学探新,2002,22(4):55-59.

[77] 习近平.高举中国特色社会主义伟大旗帜为全面建设社会主义现代化国家而团结奋斗:在中国共产党第二十次全国代表大会上的报告(2022年10月16日)[J].中国人力资源社会保障,2022(11):7-26.

[78] 王佳卉.职业生涯规划在大学生就业指导工作中的应用研究[J].产业创新研究,2023(21):173-175.

[79] 周隆华,徐建华.大学生"学习躺平"的心理样态及教育策略探析[J].黑龙江教师发展学院学报,2023,42(9):153-156.

[80] 文雯,李黎.大学生学习心理与学习效果的关系浅析[J].心理月刊,2021,16(3):207-208,211.

[81] 傅道麟,吕林海.调控好自己的情绪对大学生的学习有何助益?:基于N大学问卷调查的实证分析[J].教学研究,2024,47(2):10-18.

[82] 习近平.习近平出席全国教育大会并发表重要讲话[EB/OL].(2018-09-10)[2024-04-01].中华人民共和国中央人民政府.

[83] 蓝燕玲,刘司航.新媒介素养视域下大学生在线学习能力的提升策略研究[J].传媒,2024(3):81-83.

[84] 任素燕.大学生心理资本与学习适应关系研究[J].黑龙江科学,2023,14(21):70-73.

[85] 申银燕.高中数学学困生的成因分析及转化对策[J].当代教育论坛,2006(24):98-99.

[86] 康明已.大学生学习心理障碍与调适策略[J].学校党建与思想教育,2009(20):62-63.

[87] 安其.萌宠对大学生情绪加工的影响[D].开封:河南大学,2022.

[88] 丁献华,周红琴,马雪玲.芳香植物缓解大学生焦虑情绪的比较研究[J].现代园艺,2024,47(6):13-15.

[89] 胡慧娴,周世杰,许明鉴.智能手机成瘾在大学生无聊倾向与负面情绪中的中介作用[J].延安职业技术学院学报,2024,38(1):19-23.

[90] 李梓杰.大学生自卑、自我补偿和炫耀性消费的关系研究[D].石家庄:河北师范大学,2021.

[91] 林文霞.大学生道德榜样认同中的情绪影响及其教育应用研究[D].南宁:广西大学,2023.

[92] 刘帅,施霞.大学生日常压力与负性情绪的多层分析:情绪调节困难与心理韧性的作用

[J].晋城职业技术学院学报,2024,17(1):53-59.

[93] 刘智惠.小组互动模式介入大学生情绪管理能力提升的应用研究:以A大学W学院为例[D].包头:内蒙古科技大学,2023.

[94] 买合巴·阿布都热西提.寻解治疗模式介入大学生不良情绪的个案研究[D].武汉:华中农业大学,2022.

[95] 张勇,邵颖.音乐治疗在大学生就业负面情绪管理中的应用研究[J].当代音乐,2019(12):55-56.

[96] 周莉.高校音乐教育对大学生情绪疏导的作用分析[J].中国民族博览,2023(14):107-110.

[97] 张永祯.新媒体时代大学生人际关系疏离矫正的路径选择:基于马克思交往理论的思考[J].西北成人教育学院学报,2024(2):82-88.

[98] 陈万军.社会交换理论视角下大学生人际关系构建的三重路径[J].哈尔滨学院学报,2023,44(10):132-135.

[99] 郭莉.新时期高职院校学生人际关系问题分析及对策[J].国际公关,2023(16):128-130.

[100] 季丹丹,王亚杰.小组工作介入"00后"大学生人际关系问题研究:以"S大学倾听者行动"为例[J].四川文理学院学报,2022,32(3):86-90.

[101] 覃益达,陈建荣.'00后大学生人际交往能力调查研究:以右江民族医学院为例[J].西部素质教育,2024,10(2):74-78.

[102] 谭晓龙.浅论孔子交友原则及现代意义[J].渭南师范学院学报,2024,39(3):88-93.

[103] 张志平.嫉妒的价值建构及其社会学特征[J].武汉科技大学学报(社会科学版),2022,24(2):185-193.

[104] 赵园园.青年社交恐惧的成因与缓解策略研究[J].产业与科技论坛,2024,23(1):73-75.

[105] 周玉洁.辅导员视角下"00后"大学生人际交往问题探究[J].秦智,2023(8):102-104.

[106] 高建梅.大学生恋爱问题解决路径探索[J].现代职业教育,2023(19):145-148.

[107] 车晶晶.大学生恋爱观教育引导研究:以辽宁省四所高校为例[D].锦州:锦州医科大学,2020.

[108] 雷茹慧,陈美萍,徐忠炎.大学生恋爱危机及其应对策略[J].淮南职业技术学院学报,2018,18(6):70-72.

[109] 魏晓娟.当代大学生的恋爱问题及教育应对[J].山东青年政治学院学报,2021,37(6):35-41.

[110] 滕美君,张姗,杨冬晨,等.当代大学生婚前性行为及生殖健康认识现状分析[J].大连:大连大学学报,2016,37(6):117-119.

[111] 卢天明,梁光图,李洁梅,等.广西某医学院校女大学生婚前性行为认知现状[J].健康教育与健康促进,2022,17(1):38-42.

[112] 洪艳萍,魏国平,郑珍,等.性教育的早晚对大学生恋爱观的影响[J].湖北科技学院学报,2016,36(S1):117-120.

[113] 王继新,王菲.大学生恋爱冲突的影响因素及其教育对策[J].山西高等学校社会科学学报,2022,34(8):71-75,81.

[114] 尹涛.大学生恋爱中存在的心理问题及对策研究[J].教育教学论坛,2020(43):96-97.

[115] 丁兆叶.大学生恋爱心理的现状调查与对策研究[J].山东广播电视大学学报,2020(2):50-52,56.

[116] 高琛.大学生挫折心理产生的因素之管见[J].知识经济,2013(9):59,65.

[117] 郭建鹏,王仕超,刘公园.学业压力如何影响大学生心理健康问题:学业自我效能感和压力应对方式的联合调节作用[J].中国高教研究,2023(5):25-31.

[118] 胡佩玉.利用音乐治疗减轻大学生心理压力探究[J].西部素质教育,2023,9(22):127-130.

[119] 黄彩红.农村初中生挫折教育存在的问题及对策研究:以粤东H中学为例[D].抚州:东华理工大学,2023.

[120] 金甜恬.大学生压力管理问题及对策研究:以杭州高校为例[D].杭州:浙江理工大学,2023.

[121] 李玉金.高职生常见心理挫折及应对策略研究[J].天津职业院校联合学报,2023,25(1):21-25.

[122] 刘非凡,石晶,宋洁.累积生态风险与大学生压力管理的关系:一个有调节的中介模型[J].心理月刊,2024,19(2):46-50.

[123] 马凤玲.应对失败和挫折:无人机专业学生的心理韧性培养策略[J].华夏教师,2023(33):22-24.

[124] 张羽楠.小组工作介入社区工作者压力管理能力提升研究:以S市S社区为例[D].沈阳:沈阳师范大学,2023.

[125] 赵怡坤.基于深度学习的心理压力识别算法研究[D].南京:南京邮电大学,2023.

[126] 邵爱国,伍斯玥.基于大数据的高中学生心理预警模型探究与运用[J].中小学德育,2024(4):39-43.

[127] 蔺瑶,舒洪灶,胡玮,等.研究生心理危机预警现状及对策[J].科教文汇,2024(7):165-171.

[128] 谭琪钰,栾烨,徐超,等.中国大学生自杀意念检出率的Meta分析[J].现代预防医学,2022,49(7):1269-1274.

[129] 周蕴智.三全育人视域下大学生家校协同心理危机干预工作的困境与对策[J].公关世界,2024(5):81-83.

[130] 刘丹.高校学生心理危机的干预策略研究[J].才智,2024(9):113-116.

[131] 杜琼,王业祥.大学生心理危机的识别与干预模式探析[J].中国多媒体与网络教学学报（中旬刊）,2022(5):217-220.

[132] 胡蓉,陈若曦.积极心理学视域下高职学生心理危机及干预机制研究[J].山西青年,2024(6):193-195.

[133] 唐莉.高校大学生心理危机干预机制研究[J].教师,2023(16):9-11.

[134] 甘海迪.高职院校学生心理危机干预策略研究[J].哈尔滨职业技术学院学报,2023(5):69-71.